# 유 튜 버 들

# YOUTUBERS
# 유 튜 버 들

온라인 '관종'은 어떻게 TV를 뒤흔들고
새로운 스타 계급이 되었나

크리스 스토클-워커 지음 | 엄창호 옮김

미래의
창

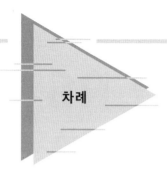

**차례**

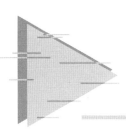

일러두기

1. 본서에 나오는 구독자 수, 조회수 등 정보는 2019년 3월을 기준으로 한 것입니다.
2. 단행본, 신문, 잡지는 《 》로, 방송 프로그램, 유튜브 영상, 공연, 곡은 〈 〉로 표기했습니다.

# 1부

# 유튜브, 권력의 시작

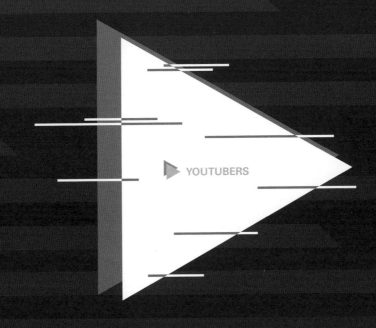

# 업로딩
## 케이시 네이스탯이 보여준 유튜브의 위력

어느 봄날 오후, 케이시 네이스탯Casey Neistat은 유튜브에 5분 22초짜리 동영상을 올렸다. 다른 많은 유튜버들이 그러하듯 그는 카메라를 빤히 쳐다보며 중요한 문제에 대해 자신의 의견을 피력했다. 유튜브의 유명 인사라 그런지 그의 말에는 무게가 실려 있었다. 대상이 특정 상품이든 사람이든 띄워주거나 끝장낼 수도 있는 그는 이 동영상에서도 자신의 능력을 유감없이 발휘했다. 동영상은 뉴욕에 있는 그의 작업실에 깔린 초고속 데이터 통신망을 타고 유튜브에 올라간 지 단 몇 초 만에 전 세계 40억 명이 볼 수 있게 되었다. 그와 동시에 네이스탯이 운영하는 채널의 구독자들은 자신들의 유튜브 스타가 메시지를 전한다는 알림을 받았다.

세계 곳곳의 아파트 단지며 음식점이며 침실과 욕실에서 휴대전화가 띵, 웅, 삐 하고 울리면서 이 소식을 알렸다. 수십만 명이 즉각 네이스탯의 중대 발표를 지켜봤다. 검은 선글라스를 쓰고 줄무늬 금발을 한 네이스탯은 유튜버들의 동기가 불순하다고 비판하는 언론을 향해, 특별히 한 기자를 지목해가며 불만을 터뜨렸다. 사람들이 유튜브에 동영상을 올리는 이유가 물욕과 명예욕 때문인가, 아니면 순수한 표현 욕구 때문인가? 네이스탯이 던진 이 질문을 놓고 팬들은 동영상에 댓글을 달며 열띤 토론을 벌였다.

유튜브는 인간 세상의 부자와 괴짜, 선남선녀와 미치광이를 흉내 낸 콘텐츠로 가득한, 영상과 음향 콘텐츠의 만화경이다. 유튜버들은 날이면 날마다 대중음악에서 정치까지, 유행에서 배관 작업까지, 자동차에서 낚시까지, 갖가지 주제로 찍은 영상을 마구잡이로 올린다. 비둘기 경주를 보고 싶은가? 단발머리로 매끈하게 자르고 싶은가? 체 게바라를 주제로 토론하고 싶은가? 표준 중국어를 구사하고 싶은가? 아니면, 기타를 치고 싶은가? 유튜브는 뭐든 곧바로 알려준다. 옛날식으로 알사탕을 만드는 장면을 보면서 느긋이 쉬고 싶다고? 로프티 퍼수츠Lofty Pursuits 계정에 들어가 보라. 즉석복권 200장을 사서 꼼꼼하게 긁어대는 사람을 보고 싶다고? 검색창에 무어세이 스크래치카드 Moorsey Scratchcards를 쳐서 결과를 확인해보라. 대박이 터졌는지 본전치기나 했는지 바로 알 수 있다.

성 문제에 관한 조언을 하든, 축구의 한 장면을 올리든, 액션으로 가득한 블로그를 만들려고 화면을 줄줄이 이어 붙이든, 동영상 제작자는 19억 유튜브 사용자가 자신의 콘텐츠를 봐주고 소통하기를 원한다. 언젠가는 케이시 네이스탯처럼 온 세상을 주름잡고 싶은 사람들도 있을 것이다. 수백만 명의 팬들이 자신을 지켜보게 되면, 조회수와 함께 은행 잔고도 올라간다고 생각하는 사람들도 적지 않다. 초대형 인플루언서가 되면 창조적이고 역동적으로 하루 내내 원하는 일을 할 수 있다. 그래서 그런지 유튜버는 아이들이 가장 선망하는 직업이 됐다.

아이들도 유튜브라는 플랫폼의 놀라운 성장을 알고 있다. 유튜브의 팽창 속도는 워낙 빨라서 비전문가는 그 규모를 정확히 가늠할 수조차 없을 정도다. 유튜브에 날마다 새로 올라오는 동영상은 약 57만 6,000시간 분량[1]인데, 이는 넷플릭스와 비교했을 때 훨씬 많다. 2018년 10월부터 12월까지 석 달 동안 넷플릭스에는 781시간의 오리지널 콘텐츠가 새로 올라왔는데,[2] 쉬지 않고 봐도 32일이 넘게 걸리는 분량이다. 하지만 그 기간 동안 유튜브에는 이 수치의 7만 배에 가까운 약 5,300만 시간 분량의 동영상이 올라왔다. 현재 유튜브의 동영상을 다 보려면 8069년까지 쉬지 않고 봐야 한다.

유튜브는 순식간에 화제로 떠올랐다. 약 10년 만에 덩치 큰 회색 컴퓨터 화면 속 괴짜 프로그램에서 초박형 55인치 벽걸이형 TV로 시청하는 예능 프로그램으로 탈바꿈했다. 지난 5년 동안 유튜브 시청 시간은 하루 1억 시간에서 10억 시간으로 치솟았다.[3] 전체 인터넷 사용자의 69%가 이용하는 유튜브는 사람들이 가장 많이 시청하는 동영상 서비스가 됐다.[4] 인터넷 방문 순위도 구글에 이어 2위이며 페이스북보다 앞선다.

우리는 유튜브에 중독되어 있다. 유튜브 시청은 많은 사람들이

11

아침에 눈을 뜨자마자 휴대전화로 행하는 최초의 일이자, 한밤중에 전자기기를 내려놓을 때까지 실행하는 마지막 일이다. 점심을 먹고 나서 나른해질 때, 요 며칠간 들은 소문에 호기심이 생겼을 때, 아니면 최신 팝송을 듣고 싶을 때, 또는 말벌집을 없애는 법을 알고 싶을 때 우리는 유튜브를 본다. 2017년 11월 한 달만 해도 약 9,100만 명의 미국인과 2,100만 명의 영국인이 유튜브를 시청했으며[5] 그들 중 상당수는 몇 시간 내내 유튜브에 머물렀다. 2018년 3월 1일 저녁 9시가 되자마자 유튜브를 시청한 사람 중에는 내 친구 사이먼 카워드도 있었다. 그는 페이스북 메신저로 내게 이런 메시지를 보냈다. "가장 유명한 유튜버 중 한 사람(케이시 네이스탯을 뜻함 — 옮긴이)이 방금 네 얘기를 했어."

케이시 네이스탯은 서른여덟 살밖에 안 됐지만 유튜브에서는 원로 대접을 받는다. 2003년 그는 아이팟 배터리를 교체 불가능한 형태로 출시하여 사용자들이 새 제품을 빠르게 구매하도록 유도하는 애플의 전략을 폭로하는 동영상을 올려 엄청난 주목을 받았다. 폭로 동영상에 이어 그는 같은 소재로 독립 영화를 만들고, 미국의 케이블 방송인 HBO를 위해 8부작 쇼를 만드는 등 활동폭을 넓혀갔다. 마침내 2010년, 애플의 공개 시인과 사과를 요구하던 유튜브 경영진과 접촉하면서 그는 유튜브에 합류했다. 그에게는 1,000만 명의 구독자가 있지만, 실질적인 영향력 앞에서는 그 숫자도 무색해진다.

유튜버들을 위해 그가 마련한 자율형 협업 공간인 뉴욕 브로드웨이의 스튜디오 368에서 촬영한 문제의 동영상에서 네이스탯은 블룸버그에 기고한 내 기사를 따지고 들었다. 유튜브에 동영상을 올리는

케이시 네이스탯,
〈유튜브에서의 '성공'은 여전히 빈곤한 삶을 의미한다〉.
**"꼭 돈을 벌기 위해서 유튜브를 하는 건 아니라구, 기자양반."**

사람 중 96%가 어째서 광고로 충분한 돈을 벌지 못하고 미국의 빈곤선을 겨우 벗어나는 정도인지를 설명한 기사였다. 유튜브에 관한 것이면 스타며 생태계며 자금이며 뭐든 흠뻑 빠져 있는 기술 전문 기자인 나는 유튜브가 일부 출세 지향적인 블로거들이 기대하는 금광이 전혀 아니라는 사실을 알려주고 싶었다. 네이스탯은 이에 불만을 퍼부었다. 사람들이 유튜브에 동영상을 올리는 건 돈을 벌기 위해서가 아니라 무언가를 창조하기 위해서라는 것이었다. 하지만 인간성 좋은 그는 구독자들을 좌지우지하는 자신의 영향력을 너무나도 잘 알고 있는지라 발언을 이렇게 마무리했다. "그렇다고 이 기사를 쓴 사람에게 악의적인 댓글은 달지 마세요."

그래도 몇몇은 참을 수가 없었던 모양이었다. 뉴욕에서 5천 킬로미터도 더 떨어진 뉴캐슬에 살고 있는 나에게 내가 기자로서도 혐오스럽지만 한 인간으로서도 혐오스럽다는 말로 시작하는 트윗이 날아왔다. 그 트윗을 보낸 사람은 캐나다 출신 야구 감독인 앨런 해링턴이었다. 한 10대 소녀는 나를 '애송이'라 놀리며 나를 소재로 유튜브 동영상을 만들겠다고 쏘아댔다. 자신이 좋아하는 유튜버 중 하나인 라이스검RiceGum을 들먹이며 "네가 한 짓을 라이스가 곧 욕해줄 거야"라고 써 갈기기까지 했다. 이렇게 경고한 팬도 있었다. "허튼소리를 싸질 러놓은 네 꼬락서니가 완전 쓰레기 같군. 난 그것보다 더 나은 반박 기사를 쓸 수 있어." (하지만 쓰지 않았다.)

그 동영상을 시청한 사람은 마침내 200만 명을 넘어섰고 나는 몇 가지 중요한 진실을 깨달았다. 유튜버와 시청자가 아주 빠르고 정확하게 연결될 수 있다는 점, 팬들이 그렇게 열정적일 수 있다는 점, 동영상이 불과 몇 분 만에 전 세계로 퍼져갈 수 있다는 점을 알게 된 것이다.

유튜브는 통상적인 미디어와 다르다. 도달 범위는 넓고, 콘텐츠는 다양하며, 연령층은 젊고, 영향력은 훨씬 강력하다. 그 모든 것이 대기업의 관심을 끌었다. 그런 압도적인 영향력을 가진 유튜브가 광고를 탈바꿈시킨 것은 너무나 당연한 결과였다. 포드와 아우디 같은 거대 자동차 회사에서부터 P&G와 같은 거대 생활용품 제조업체들까지 더는 TV 프로그램 앞뒤나 중간 시간을 사서 광고할 필요가 없어졌다. 자체 유튜브 채널을 통해서든 자기 팬을 거느린 크리에이터creator를 통해서든, 특정한 시청자 개개인을 대상으로 직접 말할 수 있게 되었기 때문이다. 최신 아이폰 모델에 관한 생생한 평가를 보고 싶다고? 유튜브를 보면 된다. 애플은 최신 기기에 대해 전통적인 미디어의 평가보다 유튜브에 올라온 소수의 평가를 더 신뢰하기 시작했다. 이는 힘의 균형이 전통적인 방송사에서 유튜브로 확실히 옮겨갔음을 말해주는 뚜렷한 증거다.

이는 사실상 일종의 혁명이다. 종래의 할리우드 영화촬영소와

TV 방송국과 신문사는 전문가가 이끌어가는 하향식 산업이었다. 뉴욕에 있는 마운트 세인트 빈센트대학의 언론학 교수 신시아 메이어스 Cynthia Meyers는 대중들은 그동안 콘텐츠의 소비자일 뿐 생산자가 아니었다고 지적하며 앞으로 일어날 변화에 대해 다음과 같이 말했다.

> "소셜미디어에서 각 개인은 콘텐츠의 소비자인 동시에 생산자가 됩니다. 앞으로는 콘텐츠가 TV 방송국이 아니라 사용자에게서 흘러나온다는 얘기죠."

가장 놀라운 것은 이 근본적인 변화가 부지불식간에 일상생활 속으로 슬그머니 들어왔다는 점이다. 이따금 신문 지면을 장식하는 유튜브 관련 기사에도 아주 간단한 소개나 우려하는 목소리만 있었지, 그 폭발적인 성장이 우리 경제와 삶에 어떤 의미를 가져올지를 이해하고 분석하는 내용은 빠져 있었다. 신문 기사의 주제는 대체로 세 가지였다. 첫째는 추문, 둘째는 젊은이가 불과 이삼 년 만에 대다수 사람이 평생 버는 액수보다 많은 부를 축적함으로써 불거진 위화감, 셋째는 가짜 뉴스나 불온한 콘텐츠, 아동 학대 동영상 따위로 인한 폐해다.

하지만 유튜브의 규모는 미디어 보도에서 제시하는 것보다 훨씬 크다. 유튜브는 전 세계를 통틀어 수십만 명이 넘는 재주꾼들을 보유한 수백억 달러 규모의 거대 산업이다. 그들 중 다수가 유튜브의 주인인 구글 직원들이다. 유튜브의 새로운 유명인들을 지원하기 위해 동영상 제작업체·편집자·대리인 등 유관 산업도 호황을 맞았고, 이 분야에서도 상당수가 일하고 있다. 개별 동영상 제작자들이 주도하는 이 새로운 산업에 비하면 초창기 할리우드는 구멍가게에 불과하다.

유튜브는 가장 민주적인 미디어다. 말하자면 유튜브는 21세기에 어울리는 펑크punk TV(기존의 관습에 얽매이지 않는 자유분방한 TV라는 의미 — 옮긴이)인 셈이다. 카메라 앞에서 말하는 재능을 발휘할 기회는 누구에게나 평등하게 주어지며 이는 계속해서 커지고 있다. 게다가 유튜버들은 암암리에 큰돈을 벌기 시작했다. 유튜브는 자체적인 규범과 사업, 하위문화subculture도 만들었다. 2013년만 해도 영국의 기업등록소Companies House에 '블로거'나 '유튜버' 또는 '인플루언서'로 이름을 올린 사람이 단 한 명도 없었는데, 5년 후에는 74명이 그 직함을 사용하고 있었다.

제이크 폴Jake Paul, 퓨디파이PewDiePie, KSI 등이 바로 유튜브에서 대박을 터뜨려 큰 부자가 된 유튜버다. 그들은 팬들에게 관련 굿즈를 팔아 벌어들인 돈으로 대저택에 살고 있다. 젊은 층에는 널리 알려진 이름이지만, 부모들은 웬만해선 잘 모를 것이다.

이 스타들은 대체 누구인가? 어떤 삶을 사는 사람들인가? 원하는 게 뭘까? 미디어의 미래와 우리 사회에 그들의 성공은 어떤 의미를 던지고 있을까? 우리의 일상생활에서 많은 사람이 오락물의 미래로 여기는 유튜브는 어떤 역할을 하고 있을까? 그리고 자율적이고 사적인 동영상 시장은 극단주의의 확산에, 그리고 크리에이터 자신에게 어떤 결과를 가져올까?

이 책은 사상 처음으로 유튜브의 부상, 우리가 무언가 시청하는 습관에 유튜브가 가져온 변화, 그리고 급속히 진화하고 성장하는 유튜브 생태계를 하나하나 들여다본다. 아울러 뜨는 인물과 지는 인물을 비롯해 몇몇 유튜브 거물들의 개인적 사연을 비롯한 성공과 실패 이야기도 살펴본다. 지망생과 낙오자도 찾아 나서고, 유튜브가 존재하기 전에 유튜브 역할을 했던 플랫폼도 알아본다.

유튜브와 유튜버에 관한 이야기도 풀어낸다. 한 회사의 알고리즘이 어떻게 전 세계에 영향력을 행사하고 있는지, 학교를 갓 나온 소년 소녀들이 어떻게 기업가보다 더 많은 돈을 벌 수 있는지를 밝힌다. 소설보다 더 흥미진진하며, 한편 한편이 최고의 휴먼 드라마다. 어서 오시라. 여기는 놀랍고, 활발하고, 시끄럽고, 기묘한, 인기가 하늘을 찌르는 유튜브 세상이다.

## 제이크 폴의 불타는 수영장
### 유튜버의 성공방식

미국 캘리포니아주의 산기슭에 자리 잡은 한 저택의 대문을 지나서 진입로를 따라 100미터쯤 들어가면, 앞마당 한가운데 서 있는 녹슨 조각상이 눈길을 끈다. 금속으로 만들어진 조각상은 드럼 연주자가 큼지막한 드럼 울림통 네 개를 떠받친 형상을 하고 있다. 네 개를 모두 손으로 잡을 수 없는 탓에 바닥에 떨어뜨릴 것만 같다. 왼편으로 눈을 돌리면, 앞쪽 잔디밭 위에 갓 조성된 스케이트보드용 경사로가 보인다. 그 오른편으로는 집주인이 최고급 자동차를 몰고 오르내리는 경사로가 나 있다. 자동차 중에는 '람보르기니 우라칸 퍼포만테'와 식인 상어라는 별명을 가진 '테슬라 모델 X-P-100', 레인브로(남성 동성애자라는 뜻―옮긴이)라고도 불리는 화려한 색상의 '포드 포커스 RS'도 있다.

하지만 초호화 승용차와 4,000평이 넘는 이 땅 곳곳에서 벌어지는 시끌벅적한 소동에 넋을 놓아서는 안 된다. 더 본격적인 놀라움은 연건평 400평이 넘는 침실 8개짜리 대저택에서 시작된다. 안방에는 맞춤형으로 설계된 대형 수족관도 있고, 티셔츠와 후드 티셔츠, 스웨트셔츠가 진열된 (일반인에게 공개되지 않는) 자체 제작 '상품 매장'도 있다.

이 690만 달러짜리 대저택의 소유자는 산만하기 짝이 없는 고등학교 중퇴자 제이크 폴Jake Paul이다. 10년만 일찍 태어났어도 고향 오하이오주 편의점에서 식료품과 잡화나 계산하는 저임금 노동자 신세를 면치 못했을 텐데, 웬걸 열정적인 라이프스타일에다가 급성장하는 사업체를 소유한 거부가 된 덕에 유튜브의 새로운 유명인사가 됐다. 그의 성공담은 유튜브가 어떻게 천덕꾸러기를 현대 미디어의 전위대로 만들고 있는지 잘 보여준다.

2014년, 열일곱 살이 된 폴은 오하이오주 웨스트레이크에 있는 학교와 가족을 떠나 캘리포니아주로 향했고 그곳에서 동영상 제작의 매력에 빠져들었다. 그는 스케치 코미디(10분 이내의 짧은 영상으로 이뤄지는 코미디의 한 장르 — 옮긴이) 채널인 스모시Smosh의 초창기 팬으로, 처음에 자신의 형과 함께 운영하던 유튜브 채널에 붙인 주시Zoosh라는 이름도 스모시에서 따온 것이다. 그가 처음으로 유명해진 것은 바인Vine에 재미있는 동영상을 올리면서였다. 바인은 6초 정도의 짧은 동영상을 공유하는 앱으로 트위터에서 운영하는 소셜미디어였다. 그는 2016년 말 바인이 폐쇄되자 유튜브로 옮겨갔다. "나는 엄마 뱃속에서부터 막돼먹은 놈이었지." 그는 자신의 유튜브 채널을 보라고 부추기는 동영상에서 이렇게 으스댔다.

그가 1만 7,000달러의 월세를 내고 살았던 캘리포니아주 베벌리 그로브 주택의 몇몇 이웃들에게 지나치게 막돼먹었던 것은 사실이다. 15분짜리 동영상 하나를 만들기 위해 자신이 전면 개조한 트럭을 타고 다니며 주민들의 귀청이 떨어질 만큼 크게 경적을 울리기도 했다. 그 동영상은 2017년 7월에 공개됐다. 엘리스 바르바코프라는 한 주민이 나중에 폴을 고소하면서 그가 "자신의 신체에 입힌 충격과 상처가 장기간의 정신적 고통과 정서적 불안을 초래했다"고 주장했을 정도였다. 이웃들은 폴이 저지른 황당한 행동을 이유로 집단 소송을 하겠다고 나섰다. 황당한 행동 중에는 수영장에 불을 지른 것도 있다. 어떻게 수영장에 불을 질렀는지 의아하겠지만 알고 보면 간단하다. 물을 뺀 수영장에 가구를 한 짐 던져놓고 그 위에 휘발유를 조금 뿌린 다음 불을 붙이면 된다. 왜 그랬는지 끝내 이유가 궁금한가? 그렇다면 당신은 아직 제이크 폴을 이해하지 못한 것이다.

그의 유튜브 페르소나는 징징대는 목소리와 과장된 태도, 산만한 주의로 사람들을 짜증스럽게 만드는 인물이다. 온라인 세대를 위한 제드워드(아일랜드 출신 미소년 쌍둥이 가수 — 옮긴이)라고 할까. 그가 유튜브 채널에서 자신을 어떻게 소개하는지 들여다보자.

안녕?! 난 제이크 폴이라고 해. 스물한 살이고, 로스앤젤레스에 살아. 다들 나더러 미친놈이라고 하지. 난 그래도 계속 이렇게 살거야! '팀 텐Team 10' 일당과 함께 눈만 뜨면 코미디 동영상을 만들고,

연기하고, 액션 스포츠를 즐기지. 이 미친 모험은 쭉 계속될 거야. 구독해서 날마다 봐줄 거지? 그래야 내 미친 짓을 놓치지 않거든.

제이크 폴은 자기 형 로건 폴(일본의 어느 숲에 매달린 시체를 찍은 동영상으로 잘 알려진 인물)과 더불어 구독자가 1,700만 명이 넘는 가장 성공한 유튜버 가운데 하나이기도 하다. 총기 규제 문제를 놓고 미국 연방 상원의원과 면담하기도 했고, 백악관에 초청을 받기도 했다(그때 무단으로 백악관에 밤새 머물렀는데, 이 돌발 사건조차 과감히 동영상 소재로 삼았다). 손목에는 비싸기로 소문난 오데마 피게 스위스 시계를 두 개나 차고 있다. 유튜브 동영상에 붙는 광고에서만 해마다 적게는 약 35만 달러, 많으면 약 560만 달러의 수익을 올린다.[6] 재산은 동갑내기 오하이오 촌뜨기들과는 아예 비교가 안 되고, 웬만한 미국 중장년보다도 훨씬 많다.

폴은 여러모로 가장 성공한 신세대 유튜버이며, 팬들과의 거래 관계에 대해서도 쿨한 태도를 보인다. 그가 무지막지하게 짜증나는 짓을 벌이는 것도 그것으로 악명을 떨쳐서 결국에는 큰돈을 벌 수 있다는 점을 너무나도 잘 알고 있기 때문이다. 2017년 10월 그는 마침내 베벌리 그로브를 떠났다. 수영장 방화나 자동차 경적 같은 막돼먹은 행동으로 쫓겨난 것이 아니라 세부적인 법 조항 하나 때문이었다. 촬영 허가서 없이 건물 내에서 동영상을 찍지 못한다는 조항이었다. 6개월 징역형을 감수하지 않고는 그곳에서 합법적으로 콘텐츠를 만들 길이 막힌 것이다.

지금 폴은 팀 텐 구성원들과 함께 캘리포니아주 칼라바사스에 있는 대저택에 산다. 팀 텐은 어중이떠중이 유튜버들이 모인 시시껄렁한 패거리로, 자신들이 동영상 공유 웹 사이트에서 벌어들이는 수익금 일부를 폴에게 준다는 계약을 맺고 합류했을 가능성이 높다. 폴은 그밖에도 각종 대리인, 심부름꾼, 동영상 제작자, 일반 시청자들의 도움을 받아 젊은 팬들의 주머니를 동전 한 닢까지 남기지 않고 털어가는데 혈안이 되어 있다.

팀 텐의 구성원 수는 계속 변한다. 다섯 명이 채 안 될 때도 있다. 미니 제이크 폴이라 불리는 어린아이가 합류했을 때는 열 명이 넘기도 했는데, 동네에 들어와 그 대저택에서 즐겁게 어울릴 사람이 얼마나 되는지에 따라 다르다. 팀 텐 구성원들은 폴의 동영상에 출연하는 대가가 그의 영향권 아래에서 그의 생활 방식을 함께 따르는 것임을 알고 있다. 인터넷에 올리는 동영상은 매 순간 폴을 뒤쫓는 카메라맨이 촬영하고, 폴이 잘 때 영국 출신의 동영상 편집자 잭 벨이 편집한다(팀 텐 구성원들은 각자의 동영상을 따로 편집해주겠다는 벨의 제안을 사양했다. 벨은 폴만의 독특한 동영상 스타일을 책임지는 사람이라는 이유 때문이었다).

누가 나오든 폴의 동영상들은 무질서라는 공통적인 주제를 담고 있다. 일상생활을 소개하는 다른 브이로거들처럼 폴은 계속해서 터무니없고 엉뚱한 자신의 생활을 찍어 올리며 시청자를 몰고 다닌다. 어떤 때는 자신의 대저택에서 친구들을 골탕 먹이고, 또 어떤 때는 따분하다며 물건에 불을 지른다. 그는 자신의 알록달록한 자동차를 몰고 가장 가까운 슈퍼마켓에 가는 습관이 있다. 거기서 다음 행동을 위한 보급품들을 고르며 이 통로 저 통로를 돌아다니는데 그 모습이 〈누가 로저 래빗을 모함했나Who framed Roger Rabbit?〉라는 영화의 한 장면과 비슷하다. 로저 래빗이라는 만화 캐릭터가 머리끝에서 발끝까지 자신의 상품으로 도배한 채 지폐와 포스터 뭉치를 곁눈질하는 그 눈에 확 띄는 장면 말이다.

그렇게 터무니없는 행동을 보면서도 시청자들은 폴이 일종의 라이프스타일을 연출하며 사업을 벌이고 있다고는 전혀 의심하지 않는다. 잠시 시간을 내서 그와 그의 형 로건이 만든 동영상을 보기 바란다. 그러면 그들이 엄청나게 떠들어대면서 42달러짜리 반바지와 90달러짜리 바람막이 점퍼 따위의 상품을 사도록 재촉한다는 사실을 알게 될 것이다. 이 책을 쓰기 위해 나는 2018년 2월과 3월에 제이크와 로건 형제가 올린 50개의 동영상(총 6시간 이상 분량)을 분석해서 그들이 얼마나 자주 자신들의 상품을 언급하는지 알아냈다. 평균 142초에 한 번꼴이었다.

팔아먹으려는 욕망을 가장 노골적으로 드러낸 것은 제이크 폴의 2017년 크리스마스 앨범이었다. 18분짜리 앨범의 타이틀곡인 리

제이크 폴, 〈리트마스〉.
**영상이 오른 지 24시간도 안 되어 240만 회의 조회수를 기록했다.**

23

트마스Litmas는 기계음으로 구성된 멜로디와 코러스로, "크리스마스는 리트lit / 크리스마스, 리트마스"라는 말을 되풀이하는 밋밋한 2분짜리 노래다. 그가 부른 끔찍한 음악 중에서도 이 크리스마스 싱글 앨범이 가장 저급하다(동영상 밑에 달린 댓글 중에는 "이건 이제껏 내가 들은 노래 중 단연 최악의 코러스다"라는 글도 있다). 근데 그게 무슨 상관인가. 출시된 지 24시간도 안 되어, 240만 회의 조회수를 기록했는데 말이다.

요즘 유튜브에서 잘 먹히는 방식을 더 자세히 살펴보려면, 크리스마스 캐롤의 고전 '기쁘다 구주 오셨네Joy to the World'를 개사한 2분 16초짜리 〈팬조이 투 더 월드Fanjoy to the World〉라는 곡을 들어보면 된다. 이 곡은 "그 제품을 사"를 반복하다가 "크리스마스에 내가 원하는 건 저 제이크 폴의 제품뿐 / 크리스마스에 내가 원하는 건 제이크 폴의 셔츠 한 벌뿐"이라는 가사로 이어진다. 노래 뒷부분에 폴은 온라인 숍의 웹페이지 주소를 스리슬쩍 끼워 넣고는 청중들에게 이렇게 너스레를 떤다. "들어올 수 있을 때 들어와 / 다 팔리기 전에 / 엄마한테 가서 말해봐 / 다 사 버리실 거야."

제이크 폴의 방식은 먹히고 있었다. 그는 2018년 한 해 동안 두 번째로 돈을 많이 번 유튜버였다. 미국의 경제지 《포브스Forbes》에 따르면, 매니저에게 비용을 지불하고도 세전 수입이 무려 2,150만 달러라고 한다[7](나중에 만나게 되겠지만 가장 많이 번 사람은 더 어린 친구다. 앗, 그렇다고 미니 제이크 폴은 아니다).

당연한 말이지만 유튜브에는 폴의 성공을 뒤따르려는 수천 명의 제이크 폴들이 있다. 그들 중 일부는 폴의 비즈니스 모델에 관해 더 많이 배운답시고 그가 만든 에드플루언스Edfluence라는 미심쩍은 온라인 과정에 64달러를 내고 등록하기도 했다.

　제이크 폴 현상은 어떻게 나타났는가? 어쩌다 유튜브는 사람들이 기상천외한 방법으로 2분마다 상품을 홍보하는 사이트가 되었나? 개인 유튜버들이 어떻게 전 세계 수백만 명의 시청자를 거느리고 스포츠카와 부하들이 호위하는 대저택에서 살 수 있게 되었는가? 유튜버들은 어떻게 초등학교 학생들이 가장 원하는 삶을 살게 되었는가?

　이 모든 이야기에는 시작이 있기 마련이다. 그런데 유튜브는 동물원에서 시작됐으니, 과연 파티족party animal이 우글거리는 플랫폼답다.

## 보잘것없는 시작
### 자베드 카림, 〈동물원의 나〉

〈동물원의 나Me at the Zoo〉만큼 시시한 동영상은 여태껏 없었다. 음질도 떨어지고 내용도 따분해서 홈 무비 수준도 안 된다. 진행자는 어색해 보이고 촬영 기법은 미숙하다. 코끼리 두세 마리가 천천히 몸을 움직이며 꼬리를 휙 휘두르는 것 말고는 정말이지 아무 일도 일어나지 않는다. 오가는 사람도 없다. 뭐랄까, 좀 끔찍하다.

　자베드 카림Jawed Karim은 〈동물원의 나〉 동영상의 '주인공'이다. 그 동영상에서 그는 짙은 청색 셔츠에 헐렁한 바람막이 점퍼를 입고, 카메라를 초조한 듯이 바라본다. 그의 뒤에는 샌디에고 동물원의 코끼리 우리가 있다. 그는 자다가 막 깨서 얼떨결에 말하는 듯하다. 아니면 블랙 코미디를 연습하고 있든지. 19초 동안 원 테이크로 찍은 이 영상은 특별한 효과나 초점 변화도 없다. 촬영 경험이 없는 사람이 비디오카메라를 처음 사서 찍은 수준이다. 카림은 더듬거리며 이렇게 말한다.

"자, 이제 코끼리 앞으로 왔어. 음, 근데 이 녀석들 코는 음, 진짜로, 진짜로 길어⋯⋯ 끝내주네."

그는 코끼리를 뒤돌아보고 난 후 다시 카메라를 향해 이렇게 덧붙인다. "이제 할 말이 없어."

이 동영상은 아무리 봐도 강렬한 콘텐츠와는 거리가 멀다. 하지만 이 글을 쓰는 시점을 기준으로 6,000만 명이 〈동물원의 나〉를 봤다. 컴퓨터학과 출신의 카림은 코끼리 무리와 마주쳤을 당시 유별나게 숫기 없는 20대 남자처럼 보였다. 그러나 그때 그는 미래에 큰 변혁을 일으킬 무언가를 준비하고 있었다. 그는 최초의 유튜브 동영상을 만들고 있었던 것이다.

그 당시, 보통 사람이 온라인으로 동영상을 보기란 매우 어려운 일이었다. 동영상 다운로드 속도는 엄청 느렸고, 그나마 속도가 빠른 초고속 광섬유 데이터 통신망은 너무 비싸고 설치가 아주 복잡해

유튜브 창시자 중 하나인 자베드 카림이 찍은, 〈동물원의 나〉.
**유튜브 최초이자 최악의 동영상으로 꼽힌다.**

서 일반 가정에서 이용하기는 힘들었다. 터치스크린 방식의 아이폰이 스티브 잡스의 손에서 탄생한 건 그로부터 2년 후였다. 그때까지 컴퓨터 사용자들은 느린 데이터 통신망이나 그보다 더 느려진 전화 모뎀을 사용해야 했다. 그러면 몇 분, 심지어 몇 시간이 걸려야 비로소 동영상 같은 대용량 콘텐츠를 올리거나 내려받을 수 있었다.

25세의 카림이 코끼리 앞에 서 있던 때에도 인터넷 혁명은 진행되고 있었지만, 이미지보다는 주가와 같은 금융 데이터, 생활 정보, 뉴스 따위의 정보 시장만을 변모시키는 단계였다. 캘리포니아주는 스타트업 세계의 심장부로서 혁신가들이 인터넷 혁명의 여러 가능성을 하나하나 실현해가던 곳이었다. 대개는 여러 회사가 같은 공간에서 경쟁을 벌였다. 지금은 인터넷에 정보를 검색할 때 대부분 망설이지 않고 구글에 접속하겠지만, 2000년 초에는 구글 외에도 지브스Jeeves와 알타비스타Altavista 같은 몇몇 소규모 기업들이 함께 경쟁하고 있었다.

온라인 동영상의 초기 가능성이 발견되자, 거기서도 똑같은 일이 벌어졌다. 몇몇 선구자들은 적어도 이론상으로 동영상이, 더 정확히는 '동영상 블로그'가 웹의 미래라는 것을 알아차렸다. 2003년과 2005년 사이에 여러 동영상 사이트가 만들어졌다. 2003년 이스라엘 출신 사업가들이 메타카페Metacafe를 출범시켰고 2004년 말에는 두 개의 사이트가 세상에 나왔다. 바로 독립영화 제작자용 플랫폼인 비메오Vimeo와 사진·동영상·음악 공유 사이트인 그루퍼Grouper다.

동영상 플랫폼의 선구자 가운데는 비메오의 공동 창업자 제이크 로드윅Jake Lodwick도 있었다. 그는 새로운 영상 세대의 가능성을 검

28

토하기 위해 열린 최초의 컨퍼런스인 '브이로거콘Vloggercon'에서 강연을 하기도 했다. 브이로거콘은 2005년 1월 22일 오전 9시, 뉴욕 브로드웨이 721번지에 있는 11층 건물 4층에서 열렸다. 동영상 블로그라는 신세계를 개척하려는 사람들뿐만 아니라 이를 경계하는 사람들도 몇 주간 회의에 참석했다. 그런데 이 회의에 관한 소식이 소규모 디지털 개척자들을 넘어 전 세계로 퍼져갔다. 이 회의의 주최자인 제이 디드먼Jay Dedman은 행사 전에 뉴욕대학교의 인터랙티브 텔레커뮤니케이션 프로그램 건물에서 이렇게 논평했다. "우리의 사사로운 모임이 엄청난 구경거리가 됐습니다."

최초의 브이로거들이 '브이로거콘'에 모여 하루 동안 진행한 토론에서 가장 돋보였던 것은 그들의 선견지명이었다. CNN 인터내셔널의 디드먼 기자는 "콘텐츠는 왕이다"라는 제목의 한 세션을 소개하면서 동영상 블로그라는 새로운 방식의 방송이 지닌 독창성을 이렇게 요약했다. "중요한 점은 동영상 블로그가 일방통행식의 TV와 다르다는 것입니다. 여러분은 그때그때 시청자의 의견을 듣고, 그들과 대화를 나누기 위해 동영상 블로그 활동을 하고 있습니다." 그의 짐작으로는 그 얘기를 들은 약 50명의 청중 가운데 동영상을 만들어본 사람은 절반 정도였다. 다른 토론 주제는 동영상 블로그 활동으로 어떻게 돈을 벌 수 있는지였다.

회의가 끝난 지 3일 만인 2005년 1월 25일, 검색 시장의 승자인 구글도 '구글 비디오Google Video'라는 이름으로 동영상 경쟁에 뛰어들었다. 부자 모기업의 재정 지원을 받는 '구글 비디오'는 단연 영상 시대의 신나는 가능성을 쓸어 담을 유망주였다.

하지만 구글은 유튜브라는 이름으로 도전장을 던진 세 명의 괴짜와 경쟁하는 처지에 놓였다. 셋 중에는 이민자가 둘이었는데, 그중 하나가 자베드 카림이었다. 독일인 어머니와 방글라데시인 아버지 사이에서 태어난 카림은 10대 때 미국에 왔다. 부지런한 성격의 그는 일리노이대학교에서 컴퓨터 학사 학위를 받은 다음, 온라인 결제 스타트업 페이팔PayPal에서 일했다. 페이팔에서 함께 일한 대학 친구 스티브 첸Steve Chen도 가족과 함께 대만에서 일리노이주로 건너온 이민자다. 거기서 그들은 채드 헐리Chad Hurley를 만났다. 헐리는 감수성이 뛰어난 순수 미술가로, 페이팔의 초창기 로고를 디자인한 인물이다. (유튜브가 캘리포니아주 스타트업들과 뿌리부터 서로 연결되어 있다는 증거로 첸이 새로운 소셜 네트워크인 페이스북에서 잠시 일했다는 사실을 들 수 있다.)

2005년 밸런타인데이의 늦은 밤, 그 세 명의 컴퓨터 개척자들이 '유튜브닷컴YouTube.com'을 등록했다. 두 달 후 유튜브는 〈동물원의 나〉와 함께 세상에 나왔다. 설립자들의 포부는 단순했다. "유튜브야말로 궁극의 리얼리티 TV입니다. 다른 사람들의 삶을 속속들이 엿보게 해주니까요." 헐리가 기자들을 모아 놓고 한 말이다.

카림, 첸, 헐리는 최초의 유튜버였다. 그들의 시기 선택은 절묘했다. 문자 기반의 인터넷을 영상 기반의 인터넷으로 바꿔놓을 동영상 혁명의 기운이 무르익고 있었다. 일반 대중들은 필름 기반의 카메라를 디지털 스틸카메라로 바꾸는 한편, 휴대용 동영상 카메라(캠코더)를 손에 들고 다니기 시작했다. 하지만 그럼에도 초창기 동영상 혁명은 불투명했고 덜컥거렸다. HDMI나 RGB 복합 케이블로 노트북 컴퓨터를 TV와 연결해서, 이렇다 할 조명도 없이 촬영된 툭툭 끊어지는 뿌연 동영상을 겨우 보던 시절이었다. 그때 댁스플레임DaxFlame이니 왓더벅?WhatTheBuck?이니 위지 웨이터Wheezy Waiter니 하는 기묘한 이름을 가진 동영상 크리에이터들이 활약했는데, 그중 몇몇은 완전 별종에 속했다. 예를 들어, 댁스플레임은 경멸하는 태도로 주제넘게 히죽히죽 웃곤 하는 엉뚱한 10대였다. 그는 성격과 배우처럼 이따금 연기까지 곁들이며 자신이 겪었다는 섬뜩한 이야기를 들려줬다. 하지만 그 밖의 사람들은 대개 혼자 카메라를 보며 점잖게 떠드는 전통적인 방식으로 브이로그 활동을 했다.

2005년 11월, 동영상 제작자 앤서니 파딜라Anthony Padilla와 이언 헤콕스Ian Hecox는 새로운 코미디 채널 '스모시Smosh'를 시작했다. 처음에는 어린이 프로그램의 주제곡을 따라 부르는 단순한 내용이었는데 나중에는 스케치 코미디와 관련된 자체 브랜드를 개발했다. 스모시는 몇 달 만에 구독자 2,500명을 돌파하며 유튜브에서 가장 인기 있는 채널로 떠올랐다. 두 번째 인기 채널의 시청자는 이에 한참 못미쳤다.

유튜브는 2005년까지 광고를 유치하지 않았다. 결국에는 세쿼이아 캐피털Sequoia Capital(미국의 벤처 캐피털 회사 — 옮긴이)이 퍼부은 350만 달러의 투자금이 바닥을 드러내기 시작했다. 그 당시 아마존이나 페이스북과 같은 상당수 IT 기업들과 마찬가지로 유튜브의 비즈니스 모델도 어느 정도 수익을 낼 수 있을 때까지 손실을 감수하는 것이었다. 그렇게 한 다음에 지하에서 올라와 지상에 있는 디지털 엘리베이터에 올라타겠다는 논리였다.

그 결과 자신의 동영상을 올린 콘텐츠 크리에이터들은 한 푼도 벌지 못했다. 그들은 그저 무한한 가능성이 있는 플랫폼에 콘텐츠를 올리고 있다는 사실에 만족해야 했다. 기술이 개선되면 필시 동영상 공유 시대의 빛나는 주역이 될 사람들이었을 텐데 말이다.

하지만 다른 혁신적인 콘텐츠 크리에이터들은 금전적인 문제를 해결했다. 1990년대 말과 2000년대 초, 음원 파일 공유 프로그램 냅스터Napster는 저작권법을 애써 무시하며 고통스러울 정도로 느려터진 다운로드 시간을 기꺼이 견디던 모든 이들에게 콘텐츠의 새로운 세계를 열어줬다. 이언 클라크Ian Clarke는 친구인 스티븐 스타Steven Starr, 올리버 러켓Oliver Luckett과 의기투합해 공익적인 디지털 서비스를 개발함으로써 웹의 경계를 허물어뜨리는 데 성공했다. 세계 최초의 분산형 P2P 네트워크peer-to-peer network인 프리넷Freenet의 등장이었다.

2005년 10월, 이언 클라크와 스티븐 스타, 올리버 러켓은 콘텐츠 공유 웹 사이트 레버Revver를 설립했다. 목표는 단순했다. 사람들의 창의성을 금전적으로 보상한다는 것이다. 세 사람은 음악 창작자가 자신이 만든 노래를 직접 올리고, 머신러닝machine learning으로 사용자에게 음악을 추천해주는 온라인 음악 매장 같은 다양한 초기 프로토타입들을 실험하고 나서, 온라인에서 창의성을 가장 잘 보상할 수 있는 방식을 생각해냈다. 이렇게 탄생한 레버는 사람들이 동영상을 올리면 조회수와 연동해 광고를 판매하는 웹 사이트였다.

"우리는 창의성이 거래되는 시장을 창출하고 싶었어요. 짧은 형식의 동영상 콘텐츠는 공유될 플랫폼을 찾지 못해 정말 폭발 직전이라고 판단했거든요." 이러한 발언을 한 클라크와 공동 설립자들은 인터넷이 너무나 빨리 확산되고 있어서 고속 데이터 통신망의 연결 속도가 온라인에서 동영상을 실시간으로 재생할 수 있을 만큼 빨라지는 건 시간문제라고 내다봤다. 그 당시 스카이프Skype의 창안자를 포함한 상당수의 IT 개척자들은 동영상을 작동시키기 위해 다운로드용 소프트웨어에 공을 들이고 있었다. 하지만 레버 설립자들은 사람들이 동영상 실행 앱을 번거롭게 다운받기보다 동영상을 웹 사이트에서 곧바로 재생하는 걸 선호할 거라고 확신했다.

레버팀은 여전히 세 가지 문제를 극복해야 했다. 첫째, 어떻게 하면 사람들이 자신이 만든 짧은 형식의 동영상을 쉽게 올릴 수 있을까. 둘째, 어떻게 하면 그 동영상으로 수익을 낼 수 있을까. 셋째, 동영상에서 벌어들이는 광고 수입을 동영상 크리에이터들과 어떻게 나눠 가질까. 그들은 모든 수익을 동영상 크리에이터들과 50 대 50으로 나눈다는 원칙을 일찌감치 정했다. 동영상 크리에이터들은 자신들이 만든 콘텐츠에 절대적인 권한을 갖고 있는데도 할 수 있는 일이라고는 기껏 동영상을 올리는 게 전부였다. 동영상은 그들의 것이며 그들은 거기서 수익을 가져가야 마땅했다.

레버는 공적 윤리와 혁신적인 아이디어를 세웠다. 또한 크리에이터들이 경쟁 사이트가 아닌 레버를 선택한 것에 대해 인센티브를 제공하는 방안도 마련했다. 동영상 혁명이 가져올 관련 시장의 성장과 그에 따른 경쟁에서 승자가 되기에 더없이 좋은 위치였다. 이제 레버를 상대할 수 있는 유일한 적수는 유튜브뿐이었다. 〈동물원의 나〉와는 다른 강력한 콘텐츠를 찾아낼 수 있다면 말이다.

**4**

## 온라인 금맥의 발견
### 유튜버, 직업이 되다

최고의 TV 장면들을 무료로 보여주는 것만큼 시청자를 더 많이 끌어 모으는 방법이 있을까?

2005년 겨울, 미국의 코미디쇼 〈새터데이 나이트 라이브Saturday Night Live〉는 앤디 샘버그Andy Samberg와 크리스 파넬Chris Parnell이 출연하는 〈레이지 선데이Lazy Sunday〉라는 짧은 디지털 동영상을 방영했다. 이 2분짜리 영상에서 샘버그와 파넬은 자신들이 얼마나 컵케이크를 먹고 싶고, 〈나니아 연대기〉를 보고 싶은지에 대해 랩을 했다. 지금 다시 보니 살짝 한물간 느낌이 난다. 날카로웠던 시사 풍자는 시간이 지나 무뎌졌고, 과장된 말투는 왠지 어색하게 느껴진다.

하지만 당시에는 대단한 사건이었다. 그 영상물은 유튜브에 올라가자마자 순식간에 퍼져나가서 첫주에 조회수 200만을 찍었다. 문제는 이 콘텐츠의 지적재산권을 소유한 NBC 유니버설이 이 동영상을 올린 게 아니라는 것이었다. (이는 스모시가 초창기에 맞닥뜨렸던 문제이기도 했다. 재미있는 콘텐츠를 찾아 헤매는 유튜브 이용자들은 저작권을 가지고 있지 않은 계정이 올린 미승인 영상의 조회수를 잔뜩 올려주곤 했다.) 하지만 동료 작가 아키바 셰이퍼Akiva Schaffer, 코미디언 샘버그, 파넬과 함께 〈새터데이 나이트 라이브〉식 풍자를 창안한 요르마 타코니Jorma Tac-cone가 보기에 중요한 문제는 다른 데 있었다. "우리는 한 번도 들어본 적이 없는 사이트에 찍힌 조회수를 보면서 이중으로 충격을 받았어요. 늘 인터넷에 접속해 있었지만, 인터넷 콘텐츠의 수원지가 TV라는 걸 처음 알았거든요." 그가 나중에 《버라이어티》와의 인터뷰에서 한 말이다. 하지만 NBC 유니버설 측 변호사가 보기에 이는 그들의 콘텐츠가 불법적으로 게시된 사건이었다. 그 동영상으로 인해 〈새터데이 나이트 라이브〉에 엄청난 광고 효과가 생겼다거나 타코니가 명명한 'TV의 부활'이 이루어졌다는 주장은 문제가 아니었다. 중요한 건 그 동영상이 NBC 유니버설에 수익을 가져다주지 못한다는 점이었다(그 당시 광고를 유치하지 않았던 유튜브도 돈을 벌지 못한 것은 마찬가지였다).

하지만 이때 나타난 동영상 개척자들의 접근법은 각기 달랐다. 그루퍼Grouper를 비롯한 몇몇 사이트는 자신들의 플랫폼에 올라와 있는 콘텐츠의 저작권 문제를 신속하게 처리했다. 무엇보다도 누가 얼마를 받아야 하는지 공개적으로 공방을 벌이며 주목을 끌고 싶지 않았기 때문이다. 수작업으로 저작권 위반을 점검하는 검토 위원들까지 두고, 오디오 지문을 보유하는 등 이전부터 저작권 문제에 주의를 기울였던 레버는 〈레이지 선데이〉를 올리는 걸 허용하지 않았다. 클라크에 따르면 이는 '명백한 저작권 위반'이었기 때문이다. 레버는 공적 윤리에 부합하도록 저작권 소유자, 즉 동영상 크리에이터들에게 보상을 하고자 했다. 그래서 크리에이터들에게 광고 수입의 일부를 지급하는 시스템을 구축하기를 원했다. 레버는 광고 도달률보다 광고 수입을 우선시한 회사였다.

이에 반해, 유튜브는 광고 도달률을 중요시했다. 그래서 누구보다 조회수에 집중했다. 2006년 2월 유튜브는 마침내 〈레이지 선데이〉 영상물을 내리며 "유튜브는 저작권 보유자의 권리를 존중합니다"라는 짧은 안내문을 게시했다. 하지만 저작권 소유자들은 유튜브가 문제의 동영상들을 늦게 끌어내리는 바람에 사람들이 TV를 보지 않고 유튜브에 올라온 콘텐츠만 보게 된다며 불만을 터뜨렸다. 유튜브는 누군가가 문제를 제기하기 전까지는 그 콘텐츠의 출처를 조사하지 않는 경향이 있었다. 당시 유튜브는 광고를 유치하기 전이었다. 그러나 그와 관계없이 콘텐츠의 인기는 매우 높았다. 〈레이지 선데이〉는 두 달 만에 조회수 700만을 찍었다.

NBC와 니켈로디언Nickelodeon(세계 최대 규모의 어린이 오락 채널 — 옮긴이)을 소유한 바이어컴Viacom은 유튜브의 사업에서 대규모 저작권 도용이 어김없이 발생한다고 주장하며 후에 유튜브를 고소했다. 바이어컴은 조서에서 이렇게 불만을 쏟아냈다.

"일부 업체는 인터넷상의 지적재산권을 존중하지 않고, 합법적이지 않은 방법으로 사업을 구축합니다. 뻔뻔스럽게도 디지털 기술의 저작권을 침해함으로써 어떻게든 한몫 잡으려 하고 있습니다. 유튜브도 그중 하나입니다."

유튜브에는 저작권을 침해한 동영상이 적어도 15만 개가 올라와 있는데[8](이들의 전체 조회수는 약 15억), 〈레이지 선데이〉는 그중 하나일 뿐이라는 것이 바이어컴의 주장이다. 나아가 바이어컴은 "유튜브가 수익을 내는 모든 저작권 침해 콘텐츠를 저작권 소유자들이 찾아낼 수 없도록 막고 있어서" 그 규모를 정확히 알 수 없다고 목소리를 높였다. 법정 소송 끝에 양측은 결국 합의를 보았다.

나중에 그루퍼의 공동 설립자 조시 펠서는 이렇게 회고했다. "유튜브는 〈새터데이 나이트 라이브〉의 〈레이지 선데이〉 편을 비롯한 다량의 저작권 소유 콘텐츠를 '불법으로' 공유하면서 폭발적으로 성장했어요." 레버의 클라크도 비슷한 말을 했다. "유튜브의 초창기 성장은 상당 부분 저작권 보유자의 동의 없이 배포한 콘텐츠 덕분이지요. …… 오로지 동영상을 올리고 공유하는 데만 초점을 맞춘 웹 사이트를 구축해야 했다면 유튜브는 당장에 승리했을 거예요."

유튜브는 저작권에 대한 관대한 태도 말고도 몇 가지 특징이 더 있었다. 빠르고 깔끔하다는 것이었다. 당시 경쟁 플랫폼들이 온통 화려하게 장식한 디자인의 무게에 눌려 허우적거릴 때도 유튜브는 매끄러웠다. 유튜브 홈페이지는 시청자들이 콘텐츠의 흐름 속에 순식간에 빠져들도록 2005년, 현재와 같은 디자인으로 재구축됐다. 최근에 본 동영상 5개의 섬네일 화면이 가로로 제시되어 있고 그 아래로 추천 동영상의 장면들이 쭉 늘어져 있는 구도다. 이 디자인의 목적은 분명했다. 멈추지 말고 빠르게 다음 영상을 보라는 것이다.

　그 당시 유튜브는 주로 TV에서 따온 장면을 뒤죽박죽 올려놓는 정도였지만, 이따금 애니메이션이나 지급한 홈 무비가 올라오기도 했다. 대체로 화질은 떨어졌으나 나름대로 묘한 매력이 있었다. 시청자들은 난생처음으로 TV를 통하지 않고도 동영상의 큰 바다를 발견했을 것이다. 눈을 뗄 수 없게 만드는 크리에이터들도 제법 있었는데 카메라를 빤히 쳐다보고 주절대면서 일상을 공유하는 브이로거가 특히 그랬다. 그런 초창기 크리에이터 중에는 자기 방에서 방송하는 미국인 소녀 브리 에이브리Bree Avery도 있었다. 2006년 5월 유튜브에 올린 첫 동영상에서 그녀는 자신을 '론리걸15lonelygirl15'라고 부르며 홈스쿨링을 하는 열여섯 살 소녀라고 소개했다. 자기 부모가 외출을 금지하고 있다는 둥, 숙제가 너무 많다는 둥, 남자 친구 다니엘이 자신을 귀찮게 쫓아다닌다는 둥, 이런저런 푸념을 늘어놓았다. 또한 그동안 자신이 얼마나 유튜브를 사랑했으며, 좋아하는 크리에이터들은 누군지 쭉 설명했다. 뭐든 털어놓는 그녀의 접근법이 시청자들의 마음을

론리걸 15, 〈첫 번째 블로그〉.
**"안녕. 나는 16살이고 집에서 홈스쿨링을 해."**
**론리걸의 진짜 정체는 뭐였을까?**

금세 사로잡았다. 팬들이 그녀의 마이스페이스MySpace 페이지를 찾아 메시지를 보내면 그녀는 흔쾌히 응답했다. 이처럼 유튜브는 사람들의 생생한 삶을 보여주기만 하는 리얼리티 TV와 달랐다. 시청자들이 지켜보고 있는 바로 그 사람과 생생하게 대화할 수 있었기 때문이다.

2006년 여름에 떠오른 또 다른 초창기 스타는 갓 서른이 된 코네티컷주 출신 행정보조원 마이클 버클리Micael Buckley였다. 처음에는 그저 방송국에 일자리를 얻으려고 자신을 소개하는 영상물을 몇 개 올렸을 뿐이다. 그런데 웬걸, 유튜브라는 작은 세계에서 유명해지면서 그는 배우 루카스 크룩생크와 어깨를 나란히 하는 유튜브 최초의 스타로 올라섰다. 크룩생크는 자신의 목소리를 디지털로 변조해서, 분노 조절 장애를 겪고 있는 6살짜리 가상 인물 프레드 피글혼을 연기해 유명해진 인물이다.

버클리는 자신의 브이로그 '왓더벅WhatTheBuck?'에서 유명 인사들을 신랄하게 비판했다. 그는 유튜브에서 힐튼 호텔의 상속녀 패리스 힐튼이 가장 최근에 한 이상 행동, 미국의 인기 가수 브리트니 스피어스가 공개 석상에서 망신당한 일, 불법 투견 혐의를 받은 미식축구 선수 마이클 빅의 체포 소식 등을 크게 다루었다. 버클리의 페르소나는 '카메라 앞에서 대놓고 욕하는 떠버리 대중문화 전문가'였으며, 속사포같이 쏟아지는 그의 위트와 되받아치는 데 능한 말솜씨는 세속적이고 무질서한 미디어와 절묘하게 어울렸다. 영상 속에서 버클리는 유명 배우들과 대중 스타들의 흐릿한 사진이 자신의 어깨 위에 나타났다가 사라질 때면 다 알고 있다는 듯이 적나라한 말투로 한 방씩 먹이곤 했

다. 버클리는 자신이 팬들에게 '좋아요'와 댓글을 요청한 최초의 유튜
버라고 주장하며 이렇게 말했다. "첫 화면에 '이 동영상이 마음에 안
들어도 평가는 해주세요'라는 자막을 넣었더니, 다음 주부터 다른 유
튜버들도 '좋아요'와 댓글을 요청하더군요."

낭시 시청자는 비교적 소수였다. 하지만 크리에이터들은 서로
가 진정한 공동체에 속해 있다는 느낌을 받았다. 버클리는 이렇게 회
상했다. "2006년의 유튜브에는 자신이 키우는 애완동물이나 기묘한
스케치 코미디를 스스로 촬영해서 올리는 사람들만 있었어요. 콘텐츠
수준이 높지는 않았지만, 공동체 내부에서는 무척 수준 높고 인간적인
교류가 이루어졌답니다. 그도 그럴 것이 아주 소수였으니까요. 유튜브
행사에 가면 10~20명이 나왔어요. 모두가 서로의 절친이었죠."

카메라 앞에서 대놓고 까발리거나 털어놓는 유튜브식 동영상
에 사람들은 열광했다. 출범한 지 18개월도 채 안 돼서 유튜브는 하나
의 현상으로 자리 잡았다. 2006년 1월과 6월 사이에 트래픽이 네 배
로 뛰면서 1,600만 명의 방문객으로 상위 50개 웹 사이트에 랭크됐
다.[9] 이 수치를 제공한 컴스코어ComScore(미국의 인터넷 마케팅 리서치 회
사 — 옮긴이)의 분석가 잭 플래너건은 광고비가 '소비자들을 효율적
으로 겨냥할 수 있는' 온라인으로 옮겨가는 건 시간문제라고 내다보
았다.

2006년 9월, 스모시는 구독자 수가 1만 7,500명으로 치솟으며
네 번째로 인기 있는 채널이 됐다.[10] 개별 동영상의 시청자는 여전히
적었지만, 잠재력은 어마어마했다. 유튜브는 경쟁자들을 압도하고 있

었다. 메타카페는 조회수가 2만 이상일 경우 1,000회 오를 때마다 크리에이터들에게 5달러를 지급한다는 제작자 보상 프로그램을 위한 자금 마련 때문에 허우적거렸다. 다른 경쟁자들은 틈새시장으로 옮겨갔다. 가령 비메오는 음악가와 영화감독이 만든 고품질 동영상을 관리하는 일에 주력했다.

그때까지 구글은 캘리포니아주 실리콘밸리에서 최고 실적을 낸 회사로 기하급수적 성장을 하고 있었고, 2004년에는 기업공개IPO를 통해 230억 달러의 기업가치를 평가받았다. '구글 비디오'는 유튜브보다 석 달 앞서서 출발했다는 이점이 있는 데다가 넉넉한 모회사의 자금 지원까지 받고 있었던 터라 누가 봐도 온라인 동영상 전쟁에서 승리했어야 했다. 하지만 '구글 비디오'의 동영상은 유튜브에 비하면 대체로 따분했다. 유튜브가 엄청난 선풍을 일으키는 동안, 구글 직원들은 '구글 비디오'에 하품 나는 잔소리나 올려댔다. 구글은 데이터 세계에서나 펄펄 날았지 영상 산업에서는 죽을 쒔다.

캘리포니아주 샌 마티오에 있는 일식당과 피자 가게 위층의 단칸방 사무실에서 시작한 유튜브는 승승장구하다 마침내 급속히 늘어나는 시청자들을 돈으로 바꾸기 시작했다. 2006년 9월, 다른 기업들과의 소규모 거래를 시작으로 유튜브는 싱귤러 와이어리스Cingular Wireless에 이어 미국의 거대 이동전화 네트워크와 제휴하여, 독립적으로 활동하는 뮤직밴드 공모전을 열었다. 2006월 10월, 유튜브 공동 설립자 세 사람은 사무실의 붉은 빈백 의자에 앉아서 성공 비결을 묻는 전 세계 미디어들의 쏟아지는 전화를 응대하느라 정신이 없었다(카림은 가까운 스탠퍼드대학교에서 석사 과정을 이수하고 있어서 거기 없을 때가 많았다).

구글은 경쟁사를 누르는 대신에 사들이기로 작정했고, 2006년 10월 유튜브를 16억 5,000만 달러에 매입했다. 세쿼이아 캐피털이 금액을 공개하지는 않았지만, 최근 보고서에 따르면 그 거래로 세 동업자 헐리, 첸, 카림은 각각 어림잡아 적어도 1억 달러에서 2억 달러의 순이익을 올렸다고 한다.

당시 유튜브에는 날마다 1억의 조회수와 6만 5,000편의 동영상이 추가되고 있었다. 그런데도 월스트리트 애널리스트들은 구글의 인수에 고개를 갸우뚱했다. 양키그룹리서치Yankee Group Research의 조사분석관 존 마틴은 "구글이 사업상 악수를 둔 겁니다"라고 평가했다. 미국의 투자가이자 기업가인 마크 큐번은 그 인수를 '미친 짓'이라고 표현하기까지 했다. 하지만 사실은 턱없이 싸게 산 거였다. 오늘날 유튜브의 가치는 어림잡아 1,400억 달러는 나간다.[11]

구글이 유튜브에 자금을 투입하자 경쟁은 잦아들었다. 구글은 플랫폼을 확장하기 시작했다. 2007년 6월, 유튜브는 브라질, 프랑스, 이탈리아, 일본, 네덜란드, 폴란드, 스페인, 아일랜드, 영국에 현지 버전의 사이트를 구축하면서 세계 무대로 나섰다.

아울러 구글은 광고에 기반을 둔 유튜브의 지속가능한 경제적 미래를 개척했다. A와 B 두 가지 광고 형태를 꼼꼼하게 검토해서 시청자가 외면하지 않는 구조를 이루어 광고주를 안심시켰다. 그런 다음 2007년 8월, BMW와 〈심슨 가족 : 더 무비The Simpsons Movie〉 등

1,000개의 공식 제휴사로부터 받은 최초의 광고들이 사이트에 올라가기 시작했다. 당시 광고는 대개 동영상이 시작된 지 15초 후 하단에 전체 화면의 5분의 1 크기로 10초가량 노출되는 팝업 광고였다. 구글은 레버의 접근법에서 힌트를 얻어, 동영상 제작자에게 수익금 중 절반 이상을 주었다. 크리에이터들의 통장으로 돈이 흘러 들어가기 시작했다. 그때부터 전업 유튜버가 현실적인 직업으로 자리 잡았다.

## 그레이스 헬빅
### 유튜브의 초기 스타들

광고 수입을 나눠 갖게 되면서 유튜브에는 다양한 사업체가 몰려들었다. 그중에는 연예기획사와 매니지먼트, 홍보 회사의 기능이 합쳐진 MCN Multi-Channel Networks도 있었다. 이 MCN 중 하나인 마이댐채널 MyDamnChannel은 자체 보유한 웹 프레즌스web presence를 통해 유튜브의 서버를 관리했다. 2008년 4월, 마이댐채널은 유튜브에서 가장 사랑받는 인물 중 하나인 그레이스 헬빅Grace Helbig과 계약했다.

헬빅은 아마도 우리와 가장 가까운 유튜브 특권층일 것이다. 2007년에 그녀는 뉴저지주 사우스 오렌지에서 친구 집을 봐주며 시간을 때울 목적으로 첫 동영상을 촬영해서 올렸는데, 올리자마자 순식간에 유명해졌다. 헬빅은 이웃집 소녀라는 페르소나로 남성 시청자들의 흥미를 끌었고, 친언니 같은 조언과 기발한 유머로 여성 시청자들의 마음을 사로잡았다. 그녀는 자신의 매력을 살려 서툰 요리 영상과 화려한 의상을 입고 떠드는 영상을 시리즈로 제작했지만 처음에는 크게 뜨지 못했다. 지금은 거물이 된 유튜버들이 초창기에 다 그랬듯이, 그녀의 초기 영상들은 이후에 올린 화려한 영상들에 비하면 조잡했다. 하지만 나중에 만든 동영상에도 그녀만의 당혹스럽고 엉뚱한 코미디의 흔적이 남아 있었다. 그래서인지 헬빅은 종종 자신을 '인터넷의 엉뚱한 언니'로 소개했다.

헬빅이 마이댐채널과 계약하기 이전에 유튜브에 올렸던 영상들은 마이댐채널에 새로 게시한 영상을 클릭하도록 시청자들을 유도했다. 이는 곧 기존의 동영상이 마이댐채널 동영상의 존재를 알리는 일종의 광고 역할을 했다는 뜻이다. 마이댐채널에 올린 헬빅의 첫 동영상은 샴페인과 토스트에 관한 것이었다. 이는 최고와 싸구려를 결합하는 헬빅의 개성을 상징적으로 보여주었다. 드라마 〈소프라노 가족The Sopranos〉 시리즈처럼 빠른 속도로 퀵 컷(특별한 효과 없이 이어지는 화면 전환 기법 — 옮긴이)과 걸쭉한 욕설을 배치하여 헬빅은 나름 자신만의 콘텐츠 게시 방식을 고수했다. 매주 월요일에는 대체로 행사장을 돌아다니는 동영상을 올리고, 화요일에는 사용자가 올린 댓글에

그레이스 헬빅, 〈집보기-첫째날〉.
2007년에 올린 그레이스 헬빅의 첫 동영상이다.
지극히 엉성하고 조잡하지만 그녀만의 엉뚱한 유머로
순식간에 유명해졌다.

응답하며, 수요일에는 특이한 제품을 평가하고, 목요일에는 동영상 운영 계획에 전념하고, 금요일에는 사랑과 성을 주제로 수다를 떠는 '야한 금요일' 브랜드를 재구축한다는 것이다. 하나하나가 유튜버 헬빅의 존재를 홍보하는 일이었다. 5년 반 동안 그녀는 마이댐채널을 통해 유튜브에 1,500개가 넘는 동영상을 올렸고, 그 대가로 마이댐채널로부터 급여를 받았다. 재미 삼아 시작한 유튜버가 어느새 상근직이 된 것이다.

유튜브로 생계 유지가 가능하다는 사실을 깨달은 건 마이클 버클리Michael Buckley도 마찬가지였다. 버클리는 처음에는 그저 짧은 영상물 몇 편을 내놓았지만, 근무하고 있던 음악 기획사 라이브네이션Live Nation에서도 틈틈이 유튜브에 올릴 동영상을 촬영하고 편집하는 곡예를 벌이느라 점점 더 바빠졌다. 그는 이렇게 설명했다. "일주일에 40시간 일하는 직장에 다니면서도 눈만 뜨면 대본 쓰랴, 편집하랴, 홍보하랴, 유튜버로서 기반을 다지기 위해 전력을 다했어요. 할 일은 많았지만 즐거웠고, 어떻게 될지는 몰라도 정말로 가능성이 보였어요."

스타들을 대놓고 조롱하는 그의 동영상이 인기를 끌면서 그는 조회수와 구글의 광고비 배분에서 서서히 성공을 거두기 시작했다. 2008년 9월쯤 버클리는 구글에서 연간 10만 달러 이상을 얻어냈다.[12] 그로부터 10년 뒤에 연간 2,000만 달러를 받게 되는 유튜버들에 비하면 적은 듯하지만, 그 당시에는 천문학적인 액수였다. 갑작스러운 금융 위기로 안정된 일자리가 뿌리째 뽑히고 있던 시기였음을 감안하기 바란다. 그 달에 33살이 된 버클리는 과감한 결정을 내렸다. 다니던 직장을 그만두고 전업 유튜버가 되기로 한 것이다. 그는 자신의 선택이 옳다는 걸 보여주고 싶었고 그럴 자신도 있었다. 그는 결국 다른 채널의 진행자로 나서는 대신에 자신의 채널을 시작했다.

2018년, 43세가 된 버클리는 나와 통화하면서 이렇게 회상했다. "사람들은 세상을 속여서 돈을 벌었다고 생각하지만, 그건 아니죠. 보세요, 내 돈 들여가며 재미로 시작했는데 지금 구글 애드센스 계정에 들어오는 돈이 엄청나요. 말도 안 돼요! 끝내주네요."

버클리는 구글의 광고 수익 말고도 새로운 형태의 수입원을 개척하기 시작했다. 바로 직접 후원 계약이다. 그는 펩시를 홍보하는 동영상을 촬영하기 시작했다. "얼마 전까지만 해도 우리 중에 후원 콘텐츠sponsored content를 만드는 사람은 거의 없었어요. 기업들은 이러한 홍보성 콘텐츠를 만들어주는 데 기꺼이 돈을 쓰려고 합니다. 이제는 인스타그램과 트위터에서 활동하는 사람이면 거의 모두 자기 팔로워를 수입원으로 삼고 있잖아요. 그만큼 시대가 바뀌었다는 거죠. 홍보 콘텐츠를 언제 어디서나 볼 수 있어요. 처음에는 홍보성 동영상을 두 편 만들었더니 사람들이 그게 뭐냐며 묻더군요. 지금은 사람들이 훨씬 개방적이라서 홍보 콘텐츠라고 짜증 내지 않아요."

다달이 그리고 해마다 접속이 늘어나면서 유튜버들은 제작을 도와줄 전문가들을 고용할 필요성을 깨닫기 시작했는데, 많은 사람들이 이를 놀라워했다. 2011년만 해도 미국의 크리에이터 존 그린John Green은 이를 터무니없다고 생각했다. 형 존 그린과 동생 행크 그린(브이로그브러더스Vlogbrothers)이 비드콘VidCon을 막 출범시켰을 때였다. 비드콘은 유튜브 산업 컨퍼런스로 후에 미국의 미디어 기업 비아콤Viacom이 인수하게 된다. (며칠에 걸쳐 미국 애너하임, 네덜란드 암스테르담, 영국 런던, 오스트레일리아 멜버른에서 수만 명이 참석하는 유튜브 산업 컨퍼런스가 해마다 개최되고 있다는 사실은 유튜브가 얼마나 많이 변했는지를 보여준다.) 2011년에 열린 두 번째 컨퍼런스에서 존 그린은 정상급 유튜버인 필립 데프랑코와 프레디 웡의 동영상 제작 지원 인력을 고용하는 문제에 관한 발표를 경청하고 있었다. 그때까지 유튜브 영상 제작을 위해 사람을 고용한다는 것은 '얼빠진 생각'으로 여겨졌다고 존 그린이 말했다.

그 당시 존 그린이 생각하기에 유튜브와 온라인 동영상은 남는 시간에 지하실에서나 만드는 것이었다. 혼자만의 일상생활이며 1인 창작 사업으로 간주했던 탓이다. 하지만 그린 형제는 자신들이 마주한 장벽 앞에서 좌절하고 말았다. 동영상에 애니메이션을 넣고 싶었지만, 직접 해결해낼 기술이 없었던 것이다. 또한 내용의 사실 여부를 확인하거나 대본을 작성하는 데 많은 시간이 필요해서 결과물을 빠르게 만들어내기가 힘들었다. "한 사람이 하던 일을 두 사람이 하면 진행이 훨씬 빨라진다는 필립의 의견에 귀를 쫑긋 세웠던 기억이 나네요." 존 그린이 말했다. 그는 그날 컨퍼런스가 끝나자마자 시간제 근로자 구인 사이트에 광고를 냈다. 그때 지원한 사람 중 하나가 스탠 밀러Stan Muller였다. 그는 존 그린이 고용한 첫 직원으로, 이후 유튜브의 교육 채널 크래시 코스Crash Course의 공동 설립자가 됐다.

"그가 없었다면 우리 회사는 교육용 동영상을 한 편도 못 만들었을 겁니다. 우리가 지금 만드는 콘텐츠가 거의 다 없었을 거라는 얘기죠." 존 그린이 회상했다. "컨퍼런스에서 발표를 듣고 망치로 머리를 한 대 맞은 기분이었죠. 그 친구들이 어째서 한 사람이 하던 일을 두 사람이 하게 됐으며, 그런 발상의 전환을 통해 뭘 할 수 있었는지 듣고 정신이 번쩍 들었거든요."

유튜버들은 시청자와 크리에이터 사이를 연결해줄 비디오그래퍼, 편집자, 관리자, 대리인 등 전문 인력을 대규모로 고용하기 시작했다. 이와 동시에 인적 자원이 급증했다. "아주 초창기에는 유튜브에 똑같은 종류의 일을 하는 사람들만 넘쳐났어요. 형태와 예산은 물론 시청자까지 아주 비슷했죠. 이젠 콘텐츠도, 구성원도 엄청나게 다양합니다. 시청자는 또 어떻고요. 네 살 먹은 아이에서 노인까지 거의 전 세대가 보잖아요. 지금은 유튜브 콘텐츠를 만들고 있는 사람을 모두 알기란 불가능하죠. 커져도 너무 커졌어요." 행크 그린이 말했다.

존 그린이 비드콘의 복도를 돌아다니며 아무리 많은 크리에이터들을 만나도 그들이 보유한 구독자가 200만 명인지 2만 명인지 알 수 없을 것이다. "어떻게 보면 우리에게 구독자 수는 그리 중요하지 않아요. 기획, 촬영, 편집 등 모든 단계에서 벌어지는 재미있는 일들이 더 중요하니까요." 그는 이렇게 말하면서 "유튜브는 더 이상 '동영상의 한 장르'가 아닙니다. '수백 가지 장르가 들어 있는 전혀 새로운 미디어'로 옮겨갔다는 표현이 더 적절합니다"라고 덧붙였다.

2011년 그 두 번째 비드콘이 열린 이후부터, 유튜브는 말 그대로 세계적인 볼거리spectacle가 되었다.

# 세계를 먹어치운 유튜브
## 러시아에서 남미까지

마틴 도밍게즈Martin Dominguez의 사무실 벽에는 너비 2미터에 높이 1.5미터짜리 흑판이 있다. 그 위에는 형형색색의 포스트잇이 다닥다닥 붙어 있는데, 거기에는 영업, 관리, (현재 계획과 향후 계획으로 구분된) 콘텐츠 개발, 제작 준비, 촬영, 후반 작업, 유통 등 분야별로 각각 다른 사업 계획이 적혀 있다.

　　"여러 가지 방법을 써봤지만, 난 이걸 봐야 정리가 돼요." 스페인어권 최대 유튜브 채널 중 하나인 '엔추페Enchufe TV'의 프로듀서인 도밍게즈의 설명이다. "흑판도 굉장하지만, 이게 없을 때는 사무실이 더 난리였어요." 그 흑판은 그와 그의 동료들이 수행하고 있는 노력의 규모와 범위를 보여준다. 마치 전 세계를 통틀어 2,000만 명의 구독자를 보유한 다국적 유튜브의 존재를 과시하기라도 하듯이.

지금 엔추페는 20명의 직원을 고용하고 있다. 그들은 에콰도르의 수도 키토의 한적한 교외에 있는 대저택을 개조한 넓은 사옥에서 일한다. 한때는 부잣집이었던 곳이지만 지금은 창작의 허브가 되어 사람들로 북적거리는 장소로 변했다. 사옥 지하에는 편집실과 녹음실이 있고, 1층 응접실 벽에는 그동안 받은 상들이 진열되어 있으며, 위층에는 여러 회의실이 있다.

엔추페는 2011년 에콰도르 출신 영화학도들에 의해 설립됐다. 도밍게즈와 동료들은 영화 학교의 졸업 과제로 방송용 코미디 한 편을 만들어 여러 TV 방송국을 기웃거렸으나 성과는 없었다. 그들이 일반 대중이 보는 TV 화면에 나오려면 방송국 임원들을 설득해야 했지만, 층층시하 관료조직 탓에 아예 만날 수조차 없었다. 거절에 상처받고 실패에 좌절한 도밍게즈와 동료들은 다른 길을 모색했다. 유튜브였다. 스페인어 코미디 채널은 아주 드물었다. 그래서 그들은 앞서 많은 크리에이터들이 한 것처럼 새로운 채널을 시작했다.

그들은 혼자가 아니었다. 2011년 유튜브 조회수의 60%는 비영어권 사용자들에 의한 것이었다.[13] 미국의 온라인 코미디 동영상 시리즈인 〈칼리지 유머College Humor〉에서 영감을 얻은 도밍게즈와 세 명의 동료는 엔추페(스페인어로 '작은 플러그'라는 뜻)라는 이름의 스케치 코미디 극단을 조직했다. 그들의 첫 동영상 〈최악의 캐스팅El peor casting〉은 TV와 영화의 배역 선정을 놓고 벌어지는 황당한 상황을 그린 것이었다. 도밍게즈는 공휴일이 낀 주말에 업로드 버튼을 눌렀다. "내 검지손가락에 온갖 희망이 달려 있었지요." 그는 당시를 이렇게 회상했다.

몇 주 후 조회수 600을 찍은 그 동영상은 당시에 그런대로 볼만했지만 그리 뛰어나지는 않았다. 하지만 그들은 그 정도도 감지덕지했다. 영화 학교를 다닐 때도 자신들이 만든 영화를 보러 600명씩이나 온 적은 없었기 때문이다. 그 동영상은 후에 조회수 1,000을 돌파했다.

엔추페는 새로운 동영상을 연이어 올렸다. 그중 하나는 참가자들이 서로에게 물을 흠뻑 끼얹으며 진창 술을 마시는 〈카니발Carnaval〉로, 에콰도르의 유명한 축제를 응용한 동영상이었다. 그 당시 인기 있던 1인칭 슈팅 게임을 흉내 냈는데 오히려 그보다 더 재미있었다. 〈카니발〉은 조회수 900만 이상을 찍었으며, 이로 인해 엔추페는 유튜브에서 구독자 수 기준 100대 채널에 들어가게 됐다. 2018년 말 엔추페 지분의 과반이 MCN으로 전환한 스페인의 디지털 미디어 그룹 투비튜브2btube로 넘어갔다. 나는 협상을 지켜본 한 소식통으로부터 엔추페의 가치가 500만 달러에서 1,000만 달러 사이로 평가되었다는 말을 들었다. 하지만 스페인어를 모르는 사람이라면 '엔추페'라는 단어조차 들어보지 못했을 것이다. 엘 루비우스El Rubius도 마찬가지일 것이다. 엘 루비우스는 3,400만 명의 구독자를 거느린 스페인 태생의 노르웨이인 유튜버로 본명은 루벤 도블라스 군더센Rubén Doblas Gundersen

엔추페 TV, 〈카니발〉.
**스페인어권 인기 유튜브 채널, 엔추페의 초기 히트작이다.**

이다.

사실 유튜브는 유럽 전역에서 인기가 좋다. 2017년 3월 콤레스 ComRes(영국 런던에 본부를 둔 리서치 회사 — 옮긴이)는 14세에서 18세 사이의 청소년을 대상으로 소셜미디어 사용에 관한 광범위한 조사를 벌였다. 그 결과에 따르면 그 연령대 영국인의 약 91%가 일주일에 한 번 이상 유튜브를 봤으며, 다른 유럽 국가의 수치는 이보다 더 높았다. 프랑스에서는 93%, 독일·이탈리아·폴란드에서는 95% 혹은 그 이상이라는 것이다.[14] 2018년 들어, 유튜브 분석 회사인 튜블러 인사이트 Tubular Insights가 집계한 유튜브 동영상 조회수는 각각 영국에서 17%, 스페인에서는 25%, 이탈리아에서는 32%, 독일에서는 23%가 증가했다.[15]

인터넷 사용자의 95%가 약 100개의 현지어로 번역된 사이트를 통해 유튜브를 보고 있으며, 구글은 약 90개국에 광고 수입에 따른 수익금을 보낸다.[16] 유튜브의 비영어권 시청자가 정확히 어느 정도인지 파악하기는 어렵다. 이는 어떤 유용한 데이터도 공유하지 않기로 악명 높은 구글 때문이다. 하지만 나는 이 책을 쓸 요량으로 인플루언서 마케팅 플랫폼인 팔라딘Paladin이 수집한 제3의 유튜브 데이터베이스에서 얻은 통계를 최초로 분석했다. 그 결과, 비율상 10개의 유튜브 채널 중 3개의 채널만이 영어 사용권 국가에 기반을 두고 있으며, 미국과 영국에 기반을 둔 유튜버 중 3분의 1가량이 영어 이외의 언어로 방송한다는 사실이 밝혀졌다.

인구가 많은 고속 성장 국가(브라질, 러시아, 인도, 중국) 출신 크리에이터 중 몇 명은 선정 기준이 뭐든 간에 유튜브에서 가장 중요한 세계적인 거물 대열에 들어간다. (이 책을 위해 튜블러 인사이트는 2018년에 업로드된 조회수 1만 이상을 기록한 비영어권 동영상을 전부 분석했다. 그 결과 전체 조회수의 5분의 1은 브라질과 러시아에서 찍혔다.)

브라질 상파울루에 사는 30세의 뮤직 비디오 감독 콘래드 쿤하 단타스Konrad Cunha Dantas를 보자. 그는 어머니가 사망한 18세에 처음 영화 촬영술을 배웠고, 어머니의 사망 보험금으로 캐논 EOS 5D 카메라를 사서 개인 비행기, 현금 가방, 절세미인으로 화면을 꽉 채운 호화판 뮤직 비디오를 연출하기 시작했다. 많은 제작비와 화려한 장면 외에는 다른 동영상과 엇비슷했다. 콘질라Kondzilla라는 이름으로 활동한 쿤하 단타스의 채널은 세계에서 여덟 번째로 구독자가 많고 여섯 번째로 조회수가 많다.[17] 7년간 누적 조회수가 무려 230억을 넘는다. 콘질라의 동영상은 다달이 전체 조회수에 6~7억이 추가된다.

같은 상파울루 출신 휜데르손 누네스 바티스타Whindersson Nunes Batista는 포르투갈어 유튜브 경쟁에서 콘질라와 엎치락뒤치락한다. 누네스 바티스타는 15세부터 유튜버가 되고 싶었다. 이제 24세가 된 그의 스케치 코미디 구독자는 3,500만 명이며 하루 평균 조회수는 135만이다.[18] 브라질에는 콘질라와 누네스 바티스타 말고도 스타 유튜버가 더 있다. 펠리페 네토Felipe Neto와 루카스 네토Luccas Neto 형제의 구독자를 모두 합하면 5,500만 명이나 된다. 동생 루카스 네토보다 세 살 많은 펠리페 네토는 브라질과 남미에서 온라인 동영상의 합법화를 지원하는 MCN 파라메이커Paramaker를 설립했다. 아울러 엉터리

55

발명품을 시험해보고, 여러 가지 가정용품에 불을 붙이면 어떻게 되는지 검사하고, 괴상망측하고 우스꽝스러운 뉴스 헤드라인을 숨 가쁘게 전해주는 동영상도 올린다.

인도의 유튜브 커뮤니티는 기업이 운영하는 채널이 장악하고 있는데, 'T-시리즈'와 'SET 인디아'가 대표적이다. T-시리즈는 동명의 영화·음반 제작사가 운영하며, SET 인디아는 영화와 TV 프로그램을 힌디어로 방송하는 전통적 TV 네트워크인 소니 엔터테인먼트 TV의 온라인 채널이다. T-시리즈의 명성은 이미 인도를 넘어섰다. T-시리즈는 인도 최고 권위를 자랑하는 시끌벅적한 발리우드Bollywood 영화에 유명 팝송이 깔린 화려하고 다채로운 영상물로 전 세계 유튜브를 통틀어 최다 구독자 타이틀을 놓고 퓨디파이와 경쟁한다.

유튜브에 올라간 자신들의 해적판 동영상을 삭제하려다가 유튜브에 빠져든 스모시처럼, T-시리즈도 처음에는 유튜브에 화가 잔뜩 난 상태였다. 1984년에 설립된 T-시리즈는 2010년 유튜브에 대해 델리 고등법원에 가처분 신청을 했다. 비아콤과 비슷한 경우다. 유튜브는 인도에 진출한 지 3년 만에 T-시리즈의 제작물에서 따온 불법 영상물로 도배됐다. 법원이 가처분 신청을 인정한 것과는 별개로 T-시리즈는 이 사건에서 어떤 기회를 보았다. "우리는 공통의 친구를 통해 유튜브와 접촉했고, 2010년도 3/4분기쯤에는 라이선스 계약을 실행했습니다." T-시리즈의 회장 네레아즈 칼리안의 설명이다.

2014년 들어 T-시리즈는 인도에서 구독자가 100만 명이 넘는 16개 채널 중 하나가 되었다[19](현재는 인도에만 구독자가 3억 명이 넘는 채널이 몇 개 있다). 광대역으로 확장된 4G 전화망 지오Jio의 출시로 인터넷 데이터 비용이 하락한 후에는 기존 구독자 9,000만 명[20]에 매달 수백만 명이 추가로 구독하고 있다. T-시리즈는 2018년에 1,335개의 동영상을 올렸다. 하루에 세 편 이상 올린 셈이다. 그 영향력은 상상 이상이다. 이는 인도 전역에서 올라온 동영상의 0.05%에 불과하지만, 2018년 튜블러 인사이트가 집계한 인도 전체 조회수 6,480억의 거의 4분의 1을 차지한다.[21]

모든 사람이 T-시리즈의 팬은 아니다. 하지만 세계에서 두 번째로 인구가 많은 이 나라에서도 개별 크리에이터들이 큰 영향력을 행사하고 있다. 예컨대, 아미트 바다나Amit Bhadana는 인도 사회의 약점을 비꼬는 장면을 즐기는 1,400만 명의 구독자를 가진 누구나 아는 유명인이다. 그의 동영상이 일주일 안에 조회수 1,000만을 못 찍으면 실적이 부진한 것으로 취급될 정도다.

러시아에서는 프로스트FROST가 800만 명의 구독자 앞에서 동영상 게임을 한다. 영상 속 그는 스폰지밥 인형 앞에 있는 최고급 게이밍 의자나 화분으로 둘러싸인 싸구려 흰색 가죽 소파에 앉아 있다. 가끔은 다리미판 위에서 구역질 나는 칵테일을 시음하거나 얼어붙은 호

인기 유튜버 나스탸(2014년생)의 유튜브 채널, '나스탸처럼'.
**3,000만 명이 넘는 구독자를 거느리고 있다.**

수에서 면봉을 칼처럼 들고 검투를 벌이는 장난을 치기도 한다.

러시아의 유튜브 여왕은 미국에 살며 러시아어를 구사하는 나스탸Nastya라는 꼬맹이다. 그녀가 나오는 두 개 채널(러시아어 채널과 영어 채널이 호환됨)의 구독자는 모두 3,200만 명이다. 나스탸가 아빠와 함께 카드나 볼링을 하면서 놀며 장난치고 웃는 모습을 카메라가 따라간다. 나스탸가 연출하는 장면들은 대체로 무성영화처럼 과장되는데, 하나같이 경쾌한 배경음악에 기묘한 음향효과와 배트맨 풍의 그래픽이 한껏 덧입혀져 있다. 아이디어는 단순하다. 부러움을 유도하고, 밝고 화려한 총천연색 콘텐츠를 제공하며, 동심의 세계를 되돌려준다는 것이다.

한편, 유튜브를 못 보는 나라도 있다. 유튜브는 전체주의 체제에서 검열에 저촉되는 정보를 전파하는 도구로 여겨진다. 이란과 북한은 웹 브라우저의 원천을 감추는 가상사설망VPN과 같은 기술적 우회로를 통하지 않고는 유튜브에 접속할 수 없도록 막았다. 아르메니아, 아프가니스탄, 파키스탄, 터키, 시리아도 최근에 민감한 정치적인 문제로 인해 장기간 유튜브를 막았다.

유튜브는 억압적인 정치 체제에서 언론의 자유를 지켜주는 중요한 플랫폼이다. 러시아의 유리 더드Yuri Dud가 올리는 긴 동영상 인터뷰는 일주일에 한 번 규칙적으로 100만 명에게 전달된다. 앞머리를 자랑 삼아 이마에 착 붙이기를 좋아하며 표현력이 풍부한 눈을 가진 서른두 살의 이 스포츠 기자는 독일에서 태어났지만 네 살부터 러시아에서 살았다. 그가 자신의 유튜브 채널을 개설한 때는 2017년 2월로, 러시아 대통령 블라드미르 푸틴이 독립 TV 채널을 탄압하던 시기였다. 그 채널은 급속히 성장해서 지금은 알렉세이 나발니, 미하일 호도르콥스키 같은 야당 정치인을 인터뷰한다. 모두 푸틴 체제를 노골적으로 비판하는 인물들이다. 미디어를 통제하는 곳에서 유튜브는 더드의 채널처럼 독립된 정보를 지켜주는 생명줄의 역할을 한다. 게다가 도달률이 대단히 높다. 18세에서 44세 사이 러시아인의 82%가 유튜브 시청자다.[22] 이는 러시아 최대 방송사인 '채널 원Channel One'의 시청률과 거의 같은 비율이다.

고유한 특성을 지닌 아시아 역시 유튜브에 중요한 지역이다. 수백만 조회수로 높은 순위에 올라 있는 히카킨Hikakin은 기막힌 비트박스 기술을 선보인 일본의 32세 유튜버. 포르투갈의 펠리페 네토처럼 그는 일본 최대의 MCN 중 하나를 설립해서 온라인상의 성공을 오프라인 사업으로 확대했다. 그의 동영상을 보는 시청자들은 시각 요소며 화면 자막이며 배경음악이 어지러울 정도로 많다는 사실을 깨닫게 된다. 이는 일본 TV 고유의 특징이다.

대한민국에서는 밴쯔Banzz로 더 잘 알려진 정만수가 '먹방muk-bang'의 시작을 열었다. 그와 같은 먹방 스타들은 사람들에게 즐거움을 주려고 카메라 앞에서 엄청난 양의 음식을 먹는다. 먹방은 혼밥을 민망하게 여기는 대한민국 사회에서 중요한 역할을 한다. 하지만 먹방 유튜버들은 곤욕을 치르기도 한다. 촬영을 위해 섭취한 열량을 내보내려면 보통 하루에 12시간쯤 운동해야 하기 때문이다.

히카킨과 밴쯔와 같은 인물은 아시아의 유튜브 생태계에 있는 수많은 유튜버 중 극히 일부일 뿐이다. 다소 이국적일지는 모르지만, 전 세계인이 그들의 행동을 따라 하고 있다. 서구에도 먹방 스타가 있고 아시아에도 인기 뷰티 브이로거나 게이머가 있어서 팬들을 구름처럼 몰고 다닌다. 아시아에서도 온라인 동영상이 세계 다른 곳에서처럼 급속히 발전하고 있다. 데이터 분석회사인 앱 애니App Annie에 따르면, 동영상 제작과 편집에 들어가는 시간과 모바일 앱 스토어상의 엔터테인먼트 부문 숫자가 2000년 이후 세 배로 뛰었다. 유럽에서는 2.7배, 미국에서는 2.4배 늘어났다.

호주에서 가장 인기 있는 유튜버는 1,340만 명의 구독자를 자랑하는 33세의 웬지Wengie로, 어릴 때 호주로 건너온 중국인이다. 그녀는 만화 캐릭터 같은 모습으로, 선인장 그림이 있는 방에서 유니콘 티셔츠를 입고 요즘 유행에 어울리는 크레용라풍 색상의 화면 속에서 메시지를 전달하는 전방위적 엔터테이너다. 웬지는 원래 뷰티 브이로그, 농담 따먹기, DIY 하기(학교에 가져갈 공작물 등) 같은 영상물을 올렸다. 하지만 2019년 이후로는 슬라임 동영상을 만들어 유행을 그대로 따라가고 있을 뿐만 아니라, 팝핑 캔디를 빨아먹고 마이크에 대고 속삭이는 ASMR 동영상도 만들고 있다.

웬지가 떠나온 나라 중국은 유튜브의 가장 큰 블랙홀이다. 영국에서든, 미국에서든, 아니 어디서든 200명을 무작위로 고르면 그중에 적어도 한 명은 유튜버다.[23] 하지만 팔라딘에 따르면, 중국은 인구 대비 유튜버 비율이 가장 낮은 나라다. 유튜브는 이 인민공화국에서 사실상 금지됐지만, 인터넷 트래픽 조사기관 알렉사Alexa의 추정으로는 그래도 전 세계 유튜브 시청자의 약 4%가 중국인이며,[24] 유튜브는 중국에서 열두 번째로 인기 있는 웹 사이트라고 한다.

"유튜브의 모기업인 구글은 7, 8년 전에 이미 중국과 거리를 두기로 했습니다"라고 시장조사업체 IDC의 연구 책임자이자 중국 전문가인 크리스 동Chris Dong은 설명한다. 중국 정부는 구글에 일부 검색 결과를 차단해달라고 요청했다. 공산당 집권을 부정적으로 표현하거나 불만을 부추길 여지가 있는 게시물을 걸러내기 위해서였지만, 당시 구글은 이를 거부했다(구글 직원들은 회사가 중국을 위해 비밀리에 검열용 검색 엔진을 개발할까 우려하고 있다[25]).

하지만 구글이 중국 정부의 검열 요구에 협조하기로 했다 하더라도, 다른 많은 서방 국가처럼 중국에서 유튜브가 지배적인 사이트가 될 것 같지는 않다. 유튜브는 물론이고 홀루Hulu와 넷플릭스 등 여러 온라인 미디어에게는 중국에서 사업할 수 없는 결정적인 이유가 있다.

"중국에서 온라인 동영상은 온라인 콘텐츠 유통의 일부로 출판업으로 분류됩니다"라고 크리스 동은 설명한다. 사회의 안정과 국가의 안보와 전통문화의 보존이라는 명분으로 공개적인 논의를 통제하는 일당 지배 국가에서 외국계 기업은 그런 콘텐츠 유통 사업을 벌일 수 있는 길이 거의 막혀 있다는 뜻이다. "이를 사람들은 검열이라 하고, 정부는 심의라고 하죠." 그가 덧붙였다.

중국에 유튜브가 없다고 해서 온라인 동영상 스타도 없다고 생각한다면 큰 오산이다. 그렇기는커녕 중국에는 자국판 유튜브가 세 개나 있다. 유쿠 투더우Youku Tudou, 텐센트 비디오Tencent Video, 아이치이

iQiyi다. 세 개 모두 유튜브와 다른 점이 있다. 하지만 유튜브의 깔끔하고 단순한 레이아웃에 비해 디자인이 알록달록하고 화려하다는 점에서 겉으로는 조금 다르게 보일지 몰라도, 동영상을 클릭해보면 플랫폼이 유튜브와 근본적으로 비슷하다는 사실을 알게 된다.

표준 중국어를 모르는 외국인이라도 세 개의 주요 동영상 웹사이트를 큰 어려움 없이 뒤적거릴 수 있다. 세 사이트에는 하나같이 하위 주제별로 나뉜 동영상을 거의 무한히 볼 수 있는 초기 화면이 있다. 개별 동영상을 클릭하면 동영상 플레이어가 크게 나타나는데, 그 왼쪽 아래에는 틀고 멈추고 음량을 조절할 수 있는 기능이, 오른쪽에는 부제와 자막 선택 기능이 나타난다. 플레이어의 오른쪽에는 유튜브가 자랑하는 기능인 자동 재생 대기 영상이 늘어져 있다(자동 재생 기능은 유튜브에 오래전부터 있었던 기능인 것 같지만, 2015년에 도입되었다). 그 외에도 유튜브 시청자들이 익숙하게 느낄 법한 면들이 적지 않다. 자동 재생되는 KFC 광고 또한 그렇다.

지금까지의 비교 결과는 상당히 시사적이다. 한 나라에서 널리 인기 있는 것은 거의 예외 없이 다른 나라에서도 인기가 있다는 사실이다. 중국의 동영상 공유 사이트에서도 주류 TV 프로그램에서 가져온 장면의 혼합물, 개인이 진실을 폭로하는 블로그, 길거리 장난을 찍은 동영상 등이 인기 있다. 외형과 언어는 달라도 공식은 똑같다. 인간이 관심을 두는 볼거리는 대개 같다는 말이다. 크게 유명인과 게임, 대중음악과 스포츠, 오락과 유머로 항목을 나눠볼 수 있겠다.

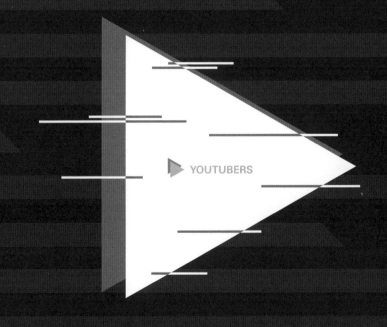

2부

유튜브의 작동 원리

YOUTUBERS

# 유튜브 알고리즘
## 우리는 왜 점점 토끼굴에 빠져드나

유튜브에서 가장 이름난 스타는 퓨디파이PewDiePie다. 그는 쉴 틈 없이 주절대는 깡마른 스웨덴 사람으로 누가 봐도 주의력 결핍 장애를 겪고 있다. 본명이 펠릭스 아르비드 울프 셸버그Felix Arvid Ulf Kjellberg인 퓨디파이는 유튜브에서 아주 변화무쌍한 존재다. 그는 다양한 내용의 동영상을 끝없이 만들고 퍼뜨려서 유튜브 조회수 1위를 고수하려고 노력한다. 비디오 게임 해설가로 처음 이름을 알렸지만, 지금은 노래도 하고(〈비치 라자냐〉 한 곡으로 엄청난 인기를 입증했음), 소셜미디어의 유행을 따라 하거나 책을 평하기도 한다.

　날마다 올라오는 그의 동영상들을 보고 있으면, 마치 리모콘으로 TV 채널을 획획 넘기는 느낌이다. 퓨디파이가 유튜브에 대해 늘어놓은 불평이나 동영상 공유 앱 틱톡TikTok에 올라온 재미있는 편집물 퓨디파이, 〈구독자가 5,000만 명을 넘으면 내 채널을 삭제할 거야〉.
**퓨디파이는 왜 유튜브에 대한 불만을 쏟아냈나?**

에 대한 그의 반응을 보는 데는 1분이면 충분하다. 그 밖에도 마이크 앞에 서서 웃음을 참아가며 코미디 동영상을 보거나, 비디오 게임에서 다양한 형태로 만들어진 자신의 가상 캐릭터와 대화를 나누는 모습을 볼 수 있다.

퓨디파이는 10대들이 열광하는 게임을 주된 활동 무대로 삼아 끊임없이 변화하는 속도감 있는 동영상을 계속해서 만들어 올린다. 그의 영상을 보면 유튜브에서 통하는 것이 무엇인지 알 수 있다. 또한 그가 2016년에 일으킨 일종의 반란은 유튜브가 플랫폼으로서 성공하게 된 중대한 비밀을 밝히는 결정적인 계기가 됐다. 2016년 겨울에 올린 한 동영상에서 그는 시청자들에게 이렇게 말했다.

"유튜브가 내 채널을 죽이려 하고 있어요."

유튜브가 구독자 유입을 막고 있고, 새 동영상 업로드를 방해하고 있으며, 구독자들에게 자신의 동영상 대신에 '추천 콘텐츠'(퓨디파이의 표현으로는 "아무도 거들떠보지 않는 똥 같은 동영상")를 보도록 유도한다며 불만을 터뜨린 것이다. 이는 유튜브가 '미끼용 링크'에 막혔다는 뜻이다. "유튜브는 그 누구에게도 어떤 일이 벌어졌는지를 제대로 설명하지 않으려고 했어요. 하지만 나 말고도 많은 유튜버가 알고 있었죠." 퓨디파이의 설명이다. 그 동영상에서 퓨디파이는 부드러운 피아노곡을 깔아놓고, 이렇게 위협조로 경고했다.

> "이건 전부 음모예요. 유튜브가 내 채널을 죽이려 한다고요. 내가 늘 저들에게 불만을 쏟아냈기 때문이죠. 나한테는 온 가족이 볼만한 콘텐츠가 없죠. 그래도 미끼용 링크가 너무 많아요. 응? 저게 그 건가요? 제법 그럴 듯하네요……."

한마디로 그는 유튜브의 알고리즘에 대한 불만을 털어놓은 것이다. 알고리즘은 KFC만의 13가지 허브와 양념 혼합 비율, 혹은 코카콜라 레시피처럼 유튜브의 비밀 공식으로, 냉철한 컴퓨터 논리가 뒤따르는 규칙들의 집합이다. 알고리즘은 대개 상업적 이익을 염두에 둔 컴퓨터 엔지니어가 설계하지만, 그다음에는 컴퓨터가 자동으로 추천안을 제시하도록 프로그램된다. 어떤 소셜미디어에서든 알고리즘의 결정은 알게 모르게 우리의 생활에 많은 영향을 미친다.

유튜브의 알고리즘은 초기 화면에 접속해온 사람들에게 즉각 호의적인 반응을 일으킬 목적으로 어떤 콘텐츠를 어떻게 제시할지를 결정한다. 구글 내 인공지능 연구팀인 구글 브레인은 사람들이 이전에 본 동영상을 근거로 추천 시스템을 설계한다. 그 시스템은 사람들이 동영상을 보는 방식이 변한다는 점까지 고려할 만큼 대단히 영리하다.

구글이 하는 일이 늘 그렇지만, 유튜브의 알고리즘도 불투명하기로 악명이 높다. 그래도 2016년에 세 명의 구글 직원이 유튜브의 추천 동영상을 결정하는 심층 신경망 관련 문서를 공개한 것[26]처럼, 진실이 모습을 드러나는 순간이 있기는 하다. 심층 신경망은 유튜브 검색 내역, 거주 지역, 성별, 기기 종류 등이 포함된 '사용자의 유튜브 활동 내역'을 참조해서 사람들이 이전에 본 모든 동영상을 뒤진다. 그런 다음 그 결과를 활용해 사이트에 올라 있는 수십억 개의 동영상 중 사람들이 보고 싶어 할 만한 동영상을 몇백 개 고르고, 그중에서 다시 십여 개를 추려낸다.

그렇게 추려진 동영상의 특성이 시청자의 시청 내역과 얼마나 일치하는지에 근거해 각 동영상에는 점수가 매겨진다. 유튜브는 이런 식으로 개별 동영상을 분류한다. 사용자에게도 마찬가지다. 결국에는 사용자의 특성과 가장 가깝게 겹치는 동영상들이 점수에 따라 순위가 매겨져서 추천된다. 무수한 원들이 겹쳐져 있는 벤 다이어그램Venn diagram을 떠올리면 이해하기 쉬울 것이다.

유튜브의 추천 시스템이 아무리 꾸준히 개선되고 있다고 해도 기본 원칙은 지금도 변함이 없다. 어느 날 나는 소파에 앉아 10분 남짓한 '비디오 데이즈Video Days' 관련 브이로그 동영상을 보고 있었다. 비디오 데이즈는 크리에이터들이 독일 쾰른에 모여 수만 명의 팬 앞에서 벌이는 유튜브 컨퍼런스 겸 콘서트다. 얼마 후 초기 화면으로 돌아갔더니 유튜브는 내게 미국 대학생 두 명이 발음하기 어려운 독일어 단어 때문에 고생하는 동영상을 추천했다. 영어 사용자인 내가 독일어로 된 콘텐츠에도 관심 있는 사람이라고 알고리즘이 추정한 것이다. 휴대전화로 본다는 걸 감안해 비교적 짧고 간단한 동영상을 제안

68

한 것 같다.

일리가 있었다. 보통 수준의 독일어 단어가 나오는 동영상을 끝까지 앉아서 봤으니, 다음에는 발음하기가 훨씬 더 어려운 독일어 단어가 나오는 동영상을 보고 실력을 늘리라는 판단에 따라 그렇게 추천한 것이다. 나는 그렇게 낚이고 있었다. 나를 알아주는 존재가 있으니 외롭지 않아서 좋다고 해야 하나. 구글 브레인이 이런 영리한 추천을 시작한 지 3년 만에 사람들이 유튜브 홈페이지에 머무르는 시간은 20배나 늘었다. 유튜브에서 동영상을 보느라 보내는 시간 중 70% 이상이 구글 브레인이 추천한 동영상을 보는 시간이다.[27]

구글은 이에 만족했다. 시청자가 자신만의 골방에 갇혀 한두 명의 크리에이터만 시청하는 것은 그들이 원하는 바가 아니다. 볼 수 있는 동영상은 널려 있다. 시청자가 보는 동영상이 많아질수록 노출되는 광고도 많아지고 구글이 벌어들이는 돈도 많아진다. 유튜브는 그저 우리가 보고 싶어 하는 동영상뿐만 아니라 볼 만한 동영상까지 제안함으로써 자신의 은행 잔고를 늘리고자 하는 것이다. 유튜브의 추천 기술을 총괄하는 짐 맥패든은 IT 뉴스 웹 사이트인 '더 버지The Verge'에서 사람들이 기대하는 동영상을 찾도록 도와주는 기능뿐만 아니라 "사람들이 뭔가를 보고는 싶은데 구체적으로 그게 뭔지 막막할 때에도, 그 숨은 욕구를 충족시켜주고 싶었다"고 말한다.

하루 2억 개 이상의 동영상이 유튜브 홈페이지를 통해 추천된다. 여기에 더해 오른쪽 상단의 '다음 동영상Up next'을 통해 수억 개의 동영상이 순서대로 하나씩 자동 재생된다.

그러나 유튜브 알고리즘의 이치로는 그럴듯해 보이는 결정도 사람에 따라 터무니없는 헛발질이 될 수도 있고, 고약한 결과를 낳을 수도 있다. 2015년 2월, 미국의 유튜브 본사는 아동용 유튜브인 '유튜브 키즈Youtube Kids'를 출시했다. 제품 관리 책임자인 시므릿 벤 야르가 "처음부터 아이들을 염두에 두고 만든 최초의 구글 제품"이라고 소개한 앱이었다. 유튜브 키즈는 아이들이 동영상을 찾을 때 다른 성인용 콘텐츠를 실수로 클릭할 가능성이 없도록 보증한다. 아동 조회수가 늘어난 점으로 보아, 이것이 유튜브 키즈를 도입한 또 하나의 동기였을 수도 있다. 문제는 겉으로 내세운 명분과 달리 상표로 등록된 캐릭터가 등장하는 비공인 동영상이 유튜브 키즈의 '재생 중Now Playing' 화면에 수시로 나타났다는 점이다. 애니메이션 제작자들이 값싸고 범용적인 기술을 활용해서 할리우드에서 가장 인기 있는 몇몇 캐릭터가 등장하는 원작 동영상 콘텐츠를 만들어 올린 것이다. 공식적인 디즈니 미키마우스는 이상한 행동을 하지 않는다. 그러나 이 동영상에서는 미키마우스뿐만 아니라 다른 캐릭터들도 원하는 모든 것을 할 수 있었으며, 그 행동은 대체로 불온했다. 성적이거나 폭력적이었다는 뜻이다. 물론 이들이 원래 알고 있던 건전한 콘텐츠와 어린이들을 떼어놓으려고 그런 동영상을 만든 것은 아니다. 다만 어른들에게 즐거움을 주는 콘텐츠를 만들고 싶었을 뿐이다. 즉, 자신들이 만드는 성인 콘텐츠를 어린이가 보게 할 의도는 없었던 것이다. 하지만 오리지널 영상과 패러디 영상을 바로 구분할 수 있는 어른들과 달리, 알고리즘은 아직 어린이용 적법 콘텐츠와 성인용 모방 콘텐츠의 차이를 판단할 수 없다는 점이 문제가 됐다.

이 문제는 아직도 완전히 해결되지 않았다. 엘사게이트Elsagate(유명 애니메이션 캐릭터를 내세워 선정적이고 비윤리적인 어린이 동영상이 유튜브에 유포된다는 의혹 — 옮긴이)가 불거진 지 거의 2년이 지났지만, 부적절한 콘텐츠와 연루된 이 사건은 여전히 진행 중이다. 2019년, 키프로스 공과대학교 소속 연구원들은 한 살에서 다섯 살 사이 아동들에게 인기 있는 캐릭터가 등장하는 13만 개의 동영상을 분석했다.[28] 또한 유튜브가 후속 동영상을 어떻게 추천했는지도 함께 추적했다. 그 결과, 어린이들이 캐릭터가 등장하는 동영상을 열 번 클릭하는 동안 부적절한 장면을 만날 확률은 45%였다. 후속 동영상이 뜨는 경우에는 스무 번 중 한 번꼴로 의심스러운 동영상을 추천받았다.

이는 대단히 흥미로운 결과로, 내가 이 책을 쓰기 위해 '인사이트 피플The Insights People'(어린이와 가족 부문에 특화된 영국의 마케팅 리서치 회사 — 옮긴이)에 의뢰한 분석 결과와도 대체로 일치한다. 인사이트 피플이 2만 명의 어린이와 그 부모를 대상으로 미디어 사용 행태를 조사한 결과에 따르면, 부모 열 중에 넷만이 늘 아이들의 미디어 시청을 감시하며, 네 살에서 열두 살 사이의 어린이 스무 명 중 한 명의 부모는 아이들이 무엇을 보고 있는지 전혀 확인하지 않는다.

불미스러운 콘텐츠는 유튜브가 문제를 늦게 인식하고 처리했다는 하나의 증거다. 유튜브는 수년간 알고리즘에 대한 신뢰를 기반으로 사용자가 가장 좋아하는 동영상을 선정했다. 사람이 아니라 오로지 컴퓨터에만 거의 모든 추천을 맡긴 결과를 지켜보며, 유튜브에서 자신의 동영상이 폭발적인 인기를 누렸든 가까스로 살아남았든 그에 관계 없이 크리에이터들은 소외감을 느꼈다.

"그것이 불만의 핵심입니다." 유튜브와 페이스북의 가입자 성장을 추적하는 동영상 기획사 리틀몬스터 미디어사Little Monster Media Co. 소속 매트 길렌의 지적이다. 그는 유튜브에 동영상을 올리는 일은 규정이 모호하고 부품 공급 사슬의 모든 측면이 총체적으로 유동적인 환경에서 부품 생산업자가 되는 것이라고 비유했다. 그 경우 부품 생산업자는 부품을 전달할 수 있는 길이 개통될지, 그 길의 통행 요금이 있을지 무엇도 알 수가 없다. 심지어 판매업자는 부품에 만족하면서도 아무 이유 없이 판매를 중단할 수도 있다. 이와 같이 유튜버들은 필연적으로 위험한 조건에서 사업을 추진한다. 그런데 그 모두가 알고리즘의 지배를 받는다니, 알고리즘이 인간 위의 초월적 존재처럼 느껴질 법도 하다.

유튜브의 알고리즘이 편리한 방패막이인지 아니면 천하의 악당인지를 놓고, 크리에이터들 간에 의견이 엇갈렸다. 일각에서는 사람들이 콘텐츠 자체의 신선함이나 완성도와는 무관하게 알고리즘을 활용한 성공을 노리고 이전에 반응이 좋았던 동영상과 유사한 형태의 결과물을 찍어내려고 한다고 우려했다.

"유튜브가 자신의 업무 수행 결과를 어떻게 평가하느냐에 따라 콘텐츠의 종류가 달라집니다. 어쨌든 콘텐츠는 인기를 얻어야 하기 때문이죠." 현재 캐나다에 거주하는 영국인 유튜버 찰리 맥도넬Charlie McDonnell의 설명이다. '찰리이즈소쿨라이크Charlieeissocoollike'라는 이름으로 2007년부터 유튜브에서 활동한 인물이다. "이러면 결국 콘텐츠가 균질화됩니다. 사람들은 위험을 감수하지 않으려 할 테니, 콘텐츠는 다 그게 그거라는 느낌이 들 수밖에 없어요."

2016년 퓨디파이는 문제의 반항적인 동영상에서 유튜브는 자신 말고 다른 누군가가 정상에 오르기 바랐다며 그 누군가는 "래퍼이자 코미디언인 릴리 싱Lilly Singh(유색인종이며 동성애자임 — 옮긴이)처럼 불치병에 걸린 어떤 사람"이라고 모호하게 제시했다. 발언은 이렇게 이어진다. "나는 백인이야. 이렇게 말해도 되나? 하지만 나는 그게 중요하다고 생각해." (그냥 내뱉는 말은 아닐 것이다. 퓨디파이는 이제껏 백인 우월주의 이론을 부추기는 채널을 추천하는 행태로 비판받아왔기 때문이다.)

퓨디파이는 구독자가 5,000만 명이 되면 자신의 채널을 없애겠다고 협박하기도 했다. 5,000만 명에서 불과 20만 명이 모자란 시점에 그런 의견을 밝힌 것이다. 자신의 채널을 없앨 수 있다고까지 생각한 것을 보면 그의 입장이 얼마나 단호했는지 알 수 있다.

하지만 다른 사람들은 상대적으로 목소리를 높일 만한 힘이 없었다. 초창기에는 구글의 광고 수입이 유튜버들이 수고의 결과로 받는 유일한 보상이었다. 그런데 이 알고리즘은 '보상받을 자격을 박탈할' 수 있는 구글이 통제하고 있었다. 엘사게이트가 불거졌을 때와 마찬가지로 말이다.

하지만 크리에이터가 충분한 시청자를 확보하게 되면, 다른 수입을 기대해볼 수 있다. 동영상에 자신의 제품을 광고하는 대가로 돈을 주는 브랜드들이 생겼기 때문이다. 그 단계에서 조회수 자체는 그리 중요하지 않다. 광고 수익금 중에서 크리에이터에게 들어오는 비율은 어차피 얼마 되지 않기 때문이다. 오히려 그런 크리에이터는 유튜브라는 플랫폼을 넘어선다. 힘의 균형이 이동하는 이 시점부터 유튜버는 더는 유튜브라는 기계 속 톱니바퀴가 아니다. 유튜버는 자신의 이름을 내걸고 플랫폼 밖에 있는 대중 매체나 경쟁 관계에 있는 소셜미디어를 통해 독자적으로 광고 수익금을 거둬들일 수 있다.

퓨디파이는 반란을 일으킨 다음, 트위터에 "유튜브는 반응을 보였고, 이 문제를 파헤치고 있다"라는 글을 올렸다. 유튜브가 알고리즘을 바꿨든 아니든(바꾸지 않았다고 말함), 퓨디파이는 자신의 채널을 없애겠다는 협박을 이행하지 않았다. 그 글을 쓸 시점에 그는 구독자 9,000만 명을 달성했다. 실로 경이로운 수치다.

하지만 그는 힘든 경쟁에 내몰렸다. 인도의 T-시리즈 구독자 수가 퓨디파이를 바짝 쫓아오고 있었기 때문이다. 유튜브 서열의 최정상 자리를 놓고 벌이는 둘의 대결은 유튜브가 T-시리즈를 더 선호한다는 점에서 결국에는 퓨디파이와 유튜브의 대결인 셈이었다.

9년 동안 퓨디파이가 올린 콘텐츠와 함께 성장한 유튜브 시청자들은 그를 '너 자신을 방송하라broadcast youself'(유튜브가 처음 등장하면서 전면에 내세운 슬로건 — 옮긴이)는 구호를 내건 독립 플랫폼의 마지막 보루로 여긴다. 그들은 (열성적이고 새로운 인터넷 소비자가 있는 대국 인도의 거대 기업) T-시리즈를 적으로 간주했다. T-시리즈는 냉정하고 현실적인 상업 논리에 의해 창의성이 밀려나는 현상을 대변한다. 만일 퓨디파이가 T-시리즈에 굴복한다면, 그의 팬들은 콘텐츠를 대량으로

74

찍어내는 그저 그런 회사들에게 유튜브의 미래를 빼앗길 것이라고 생각했다.

확실히 T-시리즈의 결과물은 굉장하다. 알고리즘에 정기적으로 고급 콘텐츠를 먹잇감으로 공급하고 넉넉하게 보상을 받아왔다. 2018년 1월 1일, T-시리즈는 3,100만 명의 구독자를 확보했다. 그때 퓨디파이의 구독자는 5,800만 명이었다. 하지만 1년 후에는 거의 같아졌고, 이후에는 T-시리즈가 퓨디파이를 추월했다. 이에 대해 일부 시청자는 격분했다.

"우리는 유튜브의 사악한 세력이 아닙니다." T-시리즈의 회장 네에라이 칼리안이 항변했다. 하기야 칼리안은 T-시리즈의 소셜 미디어 채널에 콘텐츠를 올리고 최적화하는 일을 전담하는 여덟 명의 직원을 두고 있지만, 자신의 회사와 기존 크리에이터들 간에 별 차이가 없다고 본다. 그는 이렇게 해명했다. "여러분이 좋아하는 거물 유튜버를 누구든 자세히 살펴보세요. 촬영하고 편집하는 직원, 혹은 배경음악과 애니메이션 효과를 넣어줄 직원을 틀림없이 데리고 일할 거예요."

알고리즘에 대한 퓨디파이의 항의는 결국에는 잘못된 것으로 판명됐다. 유튜브는 그를 릴리 싱으로 교체하지 않았기 때문이다. T-시리즈라면 모를까. 하지만 그의 발언을 계기로 알고리즘을 제멋대로 바꿀 수 있는 유튜브의 권력에 대한 크리에이터들의 심각한 우려가 수면 위로 드러났다.

동영상 제작자들은 글과 동영상을 통해 동시다발로 유튜브의 알고리즘에 분노를 터뜨렸는데, 개중에는 후환이 두렵다는 이유로 전면에 나서지 않는 이들도 제법 있었다. 그런데 2018년 4월 어느 화창한 날, 오프라인에서 그 분노를 터뜨린 사람이 나타났다.

2018년 4월 3일 새벽 1시 38분, 경찰관 두 명이 탄 차가 캘리포니아주 마운틴뷰에 있는 한 마트에 주차된 차 앞에 멈춰 섰다. 경찰관 몸에 부착된 카메라에 차 안에서 잠든 한 여성이 찍혔다. 10대 후반에 미국으로 이주한 38세 이란계 여성 나심 아그담Nasim Agdam 이었다. 그때 경찰관들은 잘 몰랐겠지만, 그녀는 이란에서 그린 나심Green Nasim 으로 활동하며 소규모지만 헌신적인 추종자를 거느린 유명한 유튜브 스타였다. 그녀의 철저한 채식주의 활동과 서양 사회에 대한 폭언을 담은 동영상이 올라오는 족족 이란에서는 큰 호응을 얻었다.

열 시간 후 40킬로미터쯤 떨어진 곳에서 아그담은 스미스 & 웨슨사의 9밀리미터 구경 반자동 권총을 든 채 주차장 문을 열고 들어가, 유튜브 사옥 내 한 구역에 앉아 점심을 먹고 있는 직원들을 향해 총을 발사하기 시작했다. 그녀는 그중 세 명에게 실탄을 쏘아 총상을 입힌 다음 총구를 자신에게 돌려 자살했다.

미디어는 처음엔 아그담이 옛 애인에게서 버림받은 것에 대한 복수로 유튜브 사옥을 공격한 것이라고 보도했다. 하지만 이내 진짜 동기가 밝혀졌다. 유튜브 알고리즘에 대한 불만이 그런 식으로 폭발한 것이다. "나는 유튜브에서 차별받고 검열당하고 있어요. 그리고 나만 그런 게 아니에요." 그녀는 2018년 1월에 올린 유튜브 동영상에서 이렇게 주장했다. 이 동영상은 그녀가 총격 사건의 범인으로 확인되면서 곧바로 차단됐다. 그날 그녀가 과격한 불만을 터뜨린 원인은 복근 조절 운동 동영상 때문이었다. 그녀에 따르면 "나쁜 내용이 하나도 들어 있지 않은 동영상"이었다.

거의 1년이 지난 2019년 1월, 유튜브는 알고리즘을 수백 번이나 수정한 끝에 사용자에게 추천되는 동영상의 기준을 개선했다고 발표했다. 아울러 폭력과 음모에 관한 사이트의 규정 위반을 간신히 면해서 사용자를 자극하기 일쑤인 '경계선상'의 콘텐츠를 권장하는 일이 없도록 알고리즘을 재조정하겠다고 덧붙였다. 하지만 이러한 변화는 유튜브 전체 동영상의 1% 이하인 약 1,000만 개 정도에만 영향을 미쳤다. 여기서 '권장'라는 용어에 주목하기 바란다. 여전히 유튜브에서는 간단한 검색만으로도 문제가 되는 콘텐츠들을 찾아볼 수 있다.

나심 아그담은 유튜브에 대한 원한을 플랫폼의 오프라인 사무실에 퍼부으려고 한 최초의 인물일 수는 있지만, 마지막 인물은 아니었다. 2019년 3월, 33세 카일 롱Kyle Long은 미국 메인주 워터빌에서 자신의 자동차에 탄 후 내비게이션에 캘리포니아주 마운틴뷰를 입력했다. 그는 5,300킬로미터가 넘는 거리의 중간쯤인 아이오와주의 한 주유소 화장실을 고의로 부순 다음, 경찰관에게 자신의 유튜브 채널이 왜 폐쇄되었는지 따지러 캘리포니아주에 가는 길이라고 털어놓았다. 얘기가 잘 안되면 어떤 행동을 하게 될지 자신도 알 수 없다며 흥분했다. 유튜브 본부를 5킬로미터쯤 앞두고 경찰은 그를 형사상 협박 혐의로 체포했다. 그가 몰던 자동차 안에는 야구 방망이 세 개가 들어 있었다.

## 음모론과 '광고 대참사'
### 유튜브에 가짜뉴스가 판을 치는 이유

미국의 대통령 조지 H. W. 부시는 노환으로 죽은 게 아니라 처형됐다. 미국의 상원의원 존 매케인도 마찬가지다. 미국의 대통령 후보 힐러리 클린턴은 2016년에 죽었다. 미국 정치에 관한 이런 대안적 사실 alternative facts(거짓말을 뜻하는 신조어 — 옮긴이)을 제시한 사람은 데이비드 주블릭David Zublick라는 유튜버다. 부시 대통령의 처형 소식을 알리면서 주블릭은 엄연한 사실이라고 말한다. "어디서도 볼 수 없습니다. 여기 〈진실 대개봉Truth Unsealed〉에서만 독점 방송합니다." 데이비드 주블릭 채널The Zublick Channel의 구독자는 15만 명이 넘는다.

수백만 명의 사람들이 유튜브에서 떠도는 음모론을 보고 있다. 미국 정치의 주요 사건 주변을 맴돌면서, 정치인들이 트럼프 대통령을 몰아낼 계략을 꾸미고 있다고 말하는 사람도 많다. 이는 큐아넌QAnon

78

이라는 이름을 통해 인터넷에 널리 퍼진 음모론의 일부로, 트럼프에 반대하는 그림자 정부deep state가 움직이고 있다고 주장한다. 그런 황당무계하고 터무니없는, 아니 사실이 아닌 동영상이 미국에만 있는 것은 아니다. 유튜브에 들어가 보라. 5G가 암을 퍼뜨린다느니, 토막살인마 잭 뒤에는 비밀 조직 프리메이슨이 있다느니, 중국이 2011년 고비 사막에서 UFO를 발견했으며 호주 침공 계획을 세우고 있다느니 하는 주장을 발견할 수 있다.

누가 나서서 적극적으로 조장하는 것만 아니면, 음모론 동영상은 그냥 봐줄 만하다. 유튜브는 최근에 이슬람교 극단주의, 소아 성애에 관한 언급, 그 밖에 혐오스러운 콘텐츠를 제거하는 데 한층 적극적으로 나서고 있다. 광고주로부터 받은 압력 때문이다. 광고주는 극단적이고 불쾌한 메시지 가까이에 자신들이 정성껏 키워온 브랜드 광고를 배치하는 것에 반발해왔다.

유튜브 측은 1만 명의 유급 커뮤니티 관리자[29]와 18만 명의 집단 지능을 대표한다는 자동화된 모니터링[30]을 통해서 플랫폼을 자체적으로 감시한다. 그들의 직무는 사용자들이 커뮤니티 지침을 반드시 따르도록 하고, 서비스 기한과 저작권 준수 여부를 감시하는 것이다. 지침에는 허용되는 동영상의 종류, 스팸 콘텐츠와 성희롱 및 대화에 관한 규정 등이 담겨 있다. 포르노그래피와 시각적 폭력, 혐오 발언과 모방 위험을 담은 소재는 금지된다. 도용, 학대, 따돌림에 관한 규정도 엄격하다. 커뮤니티 지침을 어길 시에는 광고 수익금 지급이 중단되거나 동영상이 삭제되기도 하며, 극단적으로는 채널 자체가 폐쇄된

79

다. 지침을 위반하면 처음에는 아주 가벼운 처벌을 받는다. 두 번째에는 벌점 하나를 받고 일주일간 동영상을 올리지 못한다. 벌점이 세 개가 되면 채널이 차단된다.

지침은 미디어가 제기한 쟁점들을 유튜브가 받아들이면서 꾸준히 진화하고 있다. 하지만 유튜브는 이른바 '경계선에 있는' 콘텐츠인 음모론 동영상을 끌어내리기를 주저하는 듯하다. 최근까지도 그런 음모론과 극단주의 콘텐츠를 유튜브는 자동 재생 알고리즘을 통해 추천하고 있었다. 그냥 놔두면 시청자는 터무니없는 이론들이 날뛰는 세계로 순식간에 휩쓸려 들어가서, 극우 집단의 주장과 가짜 뉴스와 대안적 사실이 옳다고 믿게 된다. 갈수록 흥미진진해지는 토끼굴(《이상한 나라의 앨리스》에서 환상적인 모험이 벌어지는 장소 — 옮긴이) 속으로 점점 더 깊이 빠져드는 것이다.

예컨대 18세의 영화 제작자 딜런 애버리Dylan Avery는 1시간짜리 다큐멘터리 영화 〈루즈 체인지Loose Change〉에서 2001년에 일어난 9·11테러가 미국의 내부자 소행이라고 우겨댔다. 지금은 30대에 접어든 애버리는 2005년에 그 영화를 구글 비디오에 올렸고, 이후 유튜브에 재편집본과 리마스터링 영상을 공개했다. 이 모든 영상의 조회수

저니맨픽처스Journeyman Pictures, 〈루즈 체인지〉.
**9.11 테러의 음모론을 주장하는 다큐 영상으로, 최소 1억이 넘는 조회수를 기록했다.**

를 합치면 최소 1억이 넘는다.

유튜브상의 음모론은 대개 '빨간약' 동영상의 형식을 취한다. 빨간약은 영화 〈매트릭스〉에 나오는 말로, 거기서 주인공은 빨간약을 먹은 다음 진짜 세상을 보게 된다. 분노에 차서 이상한 소집단 형태로 모여든 극우 성향의 남성 중심 웹 사이트에서 차용된 단어인 빨간약은 추측컨대, 어떤 성향을 나타내는 용어로 사용되고 있다. 이를테면 가부장적 사고방식, 기득권 상실에 대한 두려움, 세태에 관한 건전한 회의론 등이다.

유튜브는 자신을 파시스트로 규정하는 사람들이 온라인으로 '빨간약을 먹는' 중요한 방법이 됐다. 오픈소스 온라인 탐사(현장 취재 없이 인터넷에 공개된 정보를 기반으로 기사를 쓰는 것 — 옮긴이) 웹 사이트 벨링캣Bellingcat의 조사에 따르면, 온라인에서 찾아낸 정보 덕분에 "빨간약을 먹었다"고 말하는 75명 가운데, 자신이 극단적인 신념을 갖도록 만든 웹 사이트로 유튜브를 꼽은 사람이 가장 많았다.

영국 스윈던 출신으로 두 아이의 아버지이며 마흔 살이 채 안 된 칼 벤저민Carl Benjamin은 "빨간약을 먹었다"고 말하는 사람들이 이따금 거론하는 인물이다. 또 다른 인물로 알렉스 존스Alex Jones가 있다. 사르곤 오브 아카드Sargon of Akkad라는 이름으로 널리 알려진 그의 채널은 90만 명 이상이 구독한다. 그는 유튜브에서 '유대인 마피아'가 세계를 좌지우지한다는 극히 개인적인 견해를 퍼뜨렸다. 존스는 거듭된 지침 위반으로 2018년 8월 유튜브 채널이 폐쇄되기까지 240만 명이 넘는 구독자를 보유했다.

이들이 별 악의 없이 흥밋거리를 제공하는 것으로 보일 수도 있겠지만, 입증되지 않은 주장으로 인해 누군가는 '빨간약' 동영상을 보고 나서 사회에 대한 태도를 급진적으로 바꿀 수도 있다. 누군가에게는 실제적인 영향을 끼친다는 것이다. 유튜브의 부정적인 영향으로 친척을 잃은 한 사용자가 트위터에 이런 글을 올렸다. "밝은 세상이 암흑천지로 바뀌듯이 그의 인생관도 완전히 바뀌더군요."

사람들은 늘 편향되거나 극단적인 견해를 부여잡고 음모론을 탐닉해왔다. 존 F. 케네디 대통령 암살이나 달 착륙 음모론이 대표적이다. 극단론자들은 음모론 선동에 넘어간 다음에 이상한 충동에서 헤어나지 못하기도 한다. 자신의 고국인 영국에서 인종 전쟁을 선동하려 했던 22세 신나치주의자 데이비드 코프랜드David Copeland 의 경우를 살펴보자. 그는 1999년 주말 연휴 기간 중 런던에 수제 폭탄 세 방을 터뜨려서 세 명을 죽이고 140명에게 부상을 입혔다. 햄프셔주 판버러에 있는 그의 집에 경찰이 들이닥쳤을 때, 나치 깃발이 침대 위에 걸려 있었고, 책꽂이에는 인종주의와 반유대주의 서적이 꽂혀 있었으며, 벽에는 자신의 폭발 사건에 관한 기사들이 다닥다닥 붙어 있었다. 코프랜드는 많은 사람의 삶을 바꿔놓았지만, 외톨이인 데다가 일단 집 밖으로 나오기만 하면 태도가 온순해지는 성격이라 그나마 피해가 크지 않았다.

이 모든 일이 유튜브가 출범하기 6년 전에 벌어졌다. 지금 데이비드 코프랜드가 자기 방에 카메라를 두고 전 세계를 향해 방송하고 있다고 상상해보라. 그의 메시지가 세계에서 가장 우수한 인공지능에

82

의해 퍼지고 있는 셈이다. 아울러 그와 비슷한 생각을 가진 사람이 증오를 가득 담아 방송하는 동영상을 클릭 한 번에 마주할 수 있다고 상상해보라.

믿을 수 없고 혐오스러운 내용을 선동하는 사람들이 소셜 미디어를 통해 이전에는 고립되어 있던 동조자들과 연결되고 있다. 메릴랜드주 베세스다에 본사가 있는 테러리즘 감시 조직 'SITE 인텔리전스 그룹'의 리타 카츠Rita Katz는 최근까지도 유튜브가 지하드 전사들에게 중요한 볼거리였다고 말한다. 2017년에 리타 카츠는 ISIS와 연결된 한 주요 미디어가 얼마나 많은 웹페이지 주소를 공유하는지 열흘 동안 분석했다. 그 기간 동안 공유된 515개의 링크 중 328개(열 개 중 여섯 개꼴로)가 사람들에게 유튜브를 보도록 유도했다.[31] 하지만 1년 후 같은 미디어의 링크를 분석했더니, 전체 258개 링크 중 단 15개(스무 개 중 한 개꼴로)만이 유튜브와 연관된 것이었다.[32]

"나는 한때 유튜브를 가장 신랄하게 비난했으며, 지하드 전사들이 유튜브를 이용하지 못하도록 제대로 막고 있지 않다고 공개적으로 언급했습니다. 하지만 결국엔 유튜브도 자기 플랫폼에 음모론 선동이 스며들지 못하도록 많이 노력했어요"라고 카츠는 말한다. 그녀의 설명에 따르면, 알카에다와 ISIS는 이제 자신들의 입장을 자세히 설명하기 위해 유튜브보다는 데일리모션, 비메오, 드롭박스를 이용한다고 한다.

그럼에도 유튜브에는 여전히 극단적인 콘텐츠가 존재한다. 유튜브의 자체 계산에 따르면, 한 달에 약 1,000개의 채널이 '폭력과 심한 극단주의를 조장한다'는 이유로 유튜브에서 제거되고 매달 약 3만 1,000개의 동영상이 지나치게 폭력적이거나 컴퓨터그래픽이 많다는 이유로 삭제된다.[33] 동영상 33개 중 한 개꼴로 사라지는 셈이다.

2017년 2월, 영국의 《타임스》는 게릴라 테러리스트들이 동부 아프리카 테러리스트 집단인 알 샤바브에 충성을 맹세하는 유튜브 영상에 휴가지 배너 광고가 실렸음을 폭로했다. 메르세데스-벤츠, 혼다, 버라이즌 등 유명 브랜드들이 신나치주의자, 이슬람 테러리스트처럼 증오를 퍼뜨리는 악당의 무리가 나오는 동영상에 대거 등장하기도 했다. 펩시, 월마트, 존슨앤드존슨과 같은 다국적 기업은 유튜브가 상황을 정리할 때까지 광고 게재를 중단하기도 했다.

이를 '광고 대참사adpocalypse'라고 불렀다. 광고 수입 손실이 워낙 광범위해서 애꿎은 크리에이터들만 엄청난 피해를 보았기 때문이다. 광고주가 철수하자 다수의 크리에이터들이 유튜버로서 자신의 미래에 대해 다른 생각을 갖게 됐다. (이에 대해서는 책 후반을 읽어보시라.)

앞에서 말한 것처럼 유튜브에는 아이들이 좋아하는 캐릭터가 등장하는 불미스러운 콘텐츠가 많이 있다. 그런데 이에 대한 갖가지 우려가 2017년에 마침내 곪아 터졌다. '엘사게이트'가 언론에서 주목을 받으면서부터였다. 유튜브는 조치를 취하라는 압박을 받고 단 일주일 만에 15만 개의 동영상과 270개의 계정을 없앴다. 이와 동시에 200만 개의 동영상에 대한 광고 서비스를 중단했으며, '어린이들이 범죄의 표적이 됐다'고 지적받은 62만 5,000개의 동영상에 댓글을 달지 못하도록 막았다.

2019년 벽두에는 두 번째 광고 대참사가 일어났다. 어린아이가 등장하는 여러 동영상의 댓글에서 소아성애적인 내용이 발견되어 네슬레와 에픽게임즈(3인칭 슈팅 게임 포트나이트 제작사)와 같은 광고주들이 광고를 거둬들인 것이다. 지난 2년간 이런저런 문제에 시달리며 휘청거렸던 유튜브에서 가장 최근에 벌어진 논란이다.

유튜브는 여전히 이 문제를 시원하게 해결하지 못하고 있다. 어린이용 동영상에 달리는 범죄급 댓글 문제와 싸우기 위해 유튜브는 어린이가 등장하는 거의 모든 동영상에 댓글을 금지하겠다고 발표했다. 이는 광고주의 비위를 맞추는 대가로 크리에이터에게 피해를 주는 우둔한 행위였다. 그리고 2019년 1월, 유튜브는 마침내 485 단어로 쓰인 블로그 포스트를 통해 (경계선에 있는 동영상borderline content이라고 지칭한) 음모론 동영상을 이전보다 찾기 어렵게 만들겠다고 발표했다. 하지만 지워버리지는 않았다. 다만 추천 동영상으로 띄워질 가능성을 줄였을 뿐이다.

유튜브에는 명백히 사실이 아닌 동영상이 여전히 올라온다. 부시 대통령이 처형되었다는 동영상은 그나마 약한 편이고, 지구가 둥글다는 사실을 부정하는 동영상도 있다. 이에 수많은 지성인이 소셜미디어에서 항의했다. 노르웨이 베르겐대학교의 디지털 문화 전공 교수 질워커 레트버그는 유튜브에서 세계의 종말론에 관한 동영상을 보고 난 열 살짜리 딸에게서 그게 사실이냐는 질문을 받은 적이 있다. 소프트웨어 엔지니어 케지야 루이스는 센트럴 플로리다에서 가족들과 저녁 식사를 하다가 유튜브 동영상을 보고 지구가 평평하다는 이론을 신봉하게 된 친척과 언쟁을 벌이기도 했다.

자신이 만든 괴물을 부인하는 프랑켄슈타인처럼 전직 유튜브 엔지니어 기욤 샤슬로Guillaume Chaslot는 알고리즘으로 인한 심각한 양심의 가책을 느끼고 있다. 2011년, 그는 다른 14명과 함께 시청 시간을 늘리는 데 최적화된 알고리즘을 개발했던 인물이다. 2013년 유튜브를 떠난 후, 샤슬로는 이 문제에 대한 경각심을 높이고자 시간과 노력을 쏟았다. 그는 자신이 운영하는 웹 사이트 '알고트랜스패런시Algo-Transparency'에 정치적 내용을 다루는 1,000개 이상 주요 유튜브 채널의 추천 영상을 스크랩하고 있다.

〈기트모의 크리스마스Christmas in GITMO〉(GITMO는 쿠바 관타나모 해군기지 내 미군 감옥을 말함 — 옮긴이)는 그중 16개 채널에 추천된 동영상이다. 12만 6,000명의 구독자를 보유한 자칭 '부패 탐지기' 채널 레드필78RedPill78의 작품인 〈기트모의 크리스마스〉는 '그림자 정부의 전쟁 기계', '지하조직 정치인', '지하조직의 예측 프로그래밍' 같은 몇몇 극단적인 비유를 통해 극우파의 공포 심리를 자극하며 일련의 극우파 웹 사이트로 연결된다. 이 영상은 수십만 명의 사람들이 본 다음에야 유튜브에서 삭제됐다.

샤슬로는 유튜브가 시청 시간을 늘릴 목적으로 극단적인 음모론을 조장했다고 주장한다. 잘 먹혔기 때문이라는 것이다. 하긴 누군가가 2017년 라스베이거스 총격 사건에서 제2의 발사자가 있었다고 말한다면 귀를 쫑긋 세울 것 같다. 라스베이거스 총격 사건은 스티븐 패독이라는 총기 소지자가 라스베이거스에 있는 만달레이 베이 호텔의 32층에서 길 건너편으로 1,000발이 넘는 총알을 발사해서 58명을 죽이고, 850명 넘게 부상을 입힌 사건이다. 만일 창문에 제2의 발사자로 의심되는 몇 개의 픽셀(무언가의 그림자)이 보이기라도 했다면, 시청자는 더 깊이 파고들게 될 것 같다. 이런 식으로 시청자는 점점 더 극단적인 동영상을 보게 되고 주류 미디어를 더욱 불신하게 된다. "유튜브 알고리즘은 그 현상을 극대화하도록 설계됐습니다. 말도 안 되게요"라고 샤슬로는 말한다.

샤슬로의 조사에 따르면, 지구가 평평하다고 주장하는 동영상은 유튜브의 자체 알고리즘에 의해 수억 번 추천됐다. 빨간약 동영상도 여전히 활개를 치고 있다. 우리가 '잘못'이라고 여기는 것을 유튜브는 '경계선'이라고 부른다.

유튜브의 알고리즘 엔지니어들이 사이트에서 누가, 그리고 왜 인기 있는지를 모르는 데서 많은 문제가 생긴다고 샤슬로는 생각한다. 더구나 그들은 유튜브의 영향력을 과소평가한다. 따지고 보면 그들은 매우 지적이고 교양 있는 지성인이며 과학자이기 때문에 지구가 평평하다는 동영상을 보면서 '참 멍청한 동영상이네'라고 웃어넘기고 심각하게 받아들이지 않는다. 하지만 매월 유튜브를 보는 20억 명에 가까운 사람들 모두가 컴퓨터과학(또는 정치학) 박사는 아니다. 일부 사람들은 동영상에 나오는 사람들이 말하는 내용을 보면서 당국이 무언가 숨기고 있을지도 모른다고 의심한다.

## 스키틀즈와 하인즈 빈즈
### 스폰서를 업은 유튜브 광고

도디 클라크Dodie Clark는 많은 10대들에게 사랑받는 영국 가수다. 일상 속 복잡한 문제들을 부드러운 어쿠스틱 반주에 맞춰 노래하는 감미로운 목소리가 그녀의 인기 비결이다. 2016년 5월, 그녀는 6분짜리 브이로그에서 팬들에게 자신이 양성애자임을 밝혔다. 그 동영상은 첫 15개월간 조회수 110만을 찍었다.

　1년 후, 클라크는 〈나는 양성애자-커밍아웃송!〉이라는 2분짜리 노래를 올렸다. 그것은 'LGBTQ+ Pride'(성소수자들이 벌이는 가두행진 — 옮긴이)를 후원하는 스키틀즈Skittles의 브랜드 광고였다. 스키틀즈 광고니까 독특한 줄무늬가 있는 형형색색의 사탕이 당연히 나온다. 첫 달에는 이 동영상의 인기가 1년 전에 올렸던 최초 커밍아웃 동영상의 인기를 능가했다.

2016년 9월에는 또 다른 2분짜리 동영상이 올라왔다. 영상 속에서 하얀 옷을 입은 클라크가 머리에 흰색과 보라색 꽃을 꽂고 부엌에 들어간다. 그러고는 부엌 조리대에 걸터앉아 비어 있는 하인즈Heinz 빈즈 캔 하나를 든다(내용물은 아마도 인덕션 레인지 위의 팬에서 데우고 있는 듯하다). 그 금속 캔을 타악기처럼 연주하면서 아카펠라를 부르기 시작하자 여러 버전의 그녀가 동시에 등장해서 화음을 넣는다. 일 분쯤 지났을까. 노래가 끝나자 하인즈 빈즈 캔을 손에 들고 카메라 앞에 가까이 선 클라크는 그 유명한 청록색 캔을 가리키면서 "안녕, 이거 먹어봤지?"라는 말을 시작으로 동영상을 후원해준 하인즈에 감사 인사를 늘어놓는다. 동영상 이름이 뭐냐고? '빈즈 | 광고BEANZ | ad'다. 그 동영상을 본 사람은 100만 명이 넘는다.

이렇게 브랜드를 홍보하는 동영상은 순수하게 크리에이터가 주도하는 콘텐츠와 광고가 특이한 방법으로 뒤섞일 수 있음을 보여준다. 유튜버의 사생활 중 주요 순간을 간단히 그리는 짤막한 노래가 담긴 스키틀즈 동영상이 유튜버와 연결되었다는 사실이 문제라거나 의심스럽다거나 혹은 나쁘다는 건 아니지만(그 동영상에는 엄연히 광고 표시가 있음), 유튜브는 기존의 상품 판매 방식을 뛰어넘어 가장 사적인

도디 클라크, 〈나는 양성애자-커밍아웃송!〉.
**초콜릿 브랜드 스키틀즈의 홍보 영상이다.**

순간까지도 상품화될 수 있음을 보여준다.

브랜드를 보여주는 즉 '후원 콘텐츠sponsored content'는 유튜버 수입의 원천으로 그 비중도 점점 커지고 있다. 간단히 말해서 기업은 유튜버에게 돈을 주고, 유튜버는 그 대가로 제품을 살펴보고 소개하면서 보증한다. 결과적으로 기업은 전통적인 TV 광고보다 더 효과적인 판촉 활동을 값싸고 효율적으로 하는 셈이다. 후원 콘텐츠는 유튜브 동영상이 시작되기 전이나 도중에 나오는 광고(사전 광고나 중간 광고)보다 대체로 더 선호되는 것 같다. 브랜드가 정확히 언급되지 않으니 다른 광고보다 덜 노골적이어서 거부감이 적기 때문이다.

시청자들은 유튜버가 개인적으로 보증하는 브랜드를 더 좋게 생각한다. 이런 효과를 노리는 광고를 '은밀한 광고covert advertising'라고 한다.[34] 독일 학자 파비안 괴벨, 안톤 메이어, 램 라마제샨, 실케 바치가 2016년에 발표한 〈마케팅 지능과 계획Marketing Intelligence & Planning〉이라는 논문에서 제안한 용어다. 그들은 브랜드명이 들어가든 안 들어가든 그런 후원 콘텐츠에는 광고 측면에서 많은 장점이 있다는 사실을 발견했다며, "정보 전달자를 통해 광고 신뢰도를 높이고, 광고물과 브랜드에 대한 태도도 호의적으로 표출되며, 브랜드 채널을 통해 제시될 때보다 공유 의향도 더 커진다"는 점을 특별히 꼽았다.

세계적인 멀티미디어 네트워크 닐슨Nielsen과 캐럿 글로벌Carat Global이 수행한 유튜브에 관한 한 연구에서는 유튜버와 공동으로 작업하면 유명인이 보증하는 전통적인 방식보다 네 배나 더 많은 시청자가 브랜드와 친숙해진다는 점을 확인했다.[35] "유명인은 우아하고 세련돼야 한다고 생각하는 반면, 소비자는 크리에이터가 상냥하고 익살맞으며 때로는 버릇없이 굴어도 괜찮다고 생각한다"고 캐럿 글로벌의 최고전략책임자인 산제이 나제랄리Sanjay Nazerali는 분석한다.

그는 이렇게 덧붙였다. "이 연구에서 가장 중요한 결과는 우리 마케터들이 관심을 가지는 주제들, 즉 유명인, 진정성, 커뮤니티의 본질에 엄청난 문화적 변화가 생겼다는 사실입니다. 그리고 이 변화는 다양하고 진정한 목소리를 내는 새로운 계층이 주도하고 있어요. 우리는 그 계층을 크리에이터라고 부르죠."

그 변화는 인스타그램에서 틱톡, 페이스북, 스냅챗에 이르기까지 모든 소셜미디어에서 일어나고 있으며, 유튜브 역시 이 변화에서 득을 보고 있다. 인플루언서들은 직접 판촉 활동에 나섬으로써 재정적 독립성을 높일 수 있다. 자신의 동영상을 통해 제공되는 광고에서 들어오는 수익금 규모는 유튜브가 마련한 광고 규정에 따른다. 만일 유튜브를 소유한 구글이 모든 광고를 내일이라도 당장 끌어내린다면…… 글쎄, 지지리도 운이 없다고 해야 하나.

인플루언서들은 2017년에 벌어진 광고 대참사(논란의 여지가 있는 동영상을 통해 광고가 노출되었다는 이유로 광고주들이 자금 지원을 철회한 사건)를 지켜보면서 광고 수익금이 언제까지나 지급된다는 보장이 없다는 사실을 깨달았다. 광고 수익금에만 의존하는 유튜버들은 수익금을 처리하는 과정에서 지금까지 유튜브가 보여준 변덕에 휘둘리며 아슬아슬한 줄타기를 하고 있다.

그래서 현대 경제 체제에서 살아가는 다른 사람들처럼 유튜버들에게도 부업이 필요했다. 영국인 유튜버 베키 플린트Bekii Flint는 패션 사업을 시작하며 두 직업에 발을 걸쳤다. "유튜브는 언제나 변치 않을 것이고, 자신들은 유튜브에서 계속 똑같은 액수의 돈을 받게 될 것이며, 다른 일을 벌일 필요가 없다고 생각하는 크리에이터가 많아요. 순진한 사람들이죠."

광고 대참사는 일종의 알람이었다며 그녀는 이렇게 말을 이어 갔다. "광고 대참사를 겪고 나서 비싼 사무실을 빌려 쓰고 있던 사람들은 임대료를 낼 여유가 없어졌어요. 대안 마련도 중요하지만 대중문화, 소셜미디어, 일반 미디어도 새로운 시대에 맞게 변화하고 적응하고 진화해야 한다는 사실을 인식하는 게 더 중요합니다. 계속 하던 대로만 할 수는 없어요."

약삭빠른 유튜버들은 생방송 출연은 물론이고 이런 식의 광고 거래, 상품 판매, 저술 등으로 사업을 다각화하고 있다. 2017년, 미국 캘리포니아주 팰로앨토 출신의 32세 코미디 유튜버 한나 하트Hannah Hart는 음식 전문방송, 푸드 네트워크Food Network와 계약을 맺었다. 그녀가 출연한 〈아이 하트 푸드I Hart Food〉는 여러 도시를 여행하며 다양한 음식을 소개하는 프로그램이었지만, 단 6개 에피소드에 그치며 오래 이어지지 못했다. 하지만 그건 그녀가 유튜브 활동 외에 얻은 여러 부업 중 하나일 뿐이다. 그녀는 2011년, 한밤중에 술에 취한 상태로 기를 쓰고 치즈 샌드위치를 만들며 친구와 웹캠으로 대화하는 영상을 올려서 처음으로 팬들을 사로잡았다. 그녀의 유튜브 구독자는 240만 명을 넘어섰다.

유튜브 채널 '브이로그 브라더스Vlogbrothers'의 총소득을 살펴보면, 광고 수익금은 전체의 5분의 1에도 미치지 못한다.[36] 동생 행크 그린Hank Green과 함께 이 채널을 운영하는 존 그린John Green은 2018년 9월 첫 소설을 출간했는데, 이를 계기로 총소득에서 유튜브 광고 수익금이 차지하는 비중이 훨씬 더 줄어든 것으로 보인다. 그는 상품 판매만으로도 유튜브 광고에서보다 더 많은 돈을 챙겨 간다.

크웨벨콥Kwebbelkop이라는 이름으로 잘 알려진 네덜란드 출신 게이머이자 거물 유튜버 조르디 반 덴 부셰Jordi van den Bussche의 경우에도, 유튜브 광고 수익금은 전체 소득 중 30%에 불과하다.[37] 하지만 그가 동영상 작업을 당장 멈출 수 없는 이유가 있다. 그는 네덜란드 TV의 한 다큐멘터리 프로그램에서 이렇게 말했다. "모든 것은 여전히 동영상의 조회수를 기반으로 합니다. 조회수가 줄어들면, 브랜드 거래는 물론 기업과의 협력도 줄어들 거예요." 다만, 알고리즘에 비굴하게 매달리지 않게 되면서 이전처럼 죽기 살기로 새로운 시청자를 찾아나설 필요는 없어졌다.

앞으로 몇 년간은 유튜브에 올라오는 홍보성 콘텐츠가 더 많아질 것으로 보인다. 보스턴컨설팅그룹은 2019년에 브랜드가 삽입된 콘텐츠에 투입되는 비용이 250억 달러에 이를 것으로 전망했다.[38] 페이스북의 제품 마케팅 책임자 케이트 오세스는 2017년 기업인과 개발자 모임에서 이렇게 말했다. "브랜드는 충성스러운 소비자를 구축할 목적으로 크리에이터와도 협력하고 있는데, 그러면 브랜드가 타깃으로 삼은 특정한 소비자 집단에게 진정성과 권위를 가지고 접근할 수 있습니다."

　인플루언서 마케팅 대행사 타쿠미Takumi의 조사에 따르면, 최근에 소셜미디어 인플루언서에게 단 한 푼도 쓰지 않은 영국의 PR 및 마케팅 전문가는 4%에 불과하다고 한다.[39] 하지만 인플루언서 마케팅은 아직 초기 단계다. 2017년 8월, 츄파춥스의 제품 책임자 룩산드라 마리아는 이렇게 말했다. "우리는 이 초기 단계에서 인플루언서 활동이 곧바로 매출 변화로 이어지리라 기대하지 않아요. 마케팅 캠페인에 미칠 장기적인 영향을 생각하며 활동을 바라보고 있습니다." 츄파춥스는 주류 사회의 유명인 대신 유튜버를 내세워 실험을 진행하고 있다. 처음 3년간 함께 작업한 15명의 유튜버 중에는 도디 클라크도 있었다. 그녀는 츄파춥스의 무가당 롤리팝스를 홍보했다.

　함부르크대학교의 장-프레데릭 그레이브Jan-Frederik Gräve 교수는 전통적인 유명인과 인플루언서의 인식을 비교한 학술 논문에서 이런 결론을 내렸다.[40] "가장 인기 있는 인플루언서들의 이점은 높은 신뢰와 신용이다. 그들은 소셜미디어에 접속하는 보통 사람들과 같은 부류의 사람으로 보이기 때문이다."

　그렇게 신뢰받는 위치에 오르려는 욕구는 어떤 플랫폼에서 활동하는 인플루언서에게든 다 있다. "광고라는 걸 적절히 밝히지 않으면 아무도 승자가 될 수 없어요." 50만 명의 팔로워를 보유한 인스타그래머 아멜리아 리아나Amelia Liana가 내게 들려준 말이다. "브랜드 이미지와 내 이미지가 맞지 않으면, 사람들은 민감해서 금방 알아차릴 겁니다." 그건 끔찍한 일이라고 그녀가 고개를 저으며 말했다. "시청자를 속이는 일은 정말 하고 싶지 않아요."

아무리 효과가 좋더라도 동영상에서 광고와 사실을 뒤섞는 것은 시청자에게 위험을 안겨주는 일이다. 시청자는 인플루언서가 제품을 소개하는 대가로 돈을 받고 있다는 사실을 과연 알고 있을까? 그렇지 않다는 것은 유튜브의 상투적인 광고마저 잘 인식하지 못하는 것만 봐도 알 수 있다. 한 논문에 따르면, 유튜브에 자금을 제공하는 주요 원천이 광고라는 사실을 알고 있는 영국 성인은 44%에 불과했다.[41] 유튜브 사용자라고 공언하는 사람 중에서도, 그 대다수가 젊은 층일 텐데 55%만이 알고 있다. 놀랍게도 또 다른 조사에서는 1995년 이후에 태어난 Z세대의 61%가 동영상에서 브랜드를 홍보한 유명인이 이를 광고라고 밝혔는지 아닌지를 전혀 신경 쓰지 않는다고 말했다.[42]

홍보성 콘텐츠임을 밝히지 않는 PR의 잠재적 문제점을 인식하고 시청자들의 이익을 지키기 위한 조치로, 현재 유튜브는 크리에이터들에게 후원 콘텐츠를 올리는 법을 알려주고 정기적으로 그와 관련된 조언을 업데이트하고 있다. 이에 따르면, 크리에이터는 광고주에 대한 홍보성 내용이 들어 있음을 명시함으로써 시청자들에게 그 동영상이 유료 홍보물임을 일깨워주어야 한다. 유튜브는 "해당 콘텐츠가 유료 홍보물임을 밝혀야 하는 법적 의무를 이해하고 준수해야 할 궁극적인 책임이 크리에이터와 브랜드에 있다"고 지적한다.

크리에이터가 정확히 무엇을 밝혀야 하는지는 나라마다 다르다. 광고표준국ASA이 제과업체인 몬델리즈Mondelez의 광고 규정 위반을 확인한 직후인 2014년에 영국은 브랜드가 삽입된 콘텐츠 규정을 더 엄격하게 손보았다. 그 배경은 이렇다. 몬델리즈는 유튜브 계정 댄앤드필Dan and Phil의 댄 하웰Dan Hawell과 필 레스터Phil Lester, 톰스카TomSka 계정의 토마스 리지웰Thomas Ridgewell, 엠마 블래커리Emma Blackery, PJ 리구오리PJ Liguori 이렇게 다섯 명의 크리에이터(합쳐서 수천만 명의 구독자 보유)에게 오레오 비스킷 속 크림을 핥아먹는 시합을 촬영해달라고 요청했다. 몬델리즈는 그 브이로거들에게 몬델리즈 및 오레오와 합작하고 있음을 분명히 해달라고 요청했다. 하지만 광고표준국은 단지 "오레오 덕분에 이 동영상을 만들 수 있었어요"라는 말이 들어갔다고 해서 그 동영상을 광고로 판단할 수는 없다고 규정했다. 광고표준국은 그 브이로거들이 법을 위반하지 않도록 새롭고 포괄적인 권고 사항을 도입하고 정기적으로 업데이트하기로 했다. 이와 동시에 영국의 공정거래위CMA는 규정을 위반한 10여 명의 인플루언서에게 경고를 내렸으며, 2018년 말에 인플루언서 마케팅 세계를 조사하기 시작했다.

2017년 미국의 연방통상위원회FTC도 이와 비슷한 지침을 발표했다. 이는 두 명의 유튜버가 일부 동영상과 트위터 글에 자신의 게시물이 기업의 유료 홍보물임을 제대로 명시하지 않았다고 판단한 직후였다. 그 두 명의 유튜버는 모두 합쳐 1,300만 명의 구독자를 보유한 트레버 마틴(유튜브 계정 'TmarTn')과 토머스 카셀(유튜브 계정 'ProSyndicate')이었다. TmarTn는 2015년에 올린 한 동영상에서 자신이 CSGO 로또 사업의 지분 42.5%를 소유했다는 사실을 숨기고, 그 사이트를 우연히 방문한 것처럼 연기했다. CSGO 로또는 유명한 게임의 플레이어가 게임 캐릭터의 스킨(게임의 캐릭터들이 착용하는 의상이나 아이템을 뜻함 — 옮긴이)으로 도박을 할 수 있는 웹 사이트다. 논란 끝에 이 2인조 유튜버는 결국 소비자 단체와 대화를 나누고 타협했다. FTC는 스물한 명의 인플루언서에게 돈을 받고 콘텐츠를 올린다는 사실을 명백히 밝히는 게 얼마나 중요한지 상기시키는 공문을 보냈다.[43] "소셜미디어 인플루언서가 돈을 받거나 콘텐츠에 등장하는 브랜드와 다른 어떠한 물질적 연관이 있다면 소비자들은 이를 알 필요가 있습니다"라고 FTC 의장 대행 모린 올호센은 지적한다.

오늘날 온라인 동영상 세계에는 정당하게 등록되지 않은 광고 콘텐츠들이 여전히 예고 없이 튀어나오긴 하지만, 서서히 감시망 안으로 들어오고 있다. 하지만 규정을 따르더라도 혼란의 여지는 남아 있다. 2017년 영국의 미디어 규제 기관 오프콤Ofcom이 설문을 진행한 결과, 성인 인터넷 사용자 열 명 중 세 명은 브이로거들이 동영상에서 제품을 홍보하는 대가로 기업으로부터 돈을 받는다는 사실을 몰랐다고 답했다. "유튜버나 소셜미디어 인플루언서가 제품을 홍보하고 돈을 받았음을 알아차리기가 늘 쉽지 않았다고 말한 응답자도 있었다"고 오프콤은 강조했다.

부분적으로는 소셜미디어, 특히 유튜브 사용자의 인구 통계도 중요하다. 10대와 밀레니얼 세대를 대상으로 한 유튜브의 자체 설문조사 결과, 대상자 중 40%가 친구나 가족보다 유튜버들이 자신을 더 잘 이해한다고 여긴다는 사실이 밝혀졌다. 그리고 60%는 크리에이터가 자신들의 가치관 혹은 삶을 바꿔놓았다고 응답했다.[44] 잘 속는다고 말하는 건 과한 표현일지 모르지만, 많은 젊은 사용자가 온라인에서 팔로잉하는 인물들을 믿고 있는 건 사실이다. 그것은 준사회적 관계라고 불리는 우정에 관한 이야기로, 다음 장에서 더 깊이 다룰 것이다.

이언 댄스킨Ian Danskin은 '풍자 작업실Innuendo Studios'이라는 이름으로 신종 미디어, 영화, 게임에 관한 동영상 에세이를 올리는 유튜버다. 그는 광고 콘텐츠를 용의주도하게 처리한다. "이런 콘텐츠가 가장 잘 먹히는 연령층은 처음으로 스마트폰을 가지게 된 10대이거나, 처음으로 가입한 노년층입니다"라고 그는 말한다. 이처럼 상당수 유튜버들이 자신의 팬을 소비자로 간주하는 것은 사이트에서 계속 활동하는 데 유리한 방법이기 때문이다. 댄스킨은 '유튜브 유명인 겸 브랜드'라는 페르소나를 맡아 제품을 판매한다. 그는 "나는 팬들의 친구지만, 친구가 아니기도 해요. 친구라는 느낌만을 주고 싶어요. 그래야 돈을 벌 수 있거든요"라고 속마음을 털어놓는다.

유튜버들은 사실과 사실처럼 편집한 광고 사이의 경계선을 흐릿하게 만드는 일이 신종 미디어에서는 흔한 일이라며 이를 옹호한다. 밀레니얼 세대에 속한 미디어 소비자들이 가장 자주 방문하는 뉴스 및 오락 웹 사이트 버즈피드BuzzFeed는 뉴스 담당 직원들이 만든 콘텐츠와 '창의적인' (광고 담당) 직원들이 만든 콘텐츠를 구분해서 배치한다는 이유로 그 둘을 뒤섞어놓는 기존 경쟁사들로부터 자주 볼멘소리를 들었다.

이렇듯 표면상 새로운 형식의 광고는 따지고 보면 20세기 중반

민영 TV와 라디오의 여명기에 그 뿌리를 두고 있다. 당시 기업은 '텍사코 스타 극장'이나 '카멜 뉴스 포장마차'처럼 자신의 이름을 프로그램 제목에 넣는 대가로 제작비를 댔다.

더 멀리 나간 브랜드도 있었다. 제롬 컨이 작곡하고 오스카 해머스타인이 대본을 쓴 뮤지컬 〈쇼 보트Show Boat〉에서 착안한 NBC 라디오의 한 버라이어티 프로그램은 인스턴트 커피 브랜드에서 이름을 따왔다. 1932년부터 1937년까지 방영된 〈맥스웰하우스 쇼 보트〉의 청중들은 특이하게도 무대 뒤에서 벌어지는 일까지 알 수 있었다. 한 연기자가 자신의 역할을 끝내면 무대 뒤로 가서 동료 연기자들과 맥스웰하우스 커피 한잔을 마시며 잡담을 나누는데, 이때 마이크가 함께 따라가서 이 잡담 내용까지 들려주었기 때문이다(요즘에도 무대 뒤의 흥미로운 상황을 동영상 소재로 써먹는 크리에이터가 많다).

하지만 유튜브는 전통적인 미디어와 다르다. 원초적이고 직설적인 브이로그 활동은 시청자들에게 훨씬 더 즉각적인 반응을 일으키며, 대다수 젊은 층의 관심을 불러오기 마련이다. 규모 면에서도 이런 유례가 없다. 2017년 독일 뒤셀도르프 과학기술대학교의 클라우디아 게르하르트Claudia Gerhards 교수가 수행한 독일 유튜버에 관한 학술 조사에 따르면, 크리에이터 세 명 중 두 명은 PPL을 이용했다. 그리고 PPL을 이용한 사람 중 절반이 일 년에 열 번 이상 자주 이용했다.[45] 크리에이터 대다수가 동영상에서 제품을 언급하는 대가로 돈을 받았으며, 57%는 그것이 '필수 불가결한 재원'이라고 말했다.

그러니 코넬대학 커뮤니케이션학과 교수 에린 더피Erin Duffy와

뮐렌버그 칼리지의 제퍼슨 풀리Jefferson Pooley 교수가 이러한 셀럽-기업가를 '홍보의 아이돌Idols of Promotion'이라고 이름 붙일 만도 하다.[46] 그들은 고용이 불안정하고 일시적인 비정규직, 자영업자, 프리랜서, 0시간 계약노동자(정해진 노동시간 없이 고용주가 요청할 때만 업무를 진행하는 비정규직 — 옮긴이)의 세계에서 1인 창업자만이 안정된 삶을 즐긴다는 논리로 대응하고 있다. 따라서 개인 생활을 개인적 이익을 위해 상품화하는 것은 내일이 존재하지 않을지도 모르는 세상에서 쉽게 출세하는 최선의 방법이라고 그들은 말한다. 더피와 풀리는 "이 새로운 선진 계급에게 우리는 이런 메시지를 전하고 싶다. 자신의 차별화된 능력을 제대로 찾아서 뻔뻔스러우리만치 적극적으로 자기를 홍보하라. 반드시 그래야 한다"라고 썼다.

　저기 그들이 보인다. 2016년, 구독자 100만 명을 돌파한 1,000개의 유튜브 채널 말이다.

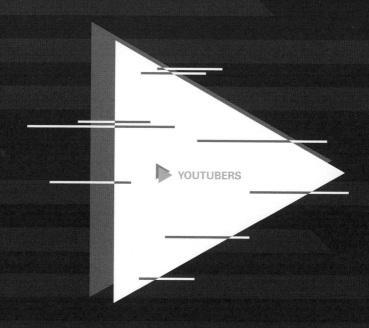

**3부**

**새로운 스타 계급의 탄생**

YOUTUBERS

# 너의 유튜브를 알라
## 유튜버의 종류

2000년대 초반까지는 '우리'(입장권과 팝콘을 사려고 돈을 내는 관객)와 '그들'(개막식을 상징하는 레드 카펫 위를 걷는 할리우드 스타)이 따로 존재했다. 우리가 그들의 최신 히트작을 보기 위해 산 입장권 하나하나는 우리와 그들 사이의 간극을 벌리는 도구였을 뿐이다. 하지만 유튜브가 등장하면서 우리도 유명인이 되는 게 가능해졌고 그들이 우리처럼 보일 수도 있게 됐다. 보통 사람들에게도 그들처럼 행동할 멋지고 참신한 플랫폼이 제공되면서 열심히만 일하면 누구나 잘될 수 있는 능력 위주의 사회가 온 것이다. 거대한 재생 버튼 앞에서 만인은 평등하다. 바리스타나 술집 종업원도 동영상 플랫폼의 도움을 받아 세상의 이목을 집중시킬 수 있으며, 동영상을 통한 광고 수익금으로 충분한 돈을 벌어서 마침내 그 일에만 전념하는 것도 가능하게 됐다.

유튜브가 탄생시킨 이 새로운 스타들은 처음 몇 년 동안 돈에 연연하지 않고 겸손했으며 그들을 좋아해주는 사람들에게 거만해보이지 않도록 조심했다. 실은 그들을 싸잡아 팬이라 부르기조차 주저했다. 그들이 소외감을 느끼지 않도록 '크리에이터creator'와 '시청자viewer' 같은 새로운 용어를 도입하기까지 했다. 그런데 지금은 그렇지 않다. 2장에서 제이크 폴의 으리으리한 대저택과 거액의 재산, 여러 대의 최고급 자동차 등을 통해 살펴본 것처럼 유튜브는 자신이 뒤집어엎으려 했던 낡은 시스템을 점점 더 닮아가는 것처럼 보인다. 이유는 간단하다. 바로 돈 때문이다. 광고주는 유튜버의 영향력과 그들이 시청자들에게 거는 최면술을 깨닫자 엄청난 액수의 돈을 투자하기 시작했다. 업계 관계자에 따르면, 제이크 폴은 자기 동영상에서 제품 하나를 홍보해주고 25만 달러 정도를 받는다고 한다.

유튜브는 대기업이 되면서 변했다. 모든 동영상 제작자가 더는 평등하지 않다. 등급이 생기고, 계층이 나뉘고, 결국에는 값이 매겨진다. 브랜드는 어떤 유튜버를 후원하고 얼마를 주어야 할지 파악해야 하며, 기업은 유튜브 구독자가 가장 많은 유명인과 가치가 그보다 낮은 경쟁자를 구분할 수 있어야 한다. 수년간 가치 평가의 기준이었던 구독자 수는 지금 잘 사용되지 않는다. 유튜브가 시작된지도 10년이 넘어서 대학생 때 유튜브를 처음 보기 시작한 18세 소년은 이제 직장과 자녀를 둔 서른 남짓한 사회인으로 성장해 인생을 즐기며 분주히 살고 있다. 비교적 나이 든 유튜버들은 거품이 될 수도 있는 휴면 상태의 구독자를 많이 보유하고 있다. (초창기 유튜브는 특정 유튜버가 동영상을 올렸다는 사실을 얼마나 많은 구독자에게 알렸는가, 즉 공지의 효력에 따라 광고 수익금을 책정했는데, 그 후 이를 축소함으로써 구독자 수를 우선순위에서 밀어냈다.)

이제 대다수의 광고주는 특정 유튜버의 가치를 평가할 때 주로 동영상당 평균 조회수를 주목한다. 사람마다 기준이 다 다르겠지만, 인플루언서 세계를 구분하는 가장 쉬운 방법은 초소형nano, 소형micro, 대형macro, 초대형elite 이렇게 네 가지 유형으로 나누는 것이다.[47] 광고대행사, 기업, 인플루언서 대리인은 특정한 누군가를 초소형 인플루언서라 해야 할지, 소형 인플루언서라 해야 할지, 그냥 나이든 평범한 인플루언서라 해야 할지를 두고 논란을 벌이기도 한다. 어떤 유형에 속하는 인플루언서인지에 따라 거래 조건이 달라지기 때문이다. 남들이 자신을 높은 등급의 유명인으로 여기도록 '초소형 인플루언서'나 기껏해야 '소형 인플루언서'면서도 앞에 붙은 수식어를 빼고 싶어 하는 사람도 있다.

아이러니하게도 브랜드들은 갈수록 초대형보다는 대형, 대형보다는 소형 인플루언서와 거래하기를 바란다. 그 이유는 그들의 팬층이 상대적으로 소규모일지언정 더욱 헌신적이기 때문이다. '전통적인' 유튜버들은 말하자면 전국 단위 콘서트에서나 팬들과 소통할 수 있을 정도로 너무 비대해졌다.

요즘 갑자기 이름값이 오르고 있는 대세 유튜버를 떠올려보라. 그의 구독자나 조회수는 초창기에는 형편없이 적었지만, 소문이 나면서 갈수록 늘어나고 있다. 기업이 보기에 그들이 더 가치 있겠는가, 아니면 10년 전에 이미 수백만 명의 구독자를 확보했지만 현재 적극적인 팬층은 고작 몇만 명에 불과한 '스타'가 더 소중하겠는가? 유튜브의 주요 시청자인 10대와 20대의 젊은 세대는 대중 매체가 띄워주는 '스타'보다 대세 유튜버가 더 소중하다는 사실을 광고주에게 실제로 보여주고 있다.

유튜브는 업계에 퍼져 있는 '커뮤니티', '크리에이터'와 같은 수평적인 용어와 어울리지 않게 유튜버의 규모나 중요성에 따라 서열이 엄격하게 구분된 공간이 됐다. 그 서열을 초소형, 소형, 대형, 초대형이라는 용어로 나타내려고 한다. 이제 이들을 구분하는 기준을 간단히 살펴보자.

동영상 편당 평균 조회수가 1,000 이하인 사람은 그냥 유튜버다. 충분한 조회수를 확보하기 위해 노력하면서 콘텐츠 크리에이터라는 드넓은 바다에서 성공하려고 발버둥 치는 사람들이다. 인플루언서 마케팅 대행사 미디어킥스MediaKix에 따르면, 그런 사람은 아직 초소형 인플루언서도 아니다. 그렇다고 낙심할 필요는 없다. 경쟁은 으레 치열한 법이다. 유튜브 출범 이래 전체 동영상의 편당 평균 조회수가 처음으로 1,000을 넘긴 때는 2011년이었다.[48] 하지만 2016년(믿을 수 있는 데이터가 확보된 마지막 해)에 게시된 동영상의 평균 조회수는 89로 뚝 떨어졌다. 경쟁은 이렇듯 훨씬 더 치열해졌지만, 그때부터 성장에 가속이 붙은 유튜브는 창공을 향해 힘차게 날아올랐다.

조회수가 평균을 넘어 1,000을 돌파하면 비로소 초소형 인플루언서가 된다. 나아가 편당 조회수 1만에서 2만 5,000을 확보하면 소형 인플루언서로 분류된다.[49] 그래도 아직은 지명도가 매우 낮은 단계다. 그 상태를 넘어서면, 소형이나 초소형이라는 수식어를 떼고 진정한 인플루언서로 등극한다. 이는 다시 대형 인플루언서와 초대형 인플루언서로 나뉜다. 초대형 인플루언서부터 살펴보자.

# 정상을 향한 고군분투
## 초대형 인플루언서

2018년 2월 3일, 이른 봄비가 보슬보슬 내리는 가운데 10대 팬들이 런던에 있는 핸드볼 경기장 코퍼 박스 아레나Copper Box Arena를 빽빽이 채우고 환호성을 질렀다. 2012년 런던 올림픽에서 영국 슈퍼헤비급 권투 선수 앤서니 조슈아가 이탈리아의 로베르토 카마렐레를 물리치고 금메달을 차지한 곳이다.

그곳에서는 또 하나의 역사적인 권투 시합이 열리고 있었다. 하지만 링에 오른 사람들은 정식 권투 선수가 아니라 집에서 방송을 하는 스타들이었다. 세계 최초로 거물 유튜버 간에 권투 경기가 벌어진 것이다.

홍코너는 KSI였다. 편안한 가죽 의자에 앉아 피파FIFA 게임을 하는 모습으로 잘 알려진 25세의 영국인 유튜버. 한때는 떠돌이 래

KSI, 〈KSI vs 조 웰러-2018년 2월 3일 코퍼 박스 아레나〉.
**스타 유튜버들의 권투 시합을 보기 위해 7,000명이
몰려들었고, 온라인으로 본 사람은 160만 명에 달했다.**

퍼였으며, 〈레이드 인 아메리카Laid in America〉라는 실패한 저예산 영화를 만든 인물이다. 청코너는 조 웰러Joe Weller였다. 독특한 개성과 장난질로 유명한 영국의 유튜버다.

　　몇 달 동안 그 둘은 유튜브와 트위터에서 탐색전을 벌였다. 반짝거리는 보석을 두른 옷을 흔들어대기도 했고, 그동안 가꿔온 울퉁불퉁한 근육질의 몸을 과시하기도 했다. 두 선수가 링으로 걸어가자 매끈한 피부에 번듯한 정장을 차려입은 유튜버들이 자리에서 일어나 관중들을 배경으로 유튜브에 올릴 셀카 동영상을 찍었다. 젊은 팬들은 열광했지만, 함께 온 부모들은 어안이 벙벙했다. 그들 중에는 아이들과 일곱 시간 전에 웨일스의 철강 도시 포트 탤벗을 떠나 런던으로 차를 몰고 온 딘 파이퍼도 있었다. "너무 오래 걸렸어요. 악몽 같았죠." 그는 끝없는 교통체증과 칭얼거리는 아이들을 떠올리며 말했다. "하지만 이 입장권은 내가 크리스마스 선물로 준 거니까 감수해야겠죠. 아이들이 그 유튜버 둘을 무척 좋아하거든요."

　　7,000석이 다 매진됐다. 13세의 마야 폴록은 친구들과 함께 아빠를 따라 난생처음으로 권투 경기장에 왔다며 이렇게 말했다. "여기 온 진짜 이유는 권투가 아니에요. 조와 KSI 모두 제 우상이라 직접 보

고 싶었어요. 유튜브로 보는 것보다 훨씬 더 흥분돼요." 마야 폴록의 아빠는 같이 온 아이들과 멀찍이 떨어져서 "난 별로 재미가 없네요"라고 솔직히 고백했다.

도박 시장으로도 수십만 파운드가 몰렸다. 입장권과 런던행 기차표도 수십만 파운드 어치가 팔렸다. 경기장 주변의 여러 가판대에 진열된 홍보용 상품도 돈을 셀 틈이 없을 만큼 순식간에 팔려나갔다. 무료 유튜브 생방송을 본 사람은 어림잡아 160만 명이었다.

그런데 경기장에 온 기자는 손에 꼽을 정도였다. 그 행사는 미디어 세계 최대의 비밀이 유튜브에 숨어 있다는 내 오랜 생각을 다시금 확인하는 계기가 됐다. 나는 수년간 유튜브에 관한 추한 소문과 극적인 사건을 쫓아다녔는데, 그날 전 세계가 주목하는, 그러나 극소수의 미디어 관계자만 알고 있는 광경을 직접 본 것이다.

업로드 이벤트Upload Event(영국의 연예 기획사 — 옮긴이)의 기획자 스튜어트 존스는 그 소동을 이해하려면 나 같은 기자들이 유튜버들을 찾아 나서야 한다고 말한다. "그들의 영향력이 얼마나 대단한지 실감하려면, 먼저 그들의 생활 방식을 알아야죠." 그들은 TV 방송에 출연해서 멀쑥하게 차려입은 진행자에게 자신들의 생활을 들려주지 않는다. 적어도 지금까지는 그랬다. 그러니 나더러 직접 찾아 나서라는 것이다.

경기는 3회전 종료와 함께 TKO로 끝났다. 상대적으로 탄탄하면서 크고 빠른 인파이터형의 KSI가 웰러를 내내 몰아친 경기였다. 작고 밋밋해 보이는 챔피언 벨트에 달린 금속 단추가 허리에서 철컥하고 잠기자 KSI는 팔을 높이 쳐들고 승리를 누렸다. 권투 경기는 기이한 이야기가 넘치는 유튜브 세상에서도 최근에 일어난 사건이었다.

영국 왓퍼드에서 올라지데 윌리엄 올라툰지Olajide William Olatunji라는 이름으로 태어난 KSI는 1년 치 학비가 2,000만 원이 넘는 버크햄스테드의 한 사립학교를 다녔다. 영국에서 상류사회 교육은 대개 영국 명문 대학으로 이어진다. 하지만 KSI는 A레벨(영국의 명문대나 인기 학과에 입학하기 위한 과목별 시험 — 옮긴이) 점수가 원하는 만큼 나오지 않았다. 그는 가족과 떠난 휴가지에서 점수를 확인하고는, 펄펄 뛸 부모에게 말하기가 두려워 화장실 문을 잠그고 나오지 않았을 정도로 실망이 컸다. 하지만 그 후 2년 동안 온라인 축구게임 FIFA를 직접 즐기는 동영상을 유튜브에 올려서, 시청자를 엄청나게 끌어들였다. 사람들은 그의 가벼운 농담과 특유의 친형 같은 느낌을 좋아했다. KSI에게는 A레벨 점수가 더는 필요하지 않았다.

그 후 시청자를 다각화해야 한다는 점을 절실히 깨달은 그는 동영상 게임 말고 다른 수입원을 모색하기 시작했다. 2011년, KSI는 음악에 도전하기로 작정하고 축구 선수 에밀 헤스키를 소재로 누구나 쉽게 들을 수 있는 노벨티 랩novelty rap을 만들었다. 기존 시청자들을 놓치지 않으면서 새로운 팬들도 끌어올 잠재력 있는 곡이었다. 그 노래는 어느 정도 성공을 이루었고, 그에게 음악 작업이라는 새로운 길을 열어줬다. 2016년 그는 첫 번째 정규 앨범을 출시했다. 또한 2016년에 〈아메리칸 파이〉와 비슷한 싸구려 성인 영화로 동료 유튜버 캐스퍼 리와 함께 출연한 그의 첫 주연 영화 〈레이드 인 아메리카〉

도 개봉했다. 영화는 대실패였다. 그의 생각에는 팬층이 제품 구매보다 불법 복제를 선호한 것이 주된 원인이었다. 하지만 그는 꾸준히 노력한 끝에 유튜브에서 축구 게임을 소개한 경험을 살려 오프라인 경기를 기획했고 전석 매진이라는 성과를 거뒀다. 유튜브 올스타들이 팀을 짜서 일요일마다 최고의 경기장에서 리그전을 벌이는 가벼운 축구 경기였다. 그리고 이번에는 직접 링에 올라간 것이다.

KSI는 경쟁에서 한발 앞서가는 법을 깨달았다. "무언가가 바뀔 때마다 다음에는 무엇이 인기를 끌지를 예측하고 준비했기에 변할 수 있었어요." 2018년 어느 봄날, 그가 자신의 사진 스튜디오가 있는 런던 소호Soho 지역의 비좁은 지하 이발소에서 내게 들려준 얘기다. "나는 미국의 코미디언 도널드 글로버나 미국의 배우 윌 스미스와 같이 한 분야에만 매달리지 않는 모든 사람들에게 늘 영감을 받아요"라면서, 레슬링 선수로 전향한 배우 드웨인 존슨(유튜브 닉네임은 더 락The Rock)도 깜빡했다며 추가로 언급했다.

KSI에게 남달리 헌신적인 팬층이 있다는 것은 그가 영국의 다른 유튜버들보다 상품 판매로 더 큰 돈을 벌 수 있다는 뜻이다. 업계 소식통에 따르면, 그는 소셜미디어에서 한 제품을 홍보하고 1억 원가량을 받는다고 한다. 그래도 제이크 폴처럼 아예 장사꾼으로 변신한 유튜버의 경쟁 상대가 되려면 아직 멀었다.

그래서인지 런던에서 한판 시합이 벌어진 직후, KSI는 제이크 폴이나 그의 형인 로건 폴, 혹은 그들의 아버지 그레그 중 누구라도 좋으니 자신과 권투 경기를 갖자며 또 공개적으로 도전장을 내밀었다.

6개월 후 KSI는 로건 폴과 함께 링에 올랐다. 로건 폴은 일본 아오키가하라의 자살숲에서 촬영한 동영상을 올려서 모든 사람이 증오하는 팬터마임 악당(재미있는 효과를 위해 터무니없이 과장된 캐릭터라는 뜻 — 옮긴이)으로 악명이 자자한 인물이다. 폴 가족에게 권투 경기는 부정적인 상황을 재빨리 반전시킬 수 있는 기회였다. 그리고 KSI와 행사 기획자에게는 큰돈을 거머쥘 기회이기도 했다. 로건 폴은 비교적 얌전한 편인 조 웰러와는 달리 큰 화제를 일으킬 수 있는 상대였다. 그래서 대서양 건너 미국에도 대대적으로 선전했다.

입장권 가격은 뒷좌석이 30파운드였고 로열석은 495파운드(약 70만 원)에 달했다. "이번에는 모든 것이 다 커졌어요." KSI가 시합 전에 맨체스터에 있는 호텔 풋볼 지하 주점의 의자에 기대앉으며 말했다. BBC 방문을 끝낸 다음 세계 각국 미디어와 인터뷰하기 전에 잠시 짬을 낸 것이다. "수년간 구식 미디어가 유튜브를 무시해왔다고 생각했어요. 늘 뒷전으로 밀려나길래 유튜브는 진짜 미디어가 아니라고 생각했죠. 그런데 보세요. 지금은 아무도 무시할 수 없을 만큼 커졌어요."

2018년 8월 26일, 거의 2만 명의 관중이 맨체스터 경기장을 가득 채웠다. 이번에도 기자는 많지 않았지만 위상은 더 높아졌다. 그들은 바짝 긴장한 채 경기를 지켜봤다. 경기장의 좁은 복도에서 18세 동갑내기 사촌지간인 니타샤 산두와 샤니아 카우르가 각자 100파운드를 내고 입장권을 샀다. 비행기 요금으로 이미 1,300파운드를 들여 캐나다 밴쿠버에서 날아온 산두는 이렇게 말했다. "샤니아가 두 달 전 여름휴가로 밴쿠버에 와서 우연히 유튜버와 권투 이야기를 나눴어요.

그 후 시합이 벌어진다는 걸 알고는 구경 가겠다고 결심했죠."

약 86만 5,000명이 유료로 실시간 방송을 봤으며, 불법으로 본 사람은 100만 명이 넘었다.[50] 세 명의 심판 중 두 명이 무승부로 판정하고 한 사람이 KSI가 약간 이겼다고 판정해서, 규정에 따라 결국 무승부로 끝났다. 2019년 후반에 개최되는 후속 경기에서도 이 규정이 적용됐다.

다음 날 아침, 나는 택시를 타고 내가 묵던 도심의 에어비앤비 숙소를 떠나 샐포드 키로 갔다. 영국에서 가장 인기 있는 아침 TV 프로그램인 〈BBC 브렉퍼스트〉의 촬영장이 있는 곳이다. "이 프로그램 시청자 중 상당수가 그 두 사람이 누군지 모를 거예요." 출연자 중 한 사람이 말했다. 이 프로그램에서 나를 포함한 출연자들은 유튜브를 잘 모르는 사람들을 끌어들이려는 목적으로 권투가 어땠는지를 놓고 토론을 벌였다. 생방송이 끝난 후에도, 예전 같으면 별 볼 일 없을 사건이 어떻게 그만한 뉴스 가치를 지니게 되었는지를 놓고 잠시 토론을 이어갔다. 한 출연자는 자신의 아이들이 유튜브에 푹 빠져 있다면서 이렇게 한탄했다. "이젠 TV를 보는 사람이 아무도 없어요."

어떤 면에서는 그가 옳았다. 우리는 영국 전역에서 하루 평균 150만 명이 보는 TV 프로그램에 막 출연했다. 하지만 유튜브로 생중계되는 권투 경기를 보려고 약 10달러나 7.5파운드를 낸 사람이 거의 90만 명이나 되고, 불법으로 생방송을 본 사람은 100만 명이 넘는다. 그날 아침 우리에게 경기 내용을 들은 사람보다 그 경기를 직접 생방송으로 본 사람이 더 많았다는 얘기다.

그 시합을 계기로 유튜브에 팬들이 몰리는 것이 잠시 지나가는 경박한 유행이라는 근거 없는 비난은 사라졌다. 조회수가 수조에 달하는 유튜브는 이미 공룡이나 마찬가지라는 사실을 마침내 기존 미디어들도 인정해야만 했다. KSI와 퓨디파이 같은 초대형 인플루언서는 수천만 명의 구독자와 수백만 달러의 수입을 자랑한다.《포브스》에 따르면, 2018년 소득 상위 유튜브 스타 열 명의 평균 수입이 1억 8,000만 달러인데, 이는 전년 대비 42% 증가한 액수다.[51] 2018년 말, 1,000만 명 이상의 구독자를 보유한 채널은 330개였다. 200만 명 이상의 구독자를 보유한 채널도 4,000만 개가 넘었다.[52] 이 채널을 운영하는 스타 중에는 어렵사리 세대 장벽을 뚫고 유튜브를 보지 않던 사람들의 생활 속으로 들어간 유튜버도 있다.

그렇더라도 아직은 멀었다. 영국의 시장조사업체 유고브YouGov가 이 책을 위해 수행한 단독 여론 조사에 따르면, 유튜브 최고의 명사 퓨디파이의 이름을 알고 있는 영국 성인은 네 명 중 한 명에 불과했다. 조엘라Zoella (본명은 조이 서그Zoe Sugg)를 아는 성인은 3분의 1 정도다. 그런데 18~24세에게 물었더니 사정이 달랐다. 70%가 퓨디파이를 알았고 3분의 2가 조엘라를 안다고 대답한 것이다. 그 나이대를 넘어가면 비율은 절반 정도로 떨어진다. 이는 유튜브가 확장되고 있지만, 여전히 상대적으로 젊은 층의 플랫폼이라는 사실을 말해준다.

유튜브 소득 상위 열 명 중 다섯 명은 KSI와 퓨디파이와 같은 프로 게이머다.[53] 이것은 그냥 우연의 일치가 아니다. 프로 게이머를 보는 시청자는 부모와 함께 TV를 보는 데 유독 관심이 없는 청소년이

나 젊은이들이다. 어쨌든 그들이 유튜브 시청자 중 상당수를 차지한다. 2012년 이후, 유튜브 채널 중 게임 분야에 속한 채널이 (인물 & 블로그People & Blogs 다음으로) 두 번째로 많으며, 2016년에는 전체 조회수 중 6분의 1을 차지했다. 전체의 10%를 차지하는 브이로그 조회수보다 더 많다.[54]

게임 채널이 우세한 데에는 그럴 만한 이유가 있다. 2010년 이후, 게임 산업은 할리우드와 음악 산업을 다 합친 것보다 더 커졌다. 유튜브는 아마존이 소유한 트위치Twitch (게임 청중을 대상으로 게이머들이 모여 있는 라이브 스리트리밍 웹 사이트)의 도전에 직면하고 있지만, 절대 다수의 유튜브 게이머들은 경쟁자를 납작하게 눌러버리고 있다.

퓨디파이와 KSI가 세계에서 게임을 가장 잘하는 사람은 분명 아니다. 시청자들은 두 유튜버의 영상을 통해 적을 쳐부수는 법이나 아주 까다로운 단계를 넘어가는 방법을 얻으려는 게 아니다. 그들이 원하는 것은 동료애와 연대감이다. 비록 카메라를 통해서일지라도 다른 누군가의 삶에 초대받고 멀리서도 친구를 사귀고 싶어하는 것이다. 청중들과 소통하는 일은 게이머들에게 게임패드를 다루는 재주만큼이나 중요하다.

퓨디파이의 동영상은 동료 사이에서나 하는 농담으로 가득 채워져 있으며, 시청자들은 황당하고 어리둥절한 시간을 한참 보내고 나서야 비로소 회심의 미소를 짓게 된다. 그가 왜 유튜브에서 가장 유명해졌는지 쉽게 알 수 있다. 앞뒤가 전혀 맞지 않는 농담을 사람들이 웃을 때까지 조금도 쉬지 않고 계속해서 쏟아내기 때문이다. 하지만 녹화 후 편집된 동영상이 아닌 이상 15분이 채 안 되는 영상의 끄트머리에서는 대개 피로감이 느껴진다. 그렇게 많은 일을 벌이고, 쉼 없이 말하고, 바보 같은 목소리를 계속 냈으니 지칠 만도 하다.

퓨디파이는 큰돈을 벌었다. 2018년에만 1,550만 달러가 넘는 돈을 벌었다는 얘기도 있다.[55] 그의 동영상은 매번 수백만의 조회수를 찍는다. 하지만 KSI처럼 퓨디파이도 유튜브 의존도를 줄이면서 사업을 다각화했다. 아이폰 및 안드로이드폰 게임을 포함해 여러 제휴 상품에서 돈을 번다. 2016년, 아우터마인드사가 만든 퓨디파이 '튜버 시뮬레이터Tuber Simulator'는 출시되자마자 미국 아이폰 차트(애플의 앱스토어에서 판매된 게임, 앱, 음악 등의 순위 — 옮긴이) 종합 순위 7위에 올랐다(영국에서는 게임 부문 1위).

퓨디파이 튜버 시뮬레이터는 이렇게 시작된다. 게임 속 매장으로 들어가기 전에 퓨디파이의 아바타가 "우리 동영상 찍을까? 먼저 카메라가 필요해"라고 설명한다. 매장에 있는 모든 상품은 초보자에게는 지나치게 비싼데도 퓨디파이의 아바타는 즐겁게 매장에 들어가 가장 기본적인 웹캠을 무료로 주겠다고 한다. "이건 내가 기꺼이 사줄게, 친구." 그런 다음 빈정거리며 이렇게 말한다. "근데 다들 이거 할 돈은 있지?"

게임이 소년들을 매료시키는 것과 거의 똑같은 방식으로, 뷰티산업은 10대 소녀와 젊은 여성들을 끌어당긴다. 게이머 다음에는 뷰티 인플루언서들이 유튜버 차트의 정상을 차지하고 있다. 유튜브 자체 분석에 따르면, 뷰티 동영상의 시청 시간은 2015년과 2016년 사이에

전년 대비 60% 이상 늘어났다.[56]

뷰티 유튜버 팬 중에는 후다 카탄Huda Kattan의 동영상을 보는 사람이 많다. 미국 오클라호마주에서 태어난 이라크 이민자 2세인 카탄은 자신의 '다름'을 숨기려고 반 친구에게 헤이디로 불러달라고 요청하곤 했다. 경영학과 출신으로 국제적인 컨설팅 기업에서 금융 업무를 하다가 스프레드시트에 신물이 난 그녀는 메이크업 아티스트로 일을 시작했고, 레드 카펫을 걸으며 촬영 세례를 받는 니콜 리치와 에바 롱고리아 같은 연예인의 메이크업을 맡았다. 유튜브 채널과 자신의 블로그에서 동료들과 팬들의 헌신적인 지원에 감사의 인사를 전하는 그녀는 이제 자수성가한 스타다. 많은 사람들에게 후다 뷰티Huda Beauty로 알려진 카탄은 300만 명의 구독자를 보유하고 있지만(인스타그램 등 다른 소셜미디어에서도 절정의 인기를 누린다) 유튜브, 더 넓게는 뷰티 산업에 미치는 영향력은 그 숫자를 넘어설 만큼 어마어마하다.

그녀는 전 세계 1,500개 매장에서 판매되는 자신만의 뷰티 제품 라인을 가지고 있다. 또한 카탄이 직접 경영하는 회사가 거둬들이는 매출액은 3억 달러에 이른다.[57] 카탄의 거래 규모는 다른 인플루언서들이 그녀 옆에 있는 것만으로도 황송해할 만큼 엄청나다. 다음 장에서 만나게 되겠지만, 영국 버밍엄을 기반으로 활동하는 마이크로 인플루언서 에니야 라나Eniyah Rana는 20명의 다른 인플루언서들과 함께 카탄과 아침 식사를 하는 자리에 초대받았을 때, 카탄에게 '뿅' 갔다.

후다 뷰티는 카탄의 최신 뷰티 제품 세트에 들어갈 제품의 견본을 출시 2주일 전에 라나와 다른 인플루언서들에게 보냈다. "그런

라이언, 〈월마트의 라이언 장난감 세계 습격!!!〉.
**놀면서 돈을 버는 꼬마 유튜버는 일찌감치 백만장자 대열에
올라섰다.**

전략은 그 브랜드에 혜택과 이익을 줍니다. 우리가 '야, 나는 이게 좋
아'라고 말 한마디만 하면 수백 명 또는 수천 명의 사람이 가서 살 테
니까요"라고 라나가 설명한다. 이는 또한 '인증'이라는 단계를 거치므
로 대형 인플루언서와 소형 인플루언서에게도 이득이다.

퓨디파이가 유튜브에서 가장 유명한 인물이고 KSI와 카탄 같
은 사람은 수백만 명에게 알려졌지만, 돈을 가장 많이 버는 인플루언
서는 놀랍게도 여덟 살짜리 꼬맹이 라이언Ryan이다.[58] 그는 장난감을
상자에서 꺼내서 가지고 노는 언박싱(말 그대로 제품을 상자에서 꺼내는
과정을 보여주는 것) 동영상을 라이언 토이즈리뷰Ryan ToysReview 채널에
올린다. 놀면서 돈을 버는 것이다. (현재는 라이언의 세계Ryan's World로 채
널 이름을 변경하여 이전보다 다양한 콘텐츠를 올리고 있다.) 그 꼬맹이는 미
국의 월마트를 통해 판매되는 브랜드 상품 라인과 아마존에서 판매되
는 자체 장난감 라인까지 보유하고 있다.

라이언이 이대로 성장한다면, 2028년 그가 대학에 입학할 때
쯤이면 등록금 같은 건 문제도 되지 않을 것이다. 《포브스》에 따르면,
그는 유튜브에 올린 동영상 수익금과 장난감 판매를 통해 2018년에
만 2,200만 달러를 벌었다. 유튜브에서 크게 혜택을 보는 꼬맹이가 라

이언만은 아니다. 두 살짜리 영국 유튜버 티아나는 '하츠 바이 티아나Hearts by Tiana'라는 이름으로 다양한 라이선스 제품을 보유하고 있다. 이불보, 목욕 및 뷰티 제품, 유명인의 얼굴이 인쇄된 트레이딩 카드와 장난감 등의 제품은 2019년 여름부터 영국의 소매업체 ASDA의 400여 개 점포에서 판매되고 있다.

영국에 티아나가 있고 미국에 라이언이 있다면, 호주에는 CKN 토이즈CKN Toys가 있다. 모든 주요 프랜차이즈점에서 산 장난감 상자를 풀어서 가지고 노는 콘텐츠로 유명해진 멜버른 출신의 가족 유튜버다. 인플루언서 마케팅 플랫폼인 팔라딘에 따르면, 이 채널은 인도네시아에서 특히 인기가 있지만 알고 보면 다른 채널과 별 차이는 없다. 눈에 확 띄는 모히칸식 헤어스타일의 어린 형제 둘이서 보통 아이라면 평생 갖고 놀아도 남을 만큼 많은 장난감을 가지고 부모님과 함께 사는 집의 정원 주변에서 즐겁게 뛰어논다. CKN 토이즈는 1,160만 구독자를 보유하고 있는데, 한 달 평균 조회수가 4억 6,000만에 달한다.[59] 2019년 이 채널은 마케팅 대행사 해븐 글로벌Haven Global과 계약을 맺고 세계 전역으로 홍보에 나섰다. CKN 토이즈 동영상의 주인공인 두 형제의 아버지 레이 응우옌은 이렇게 뿌듯해했다. "집 안의 거실에서 즐겁게 놀자고 시작한 것이 우리의 소박한 꿈을 넘어서 이만큼 성장했네요."

초대형 유튜버의 대다수는 장난감, 게임, 메이크업처럼 팬과 똑같은 관심사를 가진 젊은 크리에이터다. 그러니 어릴 때 유튜브를 시작하는 게 더 경쟁력이 있다.

## 꼬마 스타의 질주
### 하늘을 찌르는 매티B의 인기

2007년, 열두 살짜리 아들이 노래하는 동영상을 가족과 친구들이 볼 수 있도록 유튜브에 올린 당당한 어머니가 있었다. 10여 년 후, 20대가 된 그 꼬마는 스스로 그 일을 훌륭히 해내고 있다. 그의 이름은 저스틴 비버로, 재산은 2,300억 원에 이르며, 전 세계 곳곳에 열렬한 팬들을 두고 있다. 비버는 유튜브가 막 생겨났을 때 팬층을 확보했다. 하지만 그가 보디가드의 총기 위협, 파파라치와의 추격전으로 인한 교통사고, 월드투어 공연 취소 같은 사건으로 유튜브를 떠난 이후에도 젊은 가수지망생들은 저스틴 비버가 그랬던 것처럼 유명 팝송을 리메이크한 동영상을 유튜브에 올려 팬들을 모으고 있다. 어쨌든 누구든 팝가수로 스타덤에 오르려면 어려서부터 유튜브를 시작하는 것이 공식이 됐다. 팝 스타 트로이 시반과 두아 리파는 열두 살과 열네 살에 각각 유튜브를 시작했다.

그보다 일찍 시작한 사람도 있다. 버르장머리 없는 스타 제이크 폴의 땅꼬마 버전인 미니 제이크 폴은 무려 네 살에 시작했다. 폴의 수행단 팀 텐의 구성원인 벤 햄프턴은 여섯 살 때 유튜브에 합류했다. "벤은 두세 살부터 유튜브를 봐왔어요"라고 제이크 폴이 소속된 소셜미디어 대행사를 운영하는 벤의 아버지 브랜든이 말했다. 브랜든은 아들 벤이 조금 더 자라면 보여줄 동영상을 간직하고 있다. 벤은 부모가 모르는 사이에 아이패드 카메라에 대고 장난감에 대해 뭔가를 옹알거리기 시작했는데, 그때 찍힌 동영상이 남아 있다는 것이다. "그때가 아마 세 살 반이 지나, 네 살이 다 됐을 무렵이에요."

여덟 살과 여섯 살 먹은 러시아 태생의 남매 미스터 맥스와 미스 캐티도 있다. 그들이 날마다 벌이는 활동은 네 가지의 채널을 통해 2,500만 명의 구독자에게 전달된다. 그 동영상에는 어린 시청자들을 위해 그들이 교회와 가까운 영국의 한 조용한 주택가 호화 저택에서 뛰어놀며 갖가지 촌극을 벌이는 장면도 나온다.

미국인 매튜 데이비드 모리스Matthew David Morris가 2014년에 올린 팝송 리메이크 동영상이 조회수 10억 뷰를 돌파했을 때, 그는 겨우

매티B, 〈프렌드 존〉.
**열여섯 살인 매튜를 보고 아버지는 이렇게 말한다.**
**"유튜버가 되기 위해 태어난 녀석 같아요."**

열한 살이었다. 지금은 열여섯 살이 넘었고 '매티B MattyB'라는 이름으로 올라오는 그의 동영상은 하루에 200만가량의 조회수를 찍는다. 그가 내놓은 최초의 공식 싱글 〈프렌드 존Friend Zone〉은 2016년 4월 중순 이후 8,700만 조회수를 찍었다. 그해 5월에 출간된 자서전은 아마존 베스트셀러가 됐다. 그는 어른스럽게 이렇게 말했다. "첫 콘서트가 매진을 기록한 다음에 팬들이 점점 더 많아지고 있다는 걸 실감했습니다." 그가 열 살 때였다.

그때부터 매튜의 인기는 하늘을 찔렀다. 매튜가 더 어릴 때 그를 처음 발견한 팬들은 그와 함께 성장하고 있지만, 나중 세대는 그를 멋진 10대로만 알고 있다. 그는 저스틴 비버보다 더 세련되게 청소년기로 접어든 것 같다. 주류에 속한 유명 가수로서 버릇없고 시도 때도 없이 발끈하는 비버의 반항기는 예정된 월드투어를 전격 취소한 사건과 호텔 주방에 있는 양동이에 소변을 보는 소동으로 절정을 이루었다. 매튜의 부모는 비버와 달리 매튜가 반듯한 어른으로 자라길 간절히 바란다.

새로운 기업을 연속해서 설립하는 창업가인 매튜의 아버지 블레이크 모리스는 이렇게 설명했다. "아주 어릴 때부터 매튜는 자신이 음악 레이블의 일부라는 사실을 알았어요. 그는 아티스트일 뿐 아니라 사업가이기도 해요." 블레이크는 노래하기를 즐기는 어린 매튜와 온라인에서 그의 열정을 공유받길 원하는 사람들을 이어주는 사업을 신속하게 구축했다. 이는 매튜가 자신이 사업의 중심에 있는 브랜드임을 충분히 인식하고 있기에 가능했다. 자신은 사업가이기 이전에 매튜의 아빠임을 강조하면서 블레이크는 이렇게 말했다. "우리 아이들을 만나보면 모두 제각각이라는 걸 알게 될 거예요. 아이를 세 명 두었는데, 매튜의 동생 둘은 연예 비즈니스와는 아무런 관계가 없어요."

해마다 블레이크는 아들 매튜에게 몇 가지 질문을 한다. 너는 지금 하는 일을 즐기고 있느냐? 매티B로 사는 게 괜찮으냐? 계속해서 매티B가 되고 싶으냐? 만일 매튜가 언제라도 아니라고 답하면, 유튜브 활동을 중단시킬 계획이라고 한다. 하지만 그는 지금까지 한 번도 아니라고 답한 적이 없다. "유튜버가 되기 위해 태어난 녀석 같아요."

2016년 1월, 매튜는 13세가 되면서 청소년기의 첫해를 맞았다. 블레이크는 매튜의 목소리가 한층 묵직해졌다고 전했다. 천진난만했던 버릇, 태도, 말투가 다른 또래들처럼 어른스럽게 변하고 있었다. "그 녀석은 나나 사촌 형들과 점점 더 깊은 대화를 많이 나누고 있어요. 한번은 이렇게 묻더군요. '아빠, 지금보다 더 나은 성과를 내려면 뭘 하면 돼요?' 나는 아빠로서 이렇게 답했지요. 두 발자국 정도는 앞서가도 좋지만, 무조건 달려가려고만 해서는 안 된다."

매튜 같은 인플루언서에게는 남다른 영향력이 있다. 2014년 13세에서 18세 사이의 미국 청소년들에게 동영상 스트리밍 웹 사이트에서 영향력 있는 인물에 관한 설문조사를 한 결과, 그들에게 가장 인정받는 다섯 명이 모두 유튜버였다.[60] 하지만 왜 부모들에게 금시초문인 그들의 이름이 아들과 딸의 입에서는 술술 나오는 것일까? 1,100만 명의 구독자를 보유한 매튜는 "어른들은 TV를 보고 우리는 유튜브와 인터넷을 보기 때문"이라고 짐작한다.

소셜미디어는 자신의 일거수 일투족을 온라인에 올리는 10대 초반의 팝 스타와 팔로워들을 이어주는 생명선이다. 그래서 파파라치가 망원 렌즈로 찍은 사진이나 연출된 인터뷰로는 느끼지 못하는 친밀감을 준다. 16세의 소셜미디어 스타 제이컵 사토리어스Jacob Satorius는 "너한테 푹 빠졌어"나 "네 안에 내가 있어"와 "넌 소중해"와 같이 얼핏 들으면 오해의 소지가 있는 말도 트위터로 가볍게 날린다. 그는 모두에게 말을 걸고 있지만 유튜브의 300만 구독자, 인스타그램의 900만 팔로워, 트위터의 1,600만 팔로워는 각자 그가 자신에게 개별적으로 말하고 있다고 생각한다.

아이들은 자신들이 좋아하는 유튜버가 마트의 시리얼 통로를 어슬렁거리는 모습을 경이롭게 바라보겠지만, 어른들은 아직은 그렇지 않다. 물론 어른들도 이 유튜버들에 대해 곧 알게 될 것이다. 지금까지 말한 꼬마 유튜버들은 노트북 화면과 인연이 없는 어른들의 아들딸과 손자 손녀가 많은 시간을 함께 보내는 동료일 뿐만 아니라 매일 유튜브를 보는 20억 명에 가까운 사용자들이 선망하는 주류 스타로 이미 자리 잡았다. 미국의 가수이자 배우인 도니 오즈몬드가 10대에 처음 만난 팬들을 머리가 새하얘질 때까지 몰고 다니는 것처럼, 오늘날의 유튜브 스타들도 그들이 구축한 팬층으로 인해 오래 인기를 유지할 것 같다.

블레이크 모리스는 미래 세상에서는 유튜브가 주류가 되리라 믿는다. "매튜가 일곱 살, 여덟 살, 아홉 살 때 사람들은 하나같이 이렇게 묻더군요. '왜 매튜를 TV에 내보내지 않으시죠? 왜 음반사와 계약하지 않으시죠? 리메이크곡을 부른 다음에는 어디로 옮겨갈 거예요?'"블레이크의 대답은 간단하다. 그럴 필요가 없다는 것이다. 그는 자기 아들이 20~30년은 유튜브에서 활동하기를 바란다.

그는 음반을 계약하려고 유튜브 밖으로 뛰쳐나오는 유튜버들이 안타깝다고 했다. "나는 어린 유튜버들이(이 경우에는 15~16세를 가리킴) 음반 계약을 맺는 걸 쭉 봐왔습니다. 결국에는 유튜브에서만큼 관심을 받지 못하더군요. 기존 팬들을 버렸으니까요. 팬들은 자신이 좋아하는 유튜버가 원한다고 해서 선뜻 큰돈을 주고 싱글 음반을 사려고 하지 않습니다. 그러면 그 어린 아티스트는 고개를 갸우뚱하며 이렇게 생각하겠죠. '나를 따르던 팬들에게 무슨 일이 일어난 거지? 왜 유튜브에서 내 동영상을 보듯이 내 음반을 사지 않는 걸까?'"

블레이크 모리스는 자신과 아들이 목표하는 바를 정확히 알고 있는 듯하다. 그가 아들의 활동을 지원하고 수익을 내기 위해 설립한 회사 '매티B LLC'는 매튜의 음악을 홍보하는 일에만 매달리지 않고 유튜브 채널들을 연결하는 소규모의 자체 네트워크도 보유하고 있다. 그 채널 중에는 어린이들이 스케치 코미디를 공연하는 퍼니플릭스funniflix도 있다. "새로운 아티스트를 영입하는 데 시간이 걸리는 게 문제지만, 우리는 작은 〈미키마우스 클럽〉을 만드는 중입니다"라며 그는 자신의 원대한 구상을 전했다. "우리는 인터넷에서 퍼니플렉스를 누구에게나 폭넓게 개방하고 싶어요." 이 말을 듣고 자연스럽게 매티B LLC가 과연 현대판 디즈니가 될 것인가 하는 질문이 떠올랐다. 그는 즉각 이렇게 대답했다. "그렇게 되면 좋겠어요."

매티B LLC는 본격적으로 지원할 첫 유튜버로 해스칵 시스터즈 Haschak Sisters를 선정했다. 2년 터울의 네 자매로 구성된 해스칵 시스터즈는 2015년 4월 카니예 웨스트의 클리크clique를 리메이크한 곡으로 매티B의 동영상 세계로 들어왔다. 동영상에서 네 자매는 각자 자신을 간단히 소개했고 화면에는 자막으로 그들의 이름이 크게 떴다. 그 영상은 계산된 결정이었다. 블레이크는 "무척 비슷하면서도 다른 성격의 노래를 매튜의 팬들 앞에 내놓았을 때, 팬들은 즉각 그 자매가 부른 노래에 호감을 표하며 다른 노래도 들려달라고 말하더군요. 우리가 깨달은 것은 이 청중들이 소비할 수 있는 콘텐츠의 양은 무한하다는 겁니다"라고 말했다.

블레이크 모리스가 옳았다. 맏이가 18세가 넘었지만 해스칵 시스터즈는 여전히 활발하게 활동하고 있다. 춤 동작을 가르쳐주고 컬러 콘택트렌즈를 시험하는 등 기발한 동영상과 함께 꾸준히 리메이크곡을 올리고 있다. 각기 나오든, 다 함께 나오든 조회수는 늘 수백만이다. 이 책을 쓰고 있는 지금, 해스칵 시스터즈 채널의 구독자는 600만 명이 넘었다.

## 뷰티, 범죄, DIY의 세계
### 대형 인플루언서

영국 유튜버 엘리노어 닐Eleanor Neale이 뷰티 상품을 수도 없이 사들이는 데는 그럴 만한 이유가 있다. 그녀는 50만 명의 구독자를 보유하고 있기 때문이다. 동영상 하나를 올리면 수천 명의 여성 시청자가 그녀의 행동을 보고 어떻게 하면 가장 예쁜 얼굴을 가꿀 수 있는지 의견을 내놓는다. 그들은 그녀가 메이크업을 하는 것뿐만 아니라 제품을 사는 것까지 보고 싶어 한다. 쇼핑 하울(엄청나게 많은 제품을 산 다음 카메라 앞에 꺼내놓고 품평하는 동영상)은 유튜브 동영상 중 라이프스타일 카테고리의 주된 요소다. '함께 쇼핑하기' 동영상(크리에이터가 마트의 통로를 걷는 장면을 보며 시청자도 함께 쇼핑하는 느낌을 받는 동영상)의 휴대전화 시청 시간은 지난 2년 동안에만 10배가 증가했다.[61]

2018년 6월, 닐은 동영상 하나를 찍기 위해 블러셔와 마스카라 같은 뷰티 제품을 1,000파운드어치를 샀다. "지금까지 메이크업 제품만 어마어마하게 샀어요." 그녀가 시청자들에게 이렇게 말했다. 그러고는 40분간 거의 쉬지 않고 브론저, 립스틱, 모이스처 크림 따위를 소개했다. 그녀는 어쩌면 자신의 메이크업 하울 영상이 2018년 전체 유튜브에서 가장 인기가 좋을지도 모른다고 주장하면서 이렇게 발생하는 지출은 투자라고 정당화했다. 닐이 올린 뷰티 동영상은 평균 조회수 1만에서 2만 사이를 찍었다. 최고 조회수는 10만을 웃돌았다. 시청자들은 뷰티 인플루언서인 그녀에게 호응을 보냈다. 닐은 동영상에서 제품을 소개하는 대가로 기업에 엄청난 돈을 요구한다. '소셜 서클Social Circle'이라는 웹 사이트에 올린 그녀의 미디어 키트에 따르면, 제품 하나를 닐의 동영상에서 홍보하려면 약 3,300만 원을 내야 한다. 소셜 서클은 맨체스터 지역에서 활동하는 수천 명의 인플루언서 정보가 담긴 데이터베이스에서 브랜드와 적절한 크리에이터를 연결해주는 인플루언서 마케팅 네트워크다. 조사에 따르면 닐의 시청자 가운데 94%가 여성이며, 65%가 24세 이하다. 여덟 명 중 한 명꼴로 14세에서 17세 사이라고 한다.

하지만 현재 뷰티 동영상은 그녀의 열혈 구독자들에게는 오히려 곁가지에 불과하다. 시청자들이 닐의 채널을 찾는 주요 동기는 무시무시한 살인 사건과 실종 사건의 배경을 실감나게 들려주는 그녀의 범죄 실화 동영상이다. 그 동영상 시리즈의 편당 조회수는 대개 수십만이다. 닐은 이처럼 결단력과 민첩함을 겸비하고 유연함이라는 이점까지 가진 유튜버의 좋은 사례다.

엘리노어 닐, 〈열두 살짜리와 메이크업 가방 바꾸기!〉.
사촌 동생과 메이크업 가방을 바꾸고 화장을 하는
엘리노어 닐의 동영상으로, 당시에 큰 인기를 끌었다.

닐은 뷰티 유튜버가 되는 것이 원래 계획이었기 때문에 처음에 올린 스무 개 남짓한 동영상은 거의 뷰티와 관련된 것이었다. 아이라인 눈꼬리 빼는 법을 안내했고, 일상적인 메이크업 순서를 알려주었으며, 값싸고 느낌 있는 립스틱을 시험 삼아 발라보기도 했다. 그 동영상은 뜻밖에 빗맞은 안타를 치며 중간 정도의 성공을 거두었다. 그녀가 메이크업 가방을 열두 살 먹은 사촌과 서로 바꾸는 동영상은 조회수가 거의 200만에 가까웠다.

하지만 기이한 범죄 실화 동영상을 올렸을 때는 더 폭발적인 관심을 끌었다. 그 시점부터 닐의 채널 구성이 변했다. 그 후 몇 달 동안, 그녀는 거의 모든 뷰티 동영상을 범죄 브이로그로 대체했다. 그러다 마침내 범죄 동영상이 닐이 운영하는 채널의 핵심 구성 요소가 되면서 뷰티 동영상은 뒷전으로 물러났다.

반면, 젊은 여성들의 욕망을 이용해서 뷰티와 패션 동영상만을 고집하며 명성을 구축해온 크리에이터들도 있다. 루시 문Lucy Moon은 영국의 24세 유튜버로 대학을 졸업한 다음 우연히 유튜버 생활을 시작했다. 그녀는 일자리를 구하는 와중에 자신이 유튜브에서 성공할 수 있을지, 또 그 성공을 지속할 수 있을지를 석 달 동안 가늠해봤고, 결국 금맥을 발견했다. 그 금맥을 캐기 시작하니 구독자가 늘어나며 가속도가 붙기 시작했다. 3,000명 남짓했던 구독자가 31만 명으로 늘어났으며, 편당 조회수는 2만 5,000과 25만 사이에 위치했다. 루시 문의 동영상이나 인스타그램 게시물에 제품을 홍보하는 비용은 닐에 비해 저렴하다. 소셜 서클에 따르면 닐의 단가는 1,800만 원 정도다.

그렇지만 루시 문은 브랜드와의 거래를 크게 선호하지 않는다. 2019년 초 한 동영상에서 자신이 오래전부터 즐겨 사용한 제품을 홍보할 때가 아니면 마음이 매우 불편하다고 그녀는 고백했다. 아울러 돈을 벌려고 안달하는 유튜버에게는 오히려 위험이 따른다는 사실을 진작에 깨달았다. 이른바 후원 콘텐츠를 뜻하는 스폰콘sponcon이 너무 많이 게시되면 유튜버의 명성에 해가 될 수 있다는 이유에서다. 그녀는 다음과 같이 말했다. "그건 위험한 게임이에요. 브랜드 거래를 많이 할 수도 있겠지만, 그러면 시청자는 갈수록 등을 돌리겠죠. 그보다는 나처럼 채널을 두 종류 이상 구성하는 걸 시청자는 더 바랄 거예요."

사람들은 그녀가 전하는 패션 관련 정보와 뷰티 관련 조언을 들으러 꾸준히 루시 문을 찾았다. 웬만큼 명성을 얻은 유튜버들이 대개 그렇듯이 그녀는 자신의 팬들을 친언니처럼 따뜻하게 응원해준다. "질문에 당연히 대답해야죠." 가득 쌓인 이메일을 꼼꼼히 살펴보는 등 이런저런 아침 업무를 끝낸 그녀가 웹캠으로 내게 이렇게 말했다. "시청자들과 꾸준한 대화가 필요해요. 유튜버로서 가장 신경 써야 할 부분이죠. 모든 것에 책임을 져야 하니까요."

그렇지만 거물 인플루언서라고 해서 모두가 패션이나 신상 립스틱에만 초점을 맞추는 것은 아니다. 유튜브의 미덕은 다양한 사람들과 그들의 다양한 관심사에 있다. 영국 랭커셔주에 있는 상업 도시 다윈에 사는 47세의 셰즈 로시Chez Rossi를 예로 들어보자. 처음에 그는 자신이 내가 찾던 사람이 맞는지 물으며, 내가 왜 자신과 대화를 나누려 하는지 몰라 당황스러워했다.

그는 내가 찾던 사람이 맞았다. 그는 〈최고의 핸디맨Ultimate Handyman〉이라는 DIY 동영상으로 30만 명의 구독자를 보유한 유튜버다. 그런데 한 화학 공장에서 정비 기술자로 근무를 마친 어느 늦은 저녁에 나에게 실토한 것처럼, 그는 실제로는 잡역부나 수선공이 아니었다. 그리고 처음에는 유튜브 채널이 아니라 다른 웹 사이트(ultimate-handyman.co.kr — 옮긴이)에서 콘텐츠를 올리기 시작했다고 한다.

2004년 자베드 카림이 샌디에고 동물원의 코끼리 앞에서 최초의 유튜브 동영상을 찍을 무렵, 로시는 초보자들에게 선반을 어떻게 올리고, 벽에 회반죽을 어떻게 덧칠하며, 옷장을 어떻게 수리하는지 알려주는 웹 사이트를 시작했다. 그때 올렸던 안내문은 방문객들과의 질의응답 내용을 담아 점점 불어났다. 조명에 관한 질문이 가장 많았다. 가령, 기존의 등을 끌어내리고 다른 등으로 교체하려고 하는데, 잘린 채 튀어나온 아홉 가지 전선을 어떻게 연결해야 하는지 모르겠다는 내용의 질문들이었다. 로시는 이러한 곤경에서 빠져나가는 방법을 설명하는 동영상을 자신의 사이트에 올리고 싶었지만 쉽지 않았다. 그때 한 친구가 동영상을 쉽게 올릴 수 있는 새로운 사이트를 추천했다. 그것이 유튜브였다.

2008년 1월 22일, 로시는 유튜브에 '최고의 핸디맨' 채널을 만들었다. 사이트의 상태를 살펴보려고 동영상 몇 개를 대충 만들어 올려봤다. 제대로 만든 동영상 하나를 유튜브에 올린 다음, 자신의 사이트로 돌아가 다시 거기에 집중했다. 얼마 후 유튜브에 들어가 보니 조회수가 제법 쌓여 있었다. 그래서 영상을 더 많이 찍어서 올렸고 구독자는 점점 늘어났다. 2011년쯤부터는 자신의 웹 사이트보다 유튜브 채널에서 더 많은 시간을 보내게 됐다.

몇 년이 지난 지금 그는 자신의 웹 사이트를 거의 내버려둔 채, 여가 시간을 오롯이 유튜브 채널에 바치고 있다. 직장에서 퇴근한 후 저녁과 주말에 짬을 내서 유튜브 동영상을 촬영한다. 일주일에 동영상 두 편을 올리는 것이 계획이었지만 시간이 잘 나지 않아 지난 2년간 일주일에 한 편씩밖에 못 올렸다.

"편집할 시간이 없어서 그렇지 내 컴퓨터에는 써먹을 만한 장면들이 무지무지 많아요." 그가 말했다. 그는 사람들이 동영상을 보고 올린 질문에 답하고 실천을 독려하느라 많은 시간을 보낸다. 그리고 로시의 30만 구독자들은 수박 겉핥기 식으로 대충 동영상을 보는 사람들인데, 그의 동영상을 끝까지 보는 경우는 전체 조회수의 4%에 불과하다.

그건 유튜브가 이해하기 쉬운 형태로 인간의 지식을 모두 담은 동영상 백과사전이나 마찬가지이기 때문이다. 유튜브에 게시된 학습 동영상의 조회수는 하루 평균 수억에 달하는데 밀레니얼 세대의 조회수가 그중 70%를 차지한다.[62] 그들은 무언가 새로운 방법을 배우거나

133

기존의 관심 분야를 더 많이 알기 위해 유튜브에 접속한다. 2017년, 제목에 '~하는 방법'이 붙은 동영상의 총 시청 시간은 수십억 시간으로 2015년에 비해 75%나 늘었다. 로시가 전기 난방기를 바꾸거나 세탁기를 고치는 콘텐츠도 당연히 그런 동영상의 일종이다. 팀 블라이스Tim Blais도 그런 영상을 제작하는 유튜버다. 그는 자신의 채널 카펠라 사이언스Capella Science에, 복잡한 과학 개념을 주요 팝송 히트곡에 맞춰 설명하는 동영상을 올렸다(저스틴 비버의 〈데스파시토Despacito〉에 맞춰 부른 진화론에 관한 동영상이 유명하다). 또 한 사람, 안전하게 구강성교를 하는 방법을 알려주거나(조회수 200만), 포진에 걸렸을 때의 조치 방법을 설명하는(조회수 100만) 라시 그린Laci Green도 그런 유튜버라고 볼 수 있다.

시청자들은 배움을 향한 강력한 욕망을 지니고 있다. 그 결과 로시는 자신의 동영상과 함께 재생되는 광고로 원래 직장인 화학 공장에서 버는 것만큼이나 수익을 창출하고 있다. 부서진 볼트를 깊숙한 구멍에서 꺼내는 방법을 보여주는 2018년 9월의 동영상은 조회수 500만을 찍었는데, 모르긴 몰라도 이 하나의 동영상으로 그는 연봉만큼 벌었다. 그런데도 로시는 직장에서 금방 은퇴하지 않을 것이

최고의 핸디맨, 〈깊은 구멍 안에 부러져 있는 볼트 제거하기〉.
**이 동영상 하나로 셰즈 로시는 자신의 연봉만큼 벌었다.**

다. 2011년, 그는 유튜브에서 벌어들인 수익금을 모아 키프로스로 이주했다가 석 달 만에 돌아와야 했다. 구글이 검색 알고리즘을 바꾸자, DIY에 관한 질문을 검색하는 사람들과의 소통량에 따라 수익금이 정해지던 그의 유튜브 채널이 직격탄을 맞았기 때문이다. 그는 이렇게 말한다. "유튜브에 그런 일이 생길지 누가 알았겠어요. 또 언제 똑같은 일이 벌어질지 모르니 수익을 다각화하는 건 언제나 필요해요. 정말로요."

74세의 미국인 페기 글렌Peggy Glenn은 약 22만 5,000명의 구독자를 보유한 또 한 명의 별난 유튜브 스타다. 그녀는 '욕쟁이 할머니 Granny Potty Mouth' 캐릭터로 욕을 퍼붓는 동영상을 통해 삶의 충고를 전한다(페이스북에도 40만 명의 팔로워가 있다). "가치와 언어, 그게 다야. 다만 욕쟁이 할머니 캐릭터는 세상을 더 좋게 만들려는 도구일 뿐이지." 욕설로 가득한 대화에서 그녀가 한 말이다.

전직 비서였던 글렌은 10여 년 전 언덕 위에서 고무 튜브를 타고 미끄러져 내려오는 동영상을 유튜브에 처음 올렸고, 2016년부터 '욕쟁이 할머니' 캐릭터로 활동하기 시작했다. 컴퓨터가 있는 방에서 동영상의 분위기에 따라 세 가지 색상의 샤워 커튼 중 하나를 뒤에 쳐놓고 동영상을 촬영하며, '윈도 무비 메이커'로 직접 편집한다. 윈도 무비 메이커는 대다수의 온라인 동영상 크리에이터가 사용하는 고급 소프트웨어와는 거리가 먼 단순한 프로그램이다.

동영상 촬영은 그녀가 사랑하는 남자와 살기 위해 캘리포니아 주로 이사한 이후에 생긴 취미였다. (그 남자는 그녀가 유튜버로 이룬 성과에는 아무런 관심이 없다.) 하지만 글렌에게 유튜브는 취미 수준을 훨씬 넘어 지금은 일종의 의무가 되었다. 그녀는 한 유튜브 컨퍼런스에서 매주 목요일 아침 동영상을 올리겠다고 공개적으로 약속한 바 있다. 그런데 2018년 추수 감사절을 며칠 앞두고 내가 연락을 했을 때 글렌은 약속을 이행하기가 매우 어려운 상황에 놓여 있었다.

그로부터 며칠 전인 수요일 밤, 글렌의 동거인은 11시경 잠자리에 들었다. 그녀는 자신이 약속한 목요일인 다음날 오전 6시까지 올릴 동영상을 준비하지 못했고 아이디어조차 떠오르지 않았다. 하지만 어떻게든 약속을 지키려고 자신의 재택근무실로 가서 대본의 개요를 적었다. 추수 감사절 메시지로, 한 주에 20명에서 25명의 팬들로부터 자신들의 모금 활동을 선전해달라는 요청을 받는다는 내용이었다.

메시지는 간단했다. 여러분에게 돈이 없어도 시간은 있다, 그래서 이 동영상을 보고 있지 않느냐, 그러니 좋은 목적을 위해 그 시간을 활용하라는 것이었다. 그녀는 한 시간을 들여 이 대본을 다듬으며 할 말을 신중히 추렸다. 위험천만하게도 그녀의 집 근방을 포함한 캘리포니아주 대부분이 화마에 휩싸였다가 불과 며칠이 지난 시기여서 메시지가 더 진정성 있게 전달될 것 같았다. 자정 무렵이 되자, 그녀는 무척 행복한 마음으로 조명을 설치하고 '욕쟁이 할머니' 옷을 입은 다음 녹화에 들어갔다.

다음 날 새벽 4시 15분, 해가 지평선 위로 솟아오르기 불과 두 시간 전에야 모든 작업을 끝냈다. 녹화와 편집은 물론이고, 섬네일을 디자인해서 올리고 귀가 잘 안 들리는 시청자를 위해 자막까지 입히

느라 시간이 걸린 것이다. 그 추수감사절 동영상은 이렇게 끝났다. "서로를 북돋아 줍시다. 같은 사람으로서 그것이 최선을 다하는 길이에요. 우리는 서로를 돕고 지원해야 하고, 욕설을 내뱉거나 등을 돌리지 않아야 해요."

그 동영상은 올라간 지 하루가 지나도록 겨우 1,100명이 보았다. 지난 동영상들보다 조회수가 훨씬 적었다. "그건 유튜브가 프루드튜브 PrudeTube(겉으로는 건전한 듯하지만 실제로는 유치하고 상업적인 매체로 전락했다는 의미 — 옮긴이)가 된 탓입니다. 나는 그 책임이 대부분 로건 폴과 그 동료들에게 있다고 생각해요. 그들은 자기 자신은 물론이고, 산 사람이든 죽은 사람이든 누구도 존중할 줄 모르는 멍청이들이에요"라고 그녀가 말했다. 로건 폴의 극단적인 동영상에 대한 일부 이용자의 반발 때문에 소심해진 유튜브 측은 욕설은 좀 나오지만 유익한 메시지를 담고 있는 그녀의 동영상에 상스럽다며 제동을 걸었다. 결과적으로 그녀가 올린 동영상의 조회수는 절반으로 뚝 떨어졌다.

"새벽 4시까지 밤새 작업한 동영상을 봐주지 않으니, 제기랄. 진짜 열 받았어요. 더는 하고 싶지 않다는 생각까지 들었어요." 그녀는 이렇게 털어놓았다. "마치 바람을 향해 뱉은 침이 다시 돌아와 내 얼굴에 떨어진 느낌이었죠."

그녀는 유튜브를 기반으로 요리사가 되거나 TV의 상담 프로그램에 출연하기를 원했지만, 지금은 가능성이 별로 없어 보인다. "유튜브는 거물만 상대하고, 우리 같은 잔챙이들은 전혀 신경을 안 써요. 사람들도 거물이 나타나 개판치기를 바라고, 우리 같은 잔챙이들은 그

비용을 대다가 끝나는 거죠." 그녀는 한탄했다.

유튜버를 한다는 것은 만만치 않은 일이며 심지어 끊임없이 진화하고 있다. 아무나 꼭대기에 오를 수 있는 것도 아니고, 설령 올라갔다고 해도 밑에서 수많은 손들이 발목을 잡아끌 것이다. 그 손의 정체는 바로 소형 인플루언서들이다.

**14**

## 충성 고객을 거느리다
### 소형 인플루언서

2014년 3월, 에니야 라나Eniyah Rana는 막다른 골목에 몰려 있었다. 2000년대 초 영국 버밍엄에서 학교를 다닐 때, 그녀는 인도 출신 아버지 구자라티와 케냐 출신 어머니에게 항공기 승무원이 되고 싶다고 말했다. 하지만 직업의 날 행사 때 항공기 승무원은 수영을 할 줄 알아야 한다는 말을 듣고 나서 꿈을 접었다. 당시 열세 살이었던 라나는 자신이 수영을 배울 수도 있다는 점을 미처 생각하지 못한 것이다.

라나는 스스로 말하기를 "어떻게든 히잡(이슬람교 교리에 따라 머리에 쓰는 스카프)을 쓰려고 애쓰는 아시아계 주부의 전형"이었다. 히잡을 쓰면 왠지 지저분하고 답답하다는 느낌이 들었지만, 어느 날 잘 맞춰서 써봤더니 놀라운 일이 벌어졌다. 히잡을 쓴 모습이 너무나 아름답게 느껴진 것이다. 그녀는 이 모습을 촬영해서 유튜브에 올려야겠다고 생각했다.

결혼 후 아이샤 라만Aisha Rahman이라는 이름으로 올린 7분짜리 동영상은 난방기 앞의 식탁 의자에 앉아 촬영한 것이다. 쇼핑 블로그 넥스트Next에서 산 15파운드짜리 스카프를 머리에 어떻게 묶는지 보여주면서 사람들에게 시청해달라며 너스레를 떨었다. 몇 사람이 그 영상을 시청했다.

다음 날 아침, 두 사람이 구독 버튼을 눌렀다. 그다음 날에는 세 사람이 더 늘어났다. "거기서부터 잘나갔죠." 그녀가 회상한다. 인스타그램에서 스카프를 파는 한 작은 업체와 계약해서 상품을 홍보했다. "하나가 또 다른 하나로 이어지더군요." 그녀가 덧붙였다. 4년 후, 그녀는 성공한 소형 인플루언서로 자리 잡았다. 하지만 그때 벵갈 출신 남편과 험악한 말이 오가며 헤어지는 아픔을 맛보았다.

라나의 유튜브 계정을 아무리 훑어봐도 2018년 10월에 이뤄진 이혼의 증거는 잘 보이지 않는다. 자신의 플랫폼에서 사과의 흔적이나 스캔들의 증거를 찾아내려고 기를 쓰는 팬들의 관심을 다른 곳으로 돌려서 자신의 유튜브 페르소나를 그대로 지키려고 하는 많은 크리에이터처럼, 그녀는 유튜브가 아닌 스냅챗에만 자신의 생활 일부를 방송하기로 작정했다. 물론 나중에 엉뚱한 사람이 그 스냅챗 스토리를 조각조각 모아서 다른 소셜미디어에 올리긴 했다.

라나는 녹색 스카프를 머리에 두르고 가을 햇살을 흠뻑 받으며 자동차 조수석에 앉아 자신의 심정을 드러냈다. "나는 이번 이혼을 위해 필사적으로 싸웠어요." 그녀는 스냅챗 팔로워들에게 엄격한 이슬람교 사회에서 여자가 나서서 이혼을 요구하기가 얼마나 어려운지를 토로했다. "저들이 여자들을 무척 힘들게 하니 눈물이 마를 날이 없어요. 그래도 여자들은 지긋지긋한 무슬림 위원회에 계속 나가야만 해요."

이렇게 말하는 것을 들어보면, 라나의 이혼 과정은 그녀의 유튜브 페르소나로 인해 훨씬 더 복잡하고 힘들었다. 적극적이고 자신만만한 태도로 거칠게 심정을 토로하는 그녀는 카메라 앞에 서는 재주를 타고난 사람이지만, 모든 사람이 좋아할 만한 캐릭터는 아니다. 그녀의 말에 따르면, 남편이 자신이 인스타그램에 올렸던 춤추는 동영상을 이슬람식 이혼을 관장하는 이슬람교 지도자 이맘에게 보여주었더니, 이맘은 "이건 하람(이슬람교의 종교적, 도덕적, 윤리적 금기 사항 — 옮긴이)이군"이라고 말했다고 한다. 그러나 라나는 이맘에게 이렇게 맞섰다. "전 변하지 않을 겁니다. 앞으로도 훨씬 더, 10배는 더 이렇게 행동할 겁니다."

라나는 정말로 그렇게 했다. 현재 그녀는 33세로 다섯 아이를 둔 전업 유튜버이자 유튜브 사업가다. 4만 8,000명의 유튜브 구독자와 11만 명의 인스타그램 팔로워가 그녀에게 수입을 보장해준다.

라나의 이혼은 축복이자 저주였다. 여전히 보수적인 이슬람 문화권에서 이혼한 유튜버로서의 상심과 고통, 그리고 엄청난 수치심을 겪으면서도 그녀는 더 많은 추종자를 얻었다. 그녀는 처음에는 깜짝 놀랐다. "제 상황 때문에 일을 더는 못 하게 될 것으로 생각했어요. 이혼과 가정 폭력의 피해자라는 사실을 너무 요란하게 떠들었으니까요.

이러한 역경에 처하면 바로 꺾일 수도 있지만, 오히려 일이 잘 풀릴 수도 있더군요."

방대하게 여기저기 뻗어가는 유튜브에는 틈새가 존재한다. 라나는 이슬람 소공동체의 '정숙한 사회'라는 틈새에서 패션 감각을 원하는 여성들에게 널리 알려진 유튜버다.

그녀는 팬들이 보낸 견본품 꾸러미를 받기 위해 버밍엄의 집 근처 우체국에 사서함을 마련했으며(그녀의 말에 따르면, 모든 인플루언서가 마련한다고 함), 동영상을 촬영할 사무실을 좋은 조건에 얻었다(너무 좁아서 난방기가 화면에 잡히지 않도록 주의해야 하는 단점은 있다).

아직 소형 인플루언서인 그녀는 팬들이 보낸 물품을 찾으러 한 달에 두 번 사서함에 간다. 꾸러미를 서너 개의 부대에 담아 사서함에서 사무실까지 나른 다음, 소포를 풀면서 보낸 사람에게 잘 받았다는 감사 인사를 전하며 동영상을 촬영한다. 그녀는 하루 내내 개봉한 소포를 모두 꼼꼼하게 촬영하고 유튜브에 올린 다음, 차례로 인스타그램과 스냅챗 계정에도 올린다. "촬영 공간이 좁은데, 이 모든 걸 다 보여줄 수 있겠어요?"라는 내 질문에 "사실 다소 버거울 때도 있어요"라고 그녀는 실토했다. 그러나 라나가 받는 소포가 유튜브 영상 촬영에도 기여를 하며, 메이크업 아티스트로서 다양한 제품을 갖추는 데 도움이 되는 것도 사실이다.

전반적으로 판단해보면, 유튜브는 라나에게 선물이었다. 그녀는 머지않아 자신만의 메이크업 라인을 출시할 계획이다. 그녀는 지금 정상적인 생활을 할 수 있을 만큼 벌고 있으며, 여러 브랜드와 마케팅 작업을 하고 있다. 때로는 일상생활의 깊숙한 부분까지 유튜브에 털어놓아서 팬들과의 유대도 더 돈독해졌다.

라나는 마케팅 세계에 큰 영향을 미치는 소형 인플루언서의 전형적인 모습을 보여준다. 소형 유튜버는 독특한 운영 방식과 열정적인 팬들의 변함없는 지지 속에서 초대형 유튜버보다 더 친밀하게 소비자들과 관계를 맺는다. 대개 초대형 유튜버는 각 개인에게는 물론이고 모든 소포에 일일이 감사의 인사를 전할 여유가 없다.

라나 같은 소형 인플루언서는 열렬한 구매자 집단을 기업에 맞춤형으로 연결해준다. 따라서 특정 연령층을 겨냥한 브랜드 홍보에 최적의 수단이 될 수 있다. "브랜드에 대한 우리의 의견은 훨씬 더 정직해요." 그녀가 말한다. "돈 때문에 아무 브랜드나 좋다고 하지 않아요. 그러니 우리가 좋다면 진짜 좋은 거예요. 나쁘다면 진짜 나쁜 거고요." 라나의 팬층이 비교적 소규모인 것은 대형 브랜드 입장에서도 장점이 될 수 있다는 것이다.

미국에서는 초소형 인플루언서도 대형 브랜드와의 작업에 적극적으로 나선다. 린시 에이브러햄Rincey Abraham도 그중 하나다. 많은 유튜버가 그랬듯, 린시 에이브러햄 역시 쳇바퀴 도는 듯한 일상의 탈출구를 찾아서 유튜브를 시작했다. 유튜브에 발을 들여놓기 전에는 미국 위스콘신주 밀워키에 있는 마케트대학교에서 저널리즘을 전공했고, 2009년부터 계약직 카피라이터로 일했다. 그녀는 낮에는 마케팅 회사의 광고주를 위해 마케팅 문안을 작성하고, 밤에는 찰리 맥도넬과 크리스티나 호너 등 자신이 좋아하는 유튜버의 동영상을 보는 생활을 반복했다고 한다. 그녀는 자기가 하는 일에 만족하지 못했고, 동료들과 잘 어울리지도 못했지만 유튜브만큼은 진심으로 좋아했다. "나와 관심사가 비슷한 사람과 이야기를 나누고 싶었어요. 그런 사람들을 보면서, 정말 재미있다, 나도 하고 싶다고 생각했던 기억이 나요"라고 에이브러햄은 회상했다.

그러던 어느 날, 우연히 존 그린이 쓴 《잘못은 우리 별에 있어 The Fault in Our Stars》의 낭독회 동영상을 보게 되었다. 낭독회의 사회자 사네는 낭독의 즐거움에 초점을 맞춘 '책과 깃펜Books and Quills'이라는 채널을 운영하는 유튜버였다. 그 동영상을 본 다음부터 유튜브 알고리즘은 에이브러햄에게 사네의 동영상을 추천하는 횟수를 점점 더 늘렸다. 이로 인해 그녀는 '토끼굴'에 빠져들었고, 유튜브에서 사람들과 책에 관해 이야기를 나누고 싶어졌다. 책에 전념하는 '북튜브'에 관심이 생긴 것이다.

2012년 에이브러햄은 '린시의 책 읽기Rincey Reads'라는 자신의 유튜브 채널에 첫 동영상을 올렸다. 무지개색 서가 앞에서 검은 눈썹을 아래위로 까닥거리며 자신의 채널을 안내하고 나서, 손때가 묻은 자신의 애독서 《앵무새 죽이기》를 소개하는 동영상이었다. 현재 32세

에이브러햄, 〈인트로 포스트〉.
에이브러햄은 7년 동안 쉬지 않고 매주 한 권의 책을 소개하고 있다. 하지만 아직 전업 유튜버는 아니다.

인 에이브러햄은 지난 7년 동안 계속해서 2만 3,000명의 구독자에게 일주일에 한 번씩 책을 소개하는 동영상을 올려왔다. 젊은 층을 대상으로 하는 대다수 유튜버와 달리 성인 청중을 겨냥해 다양한 책을 논평하는 동영상들이었다. 그뿐 아니라 에이브러햄은 책을 소개하는 웹 사이트인 '책의 반란Book Riot'에 올릴 동영상 두 개를 추가로 만들었고, 이 웹 사이트와 연계된 동명의 유튜브 채널까지 도와줬다(남는 시간에는 북튜브 크리에이터들을 위해 책 소개 동영상에 넣을 섬네일 화면을 만들어준다. 섬네일 화면은 그들에게 매우 중요하다).

　에이브러햄에게 유튜브는 아직 취미다. 그녀는 주중에 아침 7시 30분부터 오후 4시 30분까지 일리노이주의 한 온라인 컴퓨터 매장에서 일하고, 매일 밤 두 시간과 주말 중 하루를 자신의 유튜브 채널에 투자한다. 아직은 전업 유튜버로 나설 만큼 수익을 내지 못하고 있지만, 유튜브는 여러 면에서 에이브러햄의 삶을 바꿔놓았다. "그전에는 책을 사느라 돈을 많이 썼지만, 지금은 그럴 필요가 별로 없어요." 그녀가 말했다. 초소형 인플루언서인 그녀가 이따금 올리는 하울 동영상에서 자기네 책을 선정해 논평해주기를 간절히 바라는 출판사도 몇 군데 있다. 그래서 그녀에게 수시로 가편집본과 증정본을 보내준다. "그게 최고의 특전 같아요. 물론 수익금을 제외하면요."

　그녀의 주요 시청자는 20대 중반부터 40대까지 걸쳐 있으며, 다른 북튜브 동영상과 마찬가지로 반 이상이 여성이다. 소도시 독자들의 취향 결정권자가 되어 그들이 책을 살 때 영향을 미치는 느낌이 어떠냐고 물었더니 "아휴, 책임감이 말도 못 하게 크죠"라며 웃었다.

어느 모로 보나 이들 소형 인플루언서와 초소형 인플루언서는 유튜브의 중심인물이다. 냉혹한 비즈니스 세계에서 돋보이는 훌륭한 양심이기도 하다. 하지만 그들조차도 브랜드를 소유한 기업이 관심을 보이는 대상이다. 앞에서 살펴보았듯이, 라나가 뷰티 인플루언서 후다 카탄과 거래하고 있다는 사실과 에이브러햄이 책 홍보 수단을 찾는 에이전트들에게 영향력이 크다는 사실을 기업도 알고 있기 때문이다. 그러면 기업들은 왜 수십 년간 마케팅에 영향력을 행사해온 유명인을 내세운 방식에서 소형 인플루언서를 활용한 마케팅으로 관심을 돌린 걸까? 소셜 서클에서 일하기도 했던 독립 에이전트 올리비아 앨런Olivia Allan은 한마디로 이렇게 정리했다. "충성도가 더 높은 팬들이 있는 곳으로 옮겨가는 거죠."

광고주는 유튜브 대스타 퓨디파이와 후다 카탄을 일종의 대중 매체로 취급하는 반면, 그들보다 훨씬 덜 알려진 틈새 크리에이터들이야말로 저비용 고효율의 광고 매체라고 평가하고 있다. 시청자가 적을수록 충성도가 더 높다는 이유에서다. "시청자들은 크리에이터와 가족이나 친구처럼 깊은 유대를 맺고 있어서 크리에이터가 하는 말에 훨씬 더 귀를 기울입니다." 앨런의 분석이다. 수백만 명의 팬을 거느린 거물급 인플루언서 중에는 의외로 조회수가 안 나오는 사람들도 있다. 이유가 뭘까? 소셜미디어 플랫폼에서는 특별히 불쾌한 콘텐츠를 만든 경우가 아니라면 사람들이 웬만해서는 팔로우나 구독을 취소하지 않기 때문에 활동하지 않는 팬들도 모두 구독자로 계산된다.

앨런은 이렇게 설명한다. "기업도 자신의 브랜드에 정확히 부

합하는 인플루언서를 찾고 있어요. 영국의 유튜버인 타냐 버Tanya Burr
와 조엘라의 동영상 하나에 3,000~4,000만 원을 쏟아붓는 스타트업
이 있다는 이야기를 종종 듣게 됩니다. 《데일리 메일》에서 그들에 관
한 기사를 읽었다는 이유에서죠. 그건 돈 낭비예요. 만약 그 예산을 더
작은 유튜버나 인스타그래머 일고여덟 명에게 나눈다면, 효과는 극대
화하고 낭비는 최소화하면서 소비자에게 실제로 훨씬 더 큰 영향력을
미칠 수 있을 거예요."

소셜미디어 마케팅 회사 타쿠미Takumi의 공동 창업자이자 CEO
인 매츠 스티그젤리우스Mats Stigzelius는 이렇게 말한다. "여전히 많은
사람이 수십만 명의 팬들을 보유한 대형 인플루언서를 선호하는 잘못
을 저지릅니다. 알고 보면 소형 인플루언서를 통해 훨씬 적은 비용으
로도 똑같은 목표에 도달할 수 있는데 말입니다. 제품도 실제로 훨씬
더 많이 팔려요."

유명인 한 사람에게 거금을 주고 거래하는 기업은 그 대가로
달랑 하나의 콘텐츠만을 얻을 것이다. 하지만 똑같은 예산으로 여러
소형 인플루언서들과 작업하면 똑같은 목표에 도달하면서도 100개에
가까운 콘텐츠를 얻을 수 있다. "우리는 경험을 통해 유명인이 전부가
아니라는 사실을 깨달은 기업들이 거물을 마다하고 소형 인플루언서
를 선호하는 현상을 점점 더 많이 목격하고 있습니다." 스티그젤리우
스의 분석이다.

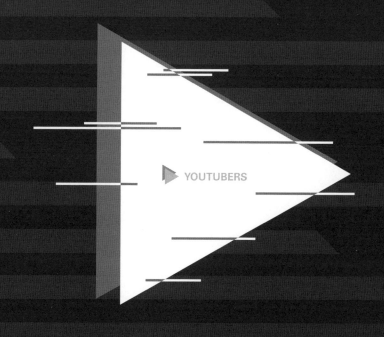

4부

화면 뒤에서

무슨 일이 벌어지는가

YOUTUBERS

## '도시의 여름'
## 인플루언서들의 모임

오전 11시 정각, 수천 명의 사람들이 팔을 높이 들어 가지각색의 손목
띠를 보여주며 지쳐 보이는 안전요원의 지시에 따라 전시장으로 줄을
지어 이동한다. 줄 맨 끝에서 잠시 발을 질질 끌며 걷던 몇몇은 다시
대열을 바짝 따라가며 마지못해 손목을 보여준다. 안전요원이 팔을 들
라고 재촉하자 손을 살짝 흔드는 학부모도 이따금 보인다.

　　런던 도크랜즈의 엑셀ExCeL 전시장에서 3일간 열리는 '도시의
여름Summer in the City'은 유튜브 크리에이터들과 팬들을 위한 '영국의
온라인 동영상 축제'로 영국의 유튜브 달력에 표시된 행사 중 가장 크
다. 8월 초에 열리는 이 축제 기간에는 패널 토론회부터 상품 판매와
팬 미팅에 이르기까지 다양한 프로그램이 펼쳐진다.

　　2017년, 행사의 첫날인 '크리에이터의 날'에 업계 추산으로

1,200명가량이 참석했다. 첫째 날에는 유튜브 사용자, 크리에이터, 콘텐츠 제작 관계자들이 모여 온라인 동영상 세계의 현주소를 놓고 토론을 벌였다. 두 번째와 세 번째 날에는 팬들을 위해 패널 토론, 인기 유튜버와의 만남, 유튜브를 주제로 한 쇼핑과 게임이 진행됐다. 행사 시작 전, 관계자들은 두 번째 날에는 약 8,000명이, 행사가 끝나는 세 번째 날에는 그보다 조금 적은 인원이 참석할 것으로 예상했다.

오전 10시 45분, 개장하기 15분 전인데도 입장객 줄이 수백 미터나 됐다. 줄은 여러 카페와 지하철 출구를 지나 화장실과 주차장 입구까지 막으며 뱀처럼 꿈틀거렸다. 시끌벅적한 10대 무리가 '도시의 여름'이라는 로고가 찍힌 플라스틱 가방을 들고 있었다. 가방 안에는 패널 토론에 관한 30페이지짜리 팸플릿, 행사 기간 중 상영될 영화에 대한 광고, 츄파춥스 막대 사탕 따위가 들어 있었다. 머리에 꽃을 꽂고 폼폼(플라스틱 가닥들을 묶은 응원도구 — 옮긴이)을 든 아이들도 제법 보였다. 온몸을 무지개색으로 치장한 아이들도 많았다. 점잖고 조용하게 꼿꼿한 자세로 줄을 서서 기다리다가도, 홍보 동영상을 촬영하는 뉴스 요원이나 카메라맨에게서 취재 요청을 받을 때는 이상한 비명을 지르는 모습이 종종 눈에 띄었다.

등에 '개 조련사'라는 글자가 박힌 형광 재킷을 입은 두 남자가 점박이 개를 데리고 와서 입구 주변을 돌아다녔다. 맨 뒤에 있는 사람들이 전시장 문을 통해 들어오기까지 12분이 걸렸다. 팬들의 규모와 열기를 보면 유튜브의 놀라운 성장을 체감하게 된다. 이는 손목띠를 봐도 마찬가지였다. 유튜브의 초창기 몇 년 동안에는 크리에이터

152

와 팬의 규모가 모두 작았다. 크리에이터들이 작은 행사장에서 만나면 대개는 개인적으로 서로 알 정도였다. 그로부터 10년 후, 유튜브 행사는 세계의 몇몇 대형 컨벤션 센터에서 거행됐다. 캘리포니아주에서 열리는 비드콘VidCon에는 매년 2만 명 이상이 모여들고, 암스테르담에서 열리는 유럽 비드콘에는 매년 7,500명쯤 참석한다. 그런데 조엘라와 알피 데이즈Alfie Deyes 등 유명 크리에이터들이 만든 행사 헬로월드HelloWorld!는 2017년 10월 영국 버밍엄에서 처음 개최되었지만, 실패작이 되고 말았다. 준비도 엉성했던 데다가 애당초 약속한 것보다 훨씬 많은 입장권을 판매한 데 불만을 품은 아이들과 부모들에게 거센 비난을 받았기 때문이다.

'도시의 여름'에서든, '비드콘'에서든, '헬로월드!'에서든 스타와 팬은 하나같이 엄격히 구분된다. 도시의 여름에서는 참가자들이 유튜브 시스템에서 수행하는 역할에 따라 손목띠의 색깔로 구분됐다. 150명의 기자단에게는 분홍색 종이 손목띠가 지급됐고 일반 방문객은 오렌지색 천 손목띠를 받았다. 가장 중요한 지원 인력은 울긋불긋한 막대사탕 줄무늬 종이 손목띠를 찼다. 유튜브의 내빈은 행사장을 떠나 무대 뒤 고급 휴게실을 이용할 수 있게끔 빨간색과 하얀색이 섞인 손목띠를 받았으며, 녹색과 하얀색이 섞인 끈을 차면 모든 곳을 다 출입할 수 있었다. (비드콘도 이와 비슷한 시스템으로 운영됐다. 발표자나 주요 크리에이터가 차는 노란 목줄이 있으면 무대 뒤 유튜브 크리에이터 라운지를 포함해서 거의 모든 곳의 바에 출입할 수 있었다. 이 노란 목줄을 받으려면 유튜브 직원의 확인을 거쳐 손목에 천으로 된 끈을 차야 했다.)

153

행사는 다양한 감각을 자극했다. 주 전시 공간으로 걸어 들어가면 입장객을 통제하는 엑셀 런던의 보안 요원을 가장 먼저 맞닥뜨렸다. 전시실 앞에는 유튜브 로고로 장식된 거대한 벽, 흑백에 빨간색을 섞어 수염 난 남자들을 그린 그림, 컵케익과 피젯스피너가 놓인 테이블, 간이 농구대 따위가 복도를 따라 길게 늘어서 있었다. 한쪽 구석에는 유니콘 머리를 뒤집어쓴 사람이 '프리 허그'라고 적힌 표지판을 들고 있는 난해한 그림이 바닥에 세워져 있었다. 그 뒤에는 동영상 게임 관련 스트리머와 유명인들이 청중들 앞에서 생방송을 진행할 수 있게 일정한 간격으로 떨어져 있는 게임 무대가 있었다. 왼쪽에는 맥도날드가 사용하는 큰 부스가 있었는데, 방문객들은 거기서 셀카를 찍어 온라인에 올리고 그 대가로 맥플러리 아이스크림을 공짜로 먹었다. 오른쪽에는 도젬(작은 전기자동차 혹은 그 놀이시설 — 옮긴이)과 같은 소형차를 직접 타거나 화면을 보고 경주 놀이를 즐기기 위해 사람들이 길게 줄을 서 있었다. 그리고 앞쪽에는 갖가지 가판대가 미로처럼 들어서 있다. 가판대에서는 고양이 그림과 재치 있는 구호가 새겨진 티셔츠 판매에서부터 독 트러스트Dog Trust(개들의 건강을 위해 활동하는 영국의 동물 자선단체 — 옮긴이) 서명 활동에 이르기까지 다양한 일들이 벌어졌다.

길이가 23미터나 되는 벽을 따라 크리에이터가 자신의 상품을 판매할 수 있도록 탁자도 마련되어 있었다. 각 가판대 줄을 구분할 수 있도록 금속 가드레일이 미리 설치되어 있었다. 애니메이션 동영상과 브이로그를 만들어 올리는 유튜버 톰스카Tomska의 의복 판매대가 가장 인기 있는 것 같았다.

주 전시 공간은 얼핏 보기에 10대들의 모험심으로 충만한 새로운 미디어 운동의 진원지라기보다 그저 삭막한 전시장같다는 것이 나의 솔직한 심정이었다. 하지만 돈을 아껴 '도시의 여름' 입장권을 산 팬들에게서 인기를 끌고 있는 것은 분명했다. 가판대 사이 통로에는 수백 개의 풍선으로 꾸며진 인스타그램 사진 배경막 등 가장 인기 있는 물품을 사려고 길게 줄을 선 사람들이 있었다.

사람들은 도젬 주변에서 직접 자동차 경주 놀이를 즐기려고 줄지어 서성거렸다. 친구들끼리 모여 'SITC 2017'이라고 적힌 큰 글씨 앞을 왔다 갔다 하며 아이폰으로 서로 스냅 사진을 찍어주기도 했다. 어떤 사람들은 가판대를 면밀히 살피며 지갑을 꺼냈다. 피카츄 의상을 입고 어디론가 재빨리 뛰어가는 젊은 여성도 보였다.

나는 메인홀 밖 소파에 앉아 큰 병에 든 커피를 일회용 컵에 옮겨 담고 있는 한 여성에게 말을 걸었다. 그녀는 영국 레스터시 근처 멜튼 모우브레이에서 이 행사에 참석하는 열세 살과 열네 살의 두 딸을 데리고 왔으며, 이번이 두 번째 참석이라고 했다. 비록 손목에 오렌지색 끈을 묶긴 했지만 애들만 들여보내고 본인은 밖에 앉아 있을 생각이었다. "작년에도 애들과 함께 와서 걔들이 만나는 사람을 다 만나봤어요. 사진을 찍느라 얼마나 오랫동안 서 있었는지 몰라요." 하지만 올해는 다른 계획을 세웠다며 이렇게 말했다. "난 코스타 카페에 앉아 커피를 마실 거라고 얘기했어요. 애들 외투랑 가방은 다 내가 가지고 있고요."

그녀의 딸들은 무엇보다 팬 미팅 행사에 다시 참석하고 싶어 했다. 참석자가 추첨으로 정해지는 행사였다. "가장 인기 있는 여덟 명의 팬 미팅을 전부 신청했는데, 결국에는 각자 제일 좋아하는 유튜버 행사에 가게 됐어요. 무척 기뻐하더군요. 저희 아이들은 젊은 남자 유튜버 셋을 좋아하죠. 조와 제이미, 그리고 누구더라. 생각이 잘 안 나네요. 깜박 잊어버렸어요." 이야기의 소재는 여기 오지 않은 맏딸로 옮겨갔다. "맏딸은 열여섯 살인데 유튜브를 알고는 있지만 그리 빠져들지는 않았어요." 그녀가 커피를 마시며 말했다. 아이 한 명당 25파운드나 하는 할인 예매 입장권에다가 런던까지 오는 기차표까지 생각하면 꽤 비싼 주말을 보내는 셈이었다. 하지만 부담스럽긴 해도 딸들을 참석시켜준 데 만족한다는 듯이 이렇게 설명했다. "조엘라 같이 유명한 유튜버를 이 '도시의 여름' 행사가 아니면 어디서 볼 수 있겠어요. 그런 사람들은 진짜 거물이죠. 하지만 이 행사를 통해 팬층을 조금 더 넓혀보려고 하는 게 아닐까요?"

여기 온 모든 사람은 유튜브 시청자이지만, 그중 상당수는 시청자인 동시에 엄연한 콘텐츠 크리에이터이기도 했다. 이와 관련해 많은 토론회에서 불거진 중대한 쟁점은 이렇다. 유튜브라는 낯선 신세계의 크리에이터 중 유명인과 유명인이 아닌 사람을 구분하는 기준이 무엇인가? 누가, 아니면 무엇이 크리에이터와 청중을 구분하는 선을 긋는가? 다시 말해, 줄무늬 사탕처럼 울긋불긋한 손목띠를 찬 사람과 평범한 오렌지색 손목띠를 찬 사람을 구분하는 기준이 뭐냐는 것이다.

오후 2시 30분, 행사가 열리는 전시장 내 한 음식점에서 기껏

해야 스무 살쯤 돼 보이는 젊은 여자 두 명과 남자 한 명이 주문한 음식을 들고 자리에 앉았다. 음식을 먹기 전에 그들은 각자 테이블에 놓아둔 카메라를 번갈아 들고 스스로를 찍었다.

"점심 먹으러 여기 왔는데, 고객 서비스가 영 아니네요. 그래도 난 치즈버거 하나, 감자튀김 한 봉지, 코카콜라 캔 하나를 샀어요." 한 여자아이가 말했다. 남자아이도 서비스에 대해 빈정댔고, 다른 여자아이는 왜 핫도그를 하나만 고를 수밖에 없었는지 자세히 설명했다. 그들이 카메라를 놓고 음식을 먹기 시작했을 때, 열두세 살쯤 돼 보이는 어린 소녀가 옆자리에서 자신의 카메라에 대고 손을 흔들어댔다. 건너편에 앉아 있는 아버지는 담담하게 스마트폰 화면을 아래위로 움직이고 있었다.

그날 가장 주목받은 패널은 가수 도디 클라크였다. 패널 사회자 타하 칸은 청중에게 유튜브 동영상을 만드는 사람이 있으면 손을 들어보라고 했다. 약 절반이 손을 들었다. 칸은 나중에 이렇게 말했다. "보셨죠? 이런 토론장은 크리에이터와 시청자를 나누는 방법이 얼마나 애매한지를 생생하게 보여주는 자리예요."

톰 번스Tom Burns는 그동안 사정이 얼마나 변했는지 매우 잘 알고 있었다. 청색 옥스퍼드 셔츠를 입고 녹색과 흰색이 섞인 손목띠를 찬 번스는 이마를 덮는 머리카락을 이따금 뒤로 쓸어 넘기는 발랄하고 호리호리한 청년이었다. 그는 열여섯 살이던 2009년, '도시의 여름' 행사를 만들었다. 런던 중심부 하이드파크에서 열린 첫 행사에는 200명의 유튜버가 참가한 바 있다. 지금은 크리에이터를 위한 비밀 구역이 있는 게 당연하지만, 2012년 번스는 반쯤은 우연히 비밀 구역을 설치했다. 2012년 '도시의 여름' 행사가 열린 런던 중심부 맥주 공장에는 주최 측 활동가들이 중요한 물건이 든 가방과 서류 상자를 보관할 수 있는 안전한 창고가 꼭 필요했다. "군중이 늘 오갔고 폭력배가 득실거려서 공개된 장소에 둘 수가 없었으니까요. 그때부터 안전한 비밀 구역을 마련하는 일이 하나의 원칙이 되었지만, 그 의미는 많이 달라졌어요"

번스는 설명을 이어갔다. "2012년 당시 우리는 유튜브가 지금처럼 커다란 붐을 일으키리라고 예상하지 못했어요. 하지만 그렇게 되더군요. 댄과 필Dan and Phil 또는 찰리이즈소쿨라이크Chalieissocoollike를 만나려고 사람들이 해를 거듭할수록 더 길게 줄지어 몰려왔어요. 팬미팅은 그 2년 전에 열린 비드콘에서 커진 행사인데 '도시의 여름'에도 영향을 미친 셈이죠. 하지만 이로 인해 크리에이터와 시청자 사이의 수평적인 문화는 완전히 변하고 있었어요. 아무도 예상하지 못했죠. 크리에이터들도 마찬가지였고요."

결과적으로 2012년은 유튜브가 민주적 공동체에서 자체적으로 유명인을 만드는 엔터테인먼트 산업으로 전환된 해였다. 팬 미팅 문화는 '도시의 여름'과 '비드콘'과 같은 행사를 통해 정착됐으며, 크리에이터와 시청자 사이에 만들어진 경계는 처음에는 어렴풋했지만 갈수록 굳어졌다. 같은 해, 유튜브의 마케팅 방식에도 일대 변화가 있었다. 사이트 전체를 재설계하면서 유튜브 슬로건 '너 자신을 방송하라'는 문구를 로고에서 빼버린 것이다. 이는 어쩌면 유튜브에 상거래가 도입된다는 조짐이었을지도 모른다. 즉, 그때 유튜브는 자신이 단순한 소셜 네트워크가 아닌 하나의 비즈니스라는 징후를 내비친 것이다.

모든 대형 행사에서는 호화로운 휴게실에 들어갈 수 있는 사람과 그렇지 못한 사람 사이에 확고한 선이 그어진다. 문제는 누구나 뭐든 올릴 수 있고 단 몇 분 만에 유명인이 되거나 화제를 몰고 다닐 수 있는 소셜미디어 플랫폼인 유튜브에서 그 선을 어디에 그을지 판단을 내리기 어렵다는 것이다. 그 선은 참석자들에게 실망감과 좌절감을 불러일으켰다. 번스는 말했다. "이를 보고 사람들은 당황했어요. 아무리 생각해도 경계를 모르겠으니까요. 사람들은 크리에이터들의 브이로그와 개인적인 이야기를 담은 영상을 보면서 크리에이터의 삶에 동화되어 자신이 그 일부가 되었다고 쉽게 생각해요. 누군가와 직접 소통하는 느낌을 받는다는 사람이 많다고요. 마치 친구를 만나는 느낌이겠죠."

물론 크리에이터와 팬은 친구가 아니다. 그들은 크리에이터와 시청자로 관계를 맺는다. 하지만 그 관계를 통해 한쪽은 이익을 얻으며 자신의 명성을 구축하기 위해 다른 쪽의 지지를 활용한다. 이처럼 (광고, 후원 거래, 상품 판매와 관련된) 돈 문제가 개입되면 균형은 무너진다.

"공연장에 갈 때 테일러 스위프트 같은 유명인을 직접 만나리라 기대하지는 않잖아요." 번스는 이렇게 전제하고 "누구나 차이가 있다는 건 인정해요. 하지만 이전까지 그 경계는 불확실했어요"라고 말했다. 그때 조엘라는 유명 브랜드가 아니었다. 그러나 지금 그녀는《데일리 메일》에 대대적으로 소개될 만큼 이름난 크리에이터다. 모든 팬을 일일이 알 수도 없으며 당연히 만날 수도 없다. 그만큼 두터운 팬층을 자랑한다. 그녀는 이미 '우리 가운데 한 사람'이 아니다. 그래서 인플루언서인 것이다.

엑셀의 비밀 구역에서 영국의 몇몇 거물 유튜버가 대화를 주고받으며 협력 관계를 구축하고 있었다. 그곳에는 손목띠의 색깔을 확인하는 보안요원이 더 많았다. 유튜브와 페이스북의 경우, 크리에이터들이 대중들의 시선을 피해 동료들과 휴식을 취할 수 있게끔 복잡한 행사장 위층에 대규모 휴게실을 갖추고 있다.

## 사파이어의 성공 전략
### "답은 콜라보에 있어요."

사파이어Sapphire는 웸블리 스타디움에서 두 번 공연했다. 그녀는 미국의 한 브랜드와 후원 계약을 맺고 있으며, 비디오데이스ViedoDays(매년독일 쾰른에서 열리는 유튜브 컨퍼런스 겸 콘서트 — 옮긴이)에서 공연하기위해 독일로 날아간 적도 있다.

하지만 열여섯 살 소녀에게 이런 유튜버의 삶이 쉽지만은 않다. "작년에 여기 왔을 때 구독자가 28만 명이었어요." 사파이어가 귀빈실에서 템스강을 바라보며 약간 불만스러운 목소리로 말했다. "내콘텐츠를 보는 지역이 제한돼 있어서 그런지 정말 오랫동안 거기서움직이지 않더군요. 저작권 문제가 물론 있었죠. 28만 명에서 딱 멈춰 있다가 지금은 37만 명이에요. 많이 늘었죠. 지난 1월에 어렵사리30만이 되었는데 그 이후로 쭉 치고 올라간 거죠. 올해 말에는 40만 명을 찍고 내년에 여기 올 때 50만 명을 찍으면 좋겠어요." 이 글을 쓰는 2019년 3월 중순 현재, 구독자는 52만 5,000명이다.

"협업하고 있어서 꾸준히 늘어나는 거예요." 그녀가 설명했다. "누군가의 구독자가 100만 명이고 내 구독자가 40만 명이면, 그건 내 동영상을 계속 봐오지 않은 사람 100만 명이 추가로 내 채널에 가입할 수 있다는 뜻이잖아요. 그러니 협업하면 그만큼 강해져요. 내 팬이 모르는 사람들과 함께 작업해도 내 팬은 당연히 볼 것이고, 팬이 아닌 사람들도 보게 되니까요."

사파이어는 유튜브라는 롤러코스터를 타고 높이 올라가는 중이다. 각고의 노력에 기민한 관리까지 더해졌지만, 실은 지금의 성과는 한꺼번에 벼락같이 찾아왔다. 사파이어는 네 살 때 런던 근처에 있는 한 공연학교에 다니던 중 무대에 서고 싶은 욕구를 처음으로 느꼈다. 그 학교에는 약 80명의 학생이 있었으며, 학기 말 공연 때는 3,000명 이상의 관객이 모일 만큼 화제를 모았다. 그녀는 무대 위의 환한 조명 때문에 객석이 잘 보이지 않아 관객 규모를 알지 못하고 즐겁게 공연에 임했지만, 조명이 꺼진 후 얼마나 많은 사람이 왔는지 깨닫고 무대 공포증이 생겼다. 증세가 점점 심해지자 여섯 살이 되면서 그 학교를 나왔고, 1년간 공연을 하지 못했다. 그녀의 아버지이자 매니저인 호리호리한 체격의 닉 업셜은 이렇게 말했다. "그때 애 엄마가 바로 이 유튜브를 발견했어요."

일곱 살이 되자, 사파이어는 자기 집 현관에서 캠코더를 든 아버지 앞에서 디즈니 뮤지컬 〈캠프 록Camp Rock〉에 나오는 노래를 불렀

사파이어, 〈사파이어가 부르는
캠프 록 데미 로바토의 디스 이즈 미(This is Me)-7살〉.
**현재 열여덟 살인 사파이어는 평생 유튜버로 살고 싶다고
말한다.**

다. 업셜은 이렇게 회상했다. "좀 어설펐지만, 효과가 있었어요." 그는
이 동영상을 올렸고 조회수 100을 찍었다. 한 달 후에 올린 다른 영상
은 조회수 1,000을 찍었다. 그다음에는 2,000, 또 그다음에는 5,000번
이상 재생됐다. 이제 그녀의 동영상은 수천을 넘어 수백만의 조회수를
기록하며, 그 결과 사파이어는 세계를 돌아다니게 되었다. 이 모든 일
은 그녀가 열세 살이 되기 전에 일어났다. "그 아이는 언제나 자기가
하는 일을 즐깁니다." 아버지 업셜이 말했다. "영원히 하고 싶다고, 평
생 직업으로 삼겠다고, 세계를 돌아다니면서 하겠다고, 지금은 그렇게
말해요."

사파이어의 팬들은 대부분 13~17세이고, 70%는 여자아이다.
하지만 35~45세도 제법 되는데, 이는 13세 이하(원칙적으로 유튜브에
접속할 수 없음) 아이들이 부모 이름으로 가입한 탓이다. 사파이어는 전
세계 사람들이 자기 동영상을 본다는 게 믿기지 않는다면서 "정말 짜
릿해요"라고 말했다.

그녀는 자신의 얼굴을 알아보는 사람들 때문에 가끔 당황할 때
가 있다고도 했다. 한번은 액세서리 가게에서 쇼핑하고 있었는데, 어
린 팬들이 그녀를 알아보고는 졸졸 따라다녔다. 그중 한 아이는 가게

밖으로 달려나가서 유명 유튜버가 왔다며 엄마에게 크게 소리를 지르기도 했다. 마트에서 시리얼을 사가는 장면을 촬영한 아이도 있었다. "쑥스러웠지만 정말 신기했어요."

"상상하지도 못했던 일이 벌어졌죠"라며 아버지 업셜이 말을 이어갔다. "부모는 누구나 아이에게 기회를 주고 싶어 합니다. 그래서 축구장이든 농구장이든 공연장이든 어디든지 데려가잖아요. 부모로서 아이를 위해 그 정도는 다 하죠. 저도 그렇게 하다 보니 딸아이 둘 모두 (사파이어의 여동생 스카이Skye도 유튜버로 활동 중) 음악의 세계에 빠졌고, 마침 남다른 끼를 발휘하게 된 거죠."

그렇게 하려면 대다수의 부모는 차를 몰아 축구장과 노래 연습장, 친구 집까지 오가며 저녁 시간을 눈코 뜰 새 없이 보내야 한다. 업셜의 경우, 주말에는 공원과 쇼핑몰에서 음악 동영상을 찍고, 주중 저녁에는 남는 방을 개조해서 만든 스튜디오에서 애플 맥프로 노트북 앞에 앉아 촬영한 장면들을 매끄러운 동영상으로 편집해서 올린다.

그는 시간이 엄청나게 들어가는 일이라고 털어놓았다. 우리가 이야기를 나눈 시점에, 사파이어는 완성하는 데 12시간가량 걸리는 유튜브 동영상을 일주일에 두 편이나 만들고 있었다. 사파이어가 인기 팝송의 리메이크곡을 스튜디오에 설치된 마이크로 녹음하는 데 두어 시간 걸린다. 사파이어가 녹음을 하는 동안 그녀의 부모도 그 모습을 촬영하고, 이후에 편집 작업을 진행한다. 사파이어는 온라인으로 수백 편의 동영상을 올렸는데, 그중에는 조회수 600만을 기록한 동영상도 있다. "시간이 갈수록 완성도가 점점 더 높아졌어요. 엄마와 아빠의 동영상 작업 능력도 조금씩 나아졌죠."

갓 명성을 얻은 어린 유튜버의 부모는 자식이 헛된 꿈을 꾸지 않도록 잘 이끌어줘야 한다. 또한 자녀의 사생활 중 상당 부분이 온라인에서 공유되고 있다는 점을 깊이 유념해야 한다. 업설은 이렇게 말했다. "부모로서 한편으로는 자랑스럽지만 다른 한편으로는 고민거리도 많아요. 얘가 지금 어디로 가고 있지? 음악과 명성이라는 이 거친 세상이 아이의 미래에 무슨 의미가 있지? 이렇게 끊임없이 자문해야 하거든요." 또한 지금까지는 긍정적인 부분이 부정적인 부분보다 더 많았다며 "우리 아이는 자신만의 작은 사업을 하고 있어요. 멋진 음악을 제공하고 수입을 얻는 사업이죠. 자신의 음악적 발전을 위해 노력해야 하는 길이기도 하고요"라고 말했다.

사파이어의 첫 유튜브 성과는 비교적 저조했다. 처음에는 마이크에 대고 그냥 노래만 불렀을 테니 그럴 만도 하다. 2016년이 되자 그녀의 동영상은 주류에 속하는 뮤직 비디오들 못지않게 복잡한 생산 과정을 거쳤다. 1년 후에는 훨씬 더 발전했다. "모든 동영상에 춤을 넣으려 했어요." 사파이어는 동영상이 지루할수록 사람들은 점점 더 영상을 안 보게 된다고 설명했다. 2019년에는 메들리 곡에 도전하여 3분짜리 동영상에 열두 곡이나 집어넣기도 했다.

그녀는 "제 팬들은 마이크 하나 달랑 들고 노래만 부르는 동영상을 원하지 않아요"라면서 "평범한 장면 뒤에는 청각적으로 뭔가 새로운 것을 집어넣어요. 새로운 청중이 어떻게 반응할지 궁금해하면서요. 우리가 팬들을 성장시키는 거죠. 우리가 현명해지는 만큼 팬들도 현명해져요"라고 말했다.

사파이어 같은 리메이크 아티스트의 목표는 조회수를 꾸준히 유지하는 것이다. 그래서 동영상에 매번 화려한 춤을 넣으려고 한다. 시청자는 곡을 이미 알고 있을 테니, 원곡과 전적으로 같은 부분과 자신이 새로 변형한 부분을 콘텐츠에 어떻게 배합할 것인지 계산한다. "사람들은 무엇이 나올지 전혀 알지 못하지만, 그 노래를 이미 라디오에서 들었고, 스포티파이Spotify에서도 들었고, 다운받기까지 했겠죠. 그래서 다르게 만드는 거예요. 그 다른 부분이 감동을 줄 테니까요."

하지만 시청자는 생각보다 까다로워서 특정한 종류의 오리지널 콘텐츠만 선호한다. 그런데다가 유튜브에서 오리지널 곡을 알리는 것은 매우 어렵다. "비록 팬들은 오리지널 곡을 원한다고 하지만, 리메이크된 곡들은 검색이 되는 반면 오리지널 곡은 그렇지 않기 때문에 정말 성공하기가 어려워요"라고 사파이어는 설명한다. "사람들은 보통 최신 히트곡을 검색하지, 이름 모를 아티스트의 오리지널 곡 제목을 검색하지는 않잖아요. 그러니 일단 이름부터 알리는 것이 중요해요. 그래야 곡도 검색될 수 있어요."

학교에서 배운 지식을 다 동원하고 온라인에서 쌓은 경험으로 온갖 재주를 부려도 이 상황은 사파이어뿐만 아니라 이 시장에 진입하려는 모두에게 어렵고 복잡하다.

'도시의 여름'에서 사파이어와 아버지 업셜은 동료 크리에이터들과 친해진 다음, 인맥을 쌓고 서로의 팬층을 결합해서 청중을 넓힐 기회를 얻기 원한다. "우리는 다른 크리에이터들과 접촉하는 데 관심이 더 많아요." 업셜은 회의장 내 장터에서 나는 소음 때문에 잘 안 들릴까 봐 큰 소리로 말했다.

동료 브이로거들과 협업하면 많은 장점이 있다. 협업하면 사파이어의 동영상이 도달하는 범위가 다른 브이로거의 팬층으로 확대될 것이다. 그녀가 손잡은 크리에이터와 팬층을 공유함으로써 소셜미디어에 더 많이 노출될 것이며, 동영상의 소재도 바뀔 것이다. 더구나 협업은 신속히 진화하는 유튜브의 특성과도 어울리는 방법이다. 유튜브에서는 가장 활발하게 움직이는 크리에이터가 성공하는 법이다.

"유튜브는 즐거운 곳이에요. 조엘라 같은 몇몇 대형 크리에이터도 있고, 소형 크리에이터도 있으니까요." 업셜이 하는 말이 외침과 함성에 묻혀 가까스로 들렸다. "사파이어는 아직 소형 크리에이터예요. 소형과 대형 사이에는 아주 큰 격차가 있습니다. 크리에이터들이 뭉쳐서 협업해야만 앞으로 나아갈 수 있어요. 여기 있는 사람과 저기 있는 사람이 만나서 도움을 주고받는 셈이지요. 조엘라의 친구들을 보세요. 모두 유명한 유튜버들이잖아요. 우연의 일치가 아니에요. 조엘라가 유명인과 친구가 된 게 아니라, 무명이었던 그녀의 친구들이 모두 유명해진 겁니다."

우리는 사파이어와 함께 회의장을 걸어 다녔다. 사파이어는 뮤지컬.리Musical.ly(동영상 제작, 메신저, 실시간 방송을 위한 중국의 소셜 네트워크 앱 — 옮긴이)의 또래 크리에이터 베키를 찾아다녔다. 협업을 의논하기 위해 만나기로 했다고 들었다. "베키는 뮤지컬.리에서 팔로워가 50만 명이에요." 업셜이 목을 내 쪽으로 길게 빼고 베키를 찾기 위해 회의장 주변을 두리번거리면서 말했다. "협업을 하게 되면 사파이어에겐 더할 나위 없이 좋죠." 가판대를 어슬렁거린 지 1분쯤 지났을까. 인스타그램 시설 옆에서 사파이어는 베키를 만나 이야기꽃을 피웠다. 업셜은 나에게 사파이어의 주말 일정을 설명한 다음, "귀빈실에서 모임이 있어요. 중요한 일은 무대 뒤에서 벌어지는 법이죠"라고 말했다.

줌인 TV(2000년에 두 네덜란드 사업가가 암스테르담에서 설립한 동영상 제작사)의 가판대에서 즉석 모임이 이루어졌고, 업셜은 제이든 로드리게스와 활발하게 대화를 나눴다. 로드리게스는 유튜브 구독자 100만 명을 보유한 호주의 댄서로, 유럽에서 보낼 예정이던 휴일을 반납하고 이 행사에 참석했다. 사파이어와 제이든은 크리스마스 자선 동영상에서 협업한 바 있고 지금도 연락을 주고받는다. "우리는 여기 있는 동안 무언가를 시도해서 결과를 내야 해요." 업셜이 로드리게스에게 말하자 그는 전화번호를 교환하면서 고개를 끄덕였다.

그러는 사이, 10대 소년 둘이 사파이어에게로 다가와 사진 촬영을 요청했다. 그들은 사파이어의 광팬인데, 업셜이 나중에 설명하기로는 독일에서 소포로 선물까지 보냈다고 한다. 로드리게스와 대화를 마친 다음, 사파이어와 두 소년은 유튜브 재생 버튼 로고로 장식된 벽쪽으로 가서 즉석 사진을 찍었다. 이윽고 사파이어, 업셜, 베키는 상품 판매대를 지나 행사장을 빠져나가 비밀 구역을 향해 황급히 걸음을 옮겼다.

## 스타의 에이전트
### 유튜버에게도 매니저가 필요하다

새러 와이클Sarah Weichel은 원래 음악 업계의 유능한 매니저가 되고 싶었다. 그러면 자신이 좋아하는 밴드의 공연 입장권을 가장 쉽고 빠르게 얻을 수 있으리라 생각했기 때문이다. 하지만 베벌리힐스에 있는 유명한 매니지먼트 회사 (지금은 스튜디오71로 알려진) 더 콜렉티브The Collective에 지원할 당시, 디지털 부서에는 공석이 있었는데 음악 부서에는 없었다. "그때가 2011년이었죠." 와이클이 말했다. "우선 디지털 부서에서 일을 시작한 다음, 기회가 되면 음악 부서로 옮겨야겠다고 생각했어요.'" 2011년, 그녀는 디지털 부서에서 다른 네 명의 직원과 함께 근무했다. 유튜브의 인기가 막 치솟기 시작할 때였다. "유튜브에 모든 것을 쏟아붓기에 딱 좋은 때였어요."

미국 상류층 억양이 있는 매력적인 금발의 와이클은 몇몇 세계적인 거물 유튜버의 매니저 역할을 하는 중요한 막후 실세가 됐다. 그중에는 'Ⅱ슈퍼우먼Ⅱ'라는 닉네임으로 활동하는 캐나다의 크리에 이터 릴리 싱Lilly Singh (퓨디파이에 따르면, 유튜브가 자신을 밀어내고 내세 우려 했다는 인물)도 있다. 싱은 2017년에만 어림잡아 1,050만 달러를 벌었다. 그녀는 1,400만 명 이상의 구독자를 보유하고 있는 인물이 다. 와이클에 따르면, 릴리 싱은 2019년 3월에는 카슨 데일리를 대체 할 NBC 심야 토크쇼의 진행자로 거론되기도 했다. 이밖에도 와이클 은 존 코자트Jon Cozart (구독자 450만 명 보유), 스모시의 공동 창업자 앤 서니 파딜라Anthony Padilla (구독자 300만 명 보유)의 매니저 역할도 하고 있다.

유명 유튜버들의 매니저 역할을 맡은 사람들은 와이클 말고도 많다. 이름난 유튜버들은 초대형 인플루언서 활동에 필요한 모든 업무 를 처리해주는 대규모 지원 인력을 확보하고 있다. 그중에는 여러 브 랜드와 후원 협상을 벌이는 상품 판매 전문가와 각종 미디어의 인터 뷰 요청을 조정하는 소셜미디어 매니저도 있다.

영국의 뷰티 및 라이프스타일 브이로거, 조엘라와 남자친구 알 피 데이즈는 '에이투제트 크리에이티브A to Z Creative'라는 회사를 설립 해서 자신들의 관심 분야가 사업으로 발전할 수 있도록 지원하고 있 다. 조엘라가 제공하는 뷰티 하울과 메이크업 정보를 시청하는 구독자 는 1,100만 명이 넘는다. 에이투제트 크리에이티브에 고용된 주요 지 원 인력과 역할은 대략 이렇다. 크리에이티브 매니저는 뷰티 제품은 물론이고, 책과 웹 사이트부터 재미있고 신비로운 물건에 이르기까지 종횡무진 쏟아지는 조엘라의 흥미진진한 아이디어를 계속 주시하며 사업화를 검토한다. 전략 매니저는 강력하고 다양한 전략을 전방위적으로 수립한다. 상품 판매 매니저는 아이디어와 디자인을 제품으로 전환해서 제품과 시청자를 이어주는 모든 일을 관리한다. 크리에이티브 프로듀서는 친숙한 장면을 연출하기 위해 다양한 영상 디자인 계획을 세우고, 제품 촬영을 진행하며, 나아가 여러 자료 영상을 통해 조엘라에 어울리는 이미지를 만든다. 비즈니스 고문은 지원단에 장기적으로 중요하고 필요한 것이 무엇인지 조언하는 역할을 맡는다. 그 밖에도 소셜미디어 매니저와 일반 업무 담당 매니저가 있다(390만 명의 구독자를 보유한 알피에게도 독자적인 지원 인력이 있다).

　　초대형 유튜버가 많은 일을 한꺼번에 하려면 그만한 대규모 지원단은 필수다. 유튜버는 혼자서 그저 카메라 앞에서 늦게까지 촬영이나 하는 사람이라고 생각하기 쉽다. KSI에게 이를 어떻게 생각하는지 물었더니, 씩 웃으며 이렇게 대답한다. "그렇게 쉬운 일이면 얼마나 좋겠어요. 말하려는 내용을 대본으로 정리해야죠, 판매 소구점을 찾아야죠, 조명이나 의상이 시각적으로 세련됐는지 확인해야죠, 카메라 앞에서 모두가 알아듣게끔 분명하게 말해야죠. 동영상 하나를 만들 때마다 신경 쓸 일이 한두 가지가 아니에요." 그러고 나서도 어떻게 편집해서 올릴지 생각해야 하고, 그다음에는 조회수를 최대한 높이려면 어떻게 홍보해야 할지도 고려해야 한다. 여기에 벤처기업을 운영하고, 브랜드 거래를 협의하고, 외모를 다듬는 일이 더해질 경우, 지원 인력 없이 유튜버 혼자서는 도저히 감당할 수 없다.

2019년 2월 런던의 엑셀 국제컨벤션 센터<sup>ICC</sup>에서 비드콘이 열렸을 때 서너 군데의 스위트룸 앞에서 기웃거려본 사람이라면, 유튜버가 실제로 하나의 기업이며 다른 분야의 스타 유명인처럼 대규모 지원 인력을 몰고 다니는 모습을 직접 볼 수 있었을 것이다.

귀빈실 소파에 앉아 장황한 사설을 늘어놓던 사람은 패트릭 스타Patrick Starr였다. 금박 장식이 쇄골에서 사타구니까지 영국 국기처럼 대각선으로 달린 푸른 보디슈트를 입고 있었다. 짙은 화장으로 게이임을 당당하게 드러낸 29세 필리핀 국적의 패트릭 스타는 무지개처럼 알록달록한 옷을 입은 다섯 명에 둘러싸여 있었다. 이전에 미국의 한 샌드위치 가게와 MAC 화장품 매장에서 일한 바 있는 이 유튜버는 슈퍼모델 및 할리우드 스타와 협업을 통해 자신의 기이한 캐릭터를 기반으로 성공을 거두었으며 400만 명이 넘는 구독자를 확보하고 있다. 그는 주요 시상식장의 레드 카펫을 여러 번 밟은 인물이기도 하다. 하지만 패트릭 스타라는 브랜드는 그만의 작품이 아니다. 팀 패트릭(공식적이고 법적인 명칭은 패트릭 스타 주식회사)이 만들었다고 하는 편이 훨씬 더 정확하다.

몇 군데의 연예기획사를 거친 끝에 그를 발굴한 매니저 크리스티나 존스와 그가 출연한 영화 개봉에 맞춰 그를 레드 카펫에 등장시키기 위한 계획을 짜고 있는 홍보 담당자 매니저 메건 스미스도 함께 있었다. 스타의 왼쪽에는 사업 매니저이자 남동생인 피터 사이몬딕이 앉아 있었고, 그 옆에는 스타의 사업 감독 파비안 퀴노네즈와 동영상 편집자 데즈 맨들이 있었다. 다른 두 명의 매니저는 스타가 주중에 런던에 머무는 동안 미국 본사에서 브랜드를 관리했다. 본사에는 계약직 프리랜서가 필요할 때 긴급한 업무를 처리할 수 있도록 지원 인력이 근무하고 있었다.

"내가 이렇게 많은 사람을 거느리고 있다는 걸 알고 있었나요?" 스타는 이렇게 묻고는 "전 이 정도로 비싼 몸이죠"라고 농담을 던졌다. "내가 이 사람들을 먹여 살려요. 그래서 하루하루가 무척 바빠요. 내 약점이 뭐고 강점이 뭔지 이제는 알겠어요." 그는 이렇게 설명하는 와중에도 온라인에 게시물을 올리기 전에 동영상 편집자가 확인해야 할 내용을 전달하는 등 그의 이름으로 나가는 모든 것을 감독했다. "편집자와 일할 때는 신나고 흥분돼요. 하지만 내 목소리를 잃어버릴까 봐 걱정도 됩니다."

이 대중문화의 새로운 스타 집단과 전통적인 유명인은 똑같이 자체적인 지원 인력을 거느린다. 하지만 차이가 무엇일까? 이에 대해 두 집단을 모두 상대해온 새러 와이클은 이렇게 대답한다. "한마디로, 큰 차이가 없습니다." 그녀가 하는 일이 클라이언트가 최선의 기회를 찾을 수 있도록 전략을 구축한다는 점에서 큰 차이가 없는 게 사실이다.

그녀가 대리하는 많은 크리에이터처럼, 일부 유튜버가 순수성과 문화적 사명감을 잃어버렸다는 것을 와이클도 느끼고 있다. "우리는 알고리즘의 요구, 청중의 욕구, 다수의 욕망에 영합하는 방향으로 너무 멀리 와버렸어요. 나는 그것이 넓게는 엔터테인먼트 산업을 위해, 좁게는 크리에이터 자신을 위해 장기적인 해법이 아니라고 생각합니다.”

2018년 우리가 대화를 나누기 몇 주 전, 와이클은 당시 잘나가던 유튜버들과 함께 패널 토론회에 참석했다. 그녀가 유튜버 매니저로 일하기 시작한 이후에 채널을 개설하고 처음으로 조금이나마 성공의 단맛을 경험한 유튜버들이었다. “그들이 콘텐츠에 접근하는 방식은 순수하지 않고 매우 전략적이었어요.” 와이클은 안타까워했다. “그 속에 창의성은 거의 없더군요. 그저 어떻게 자신을 정당화하고 어떻게 주목을 받을 것인지에 관한 전략일 뿐이었습니다.”

와이클이 대리하는(그리고 대리해온) 스타들에게 이제 와서 창의성을 요구하기는 어려울 것이다. 처음에는 창의적인 성취감을 맛보기 위해 유튜브를 시작했지만, 어쩌다 보니 주목을 받게 된 그들에게 말이다. 그녀는 단언한다. “유튜버가 평등하게 태어났고 그들의 가치가 같다는 건 이제 잘못된 개념이에요. 나도 그렇지 않다고 생각해요.”

스타가 유튜브에서 대박을 터뜨리려고 자신의 신용을 갉아먹는 위험도 감수하고 뭐든 다 하려고 할 때 그걸 말리는 것도 와이클의 몫이다. “모든 유튜버가 책을 써야 할 필요는 없어요. 모든 유튜버가 티셔츠 제품 라인을 구축해야 할 필요도 없고요. 여기서 제 역할은 도발적인 스타가 현실적으로 올바른 사업 기회를 생각해내도록 돕는 일이예요.”

우리가 대화를 나누고 몇 달 후, 와이클은 릴리 싱의 매니저 자격을 유지한 채 전통 미디어 회사에서 일하기로 마음을 먹었다. 2018년 7월, 그녀는 〈미스터 로봇Mr Robot〉과 〈진짜 형사True Detective〉

등의 TV 프로그램을 제작하는 미국의 엔터테인먼트 회사 어노니머스 콘텐츠Anonymous Content에 합류하여 '신규 플랫폼' 부서를 이끌었다. 이는 유튜브가 권위 있는 미디어 업계와 손잡은 사례이며, 유튜브와 전통적인 엔터테인먼트 회사 간의 경계를 허무는 또 다른 본보기였다.

와이클은 유튜브를 하나의 플랫폼으로서 바라보는 시각에 회의적이다. 하지만 유튜브의 미래에 대한 그녀의 시큰둥한 전망이 유튜브에 대한 헌신과는 대치되기는 한다. "유튜브에 대한 제 우려는 유튜버들이 어디에 가치를 두고 있느냐는 거예요. 하나의 사례를 들어볼게요." 그녀는 잠시 주저하더니 계속해서 말을 이어갔다.

2013년에 와이클은 엄청난 성공을 누리고 있었던 한나 하트의 매니저였다. 2년 차 베테랑 유튜버 한나 하트는 유튜브에 올린 동영상 시리즈 '술 취한 주방My Drunk Kitchen'으로 2013년 스트리미 어워드 Streamy Awards(미국의 인터넷 동영상 분야 시상식 — 옮긴이)에서 코미디 부문 여자 연기상을 받은 직후, 한 동영상을 통해 '헬로 하토Hello Harto'라는 이름을 붙인 월드투어를 떠나겠다는 계획을 발표했다. 이를 위해 한 달 안에 5만 달러를 모으겠다는 목표를 정하고, 팬들에게 크라우드펀딩에 참여해달라고 요청했다. 팬들은 몇 시간 만에 목표치 이상의 돈을 내놓았고, 한 달 뒤에는 무려 22만 달러를 모아줬다. 그녀는 유튜브의 초대형 크리에이터 중 하나였으며, 친구이자 동료 유튜버인 그레이스 헬빅Grace Helbig, 맘리 하트Mamrie Hart(친척은 아님)와 함께 수백만 명 팬들의 우상이자 자극제였다.

한나 하트는 유튜브 밖에서도 한몫 잡을 기회를 엿보고 있었다. 한나 하트와 헬빅, 맘리 하트는 여름 캠프의 상담자 역으로 출연해 달라는 영화 제작자 마이클 골드파인의 제안을 받았다. 그들은 〈캠프 타코타Camp Takota〉라는 영화 출연에 동의했다. 그런데 제작에 들어갈 무렵, 하트는 샌프란시스코에서 열리는 한 유튜브 회의에서 강연해달라는 초청을 받았다. 전 세계에서 유튜브 업무를 수행하는 구글사 임직원이 모여 브레인스토밍을 하는 자리였다. "그녀가 꼭 해야 하는 말과 해서는 안 되는 말이 어느 정도는 있었죠. 하지만 그녀가 무언가를 말하기에 기막히게 좋은 기회였어요." 와이클은 그렇게 회상했다.

회의가 열리기 전에 하트와 그녀의 매니저인 와이클은 호텔방에서 깊은 생각에 빠졌다. 하트는 영화 〈캠프 타코타〉 얘기를 꺼냈다. 하트는 와이클에게 "지금 내가 유튜브를 떠나 영화 일을 하고 있다고 털어놓는 게 좋을까?"하고 묻더니 곧바로 이렇게 덧붙였다. "아니야, 그러지 않는 게 좋겠어." 와이클은 찬찬히 당시의 기억을 떠올렸다. "자신이 중요한 크리에이터인지 아닌지, 유튜브 이외의 일에 관여해도 되는지 안 되는지, 다른 일을 하기 위해서는 유튜브를 완전히 떠나야 하는지 아닌지 따위의 고민을 유튜브 측이 아예 하지 않기를 바란다고, 그러니 영화 얘기는 한마디도 꺼내지 않는 게 좋을 것 같다고 그녀는 말했어요."

두 사람은 유튜브 측에 하트가 유튜브 밖에서도 성공할 수 (아니면 적어도 삶을 개척할 수) 있다는 사실을 귀띔해줘야 할지를 놓고 밤새 고민했다. 마침내 그들은 하트의 기조연설에서 영화 얘기를 꺼내기로 작정했다. 유튜브가 하트의 청중이 늘어나는 데 얼마나 많은 도움이 됐으며, 유튜브 밖에서 거머쥘 성공에 어떤 도움들을 줄 수 있는지 설명하기 위해서였다.

그 회의가 끝난 직후, 유튜브는 유튜브 레드(유튜브 프리미엄)와 유튜브 오리지널을 출범시켰다. 유튜브 레드는 유튜브에서 활동하는 크리에이터가 더 많은 수익을 내도록 지원하는 계획이었고, 유튜브 오리지널은 경박한 콘텐츠보다 확장성이 더 큰 (그리고 더 창의적인) 프로그램을 금전적으로 보상한다는 계획이었다.

하트의 연설이 그 계획을 출범시키는 데 결정적인 역할을 했다고 말할 수는 없지만, 크리에이터에게 투자하려는 유튜브의 결정을 자극하는 동기가 되었다고 와이클은 생각한다. "크리에이터에 의지하고 경청할 뿐만 아니라 함께 사이좋게 일하기를 원하는 유튜브의 훌륭한 자세를 보여주는 하나의 본보기였어요." 그럴듯한 얘기였다. "그날 대다수 언론의 톱뉴스에 하트는 '배우 한나 하트'나 '코미디언 한나 하트'가 아니라 '유튜버 한나 하트'로 소개됐어요. 유튜브에서 모두가 함께 성장하고 진화하는 데 이만큼 좋은 일이 어디 있겠어요."

**18**

## 꿈을 키우는 10대들
### 유튜버 여름 캠프

스페인 마드리드에서 32킬로미터쯤 떨어진 한 빌라에 수많은 10대 유튜버들이 비키니와 수영복 바지를 입고, 여름 히트 팝송과 디즈니 노래가 흐르는 가운데 신나게 조잘거리고 있었다. 빵빵하게 부푼 도넛 모양 튜브로 가득한 푸른 수영장 안 여기저기서 물장난을 치는 아이들도 있었고, 슈퍼 소커(물총 브랜드 — 옮긴이)를 들고 이따금 물총을 쏘며 정원 주위를 뛰어다니는 아이들도 있었다. 매캐한 핫도그 냄새가 저녁 공기를 타고 퍼져갔다. 술을 마셔도 되는 이들을 위해 빌라 내 대기실 얼음통에는 데스페라도 맥주가 준비되어 있었다(영국은 16세 이상부터 어른 동반하에 음주 가능 — 옮긴이). 주중에는 아이들의 놀이방으로 사용되는 곳이라 급히 설치된 커튼 뒤에는 아이들이 두고 간 장난감들이 흩어져 있었다. 어린아이들은 콜라를 병째로 벌컥벌컥 들이켰다.

때는 2016년 6월이었고, 파티 참석자 전원이 카메라와 스마트폰을 소지한 것만 빼면 평범한 수영장 파티와 다를 것 없어 보이는 행사였다. 장내에 울려 퍼지는 시끄러운 음악 속에서 긴 머리카락의 네덜란드 사업가 바스티앙 마인트벨트Bastian Manintveld(투비튜브의 공동 설립자이자 회장 — 옮긴이)가 감탄하며 말했다. "쟤들은 작은 1인 기업이에요. 혼자서 대본 작가, 감독, 편집, 소셜미디어 매니저 역할을 다 해요."

파티 참석자는 모두 여유를 누리고 있는 듯이 보이지만, 노는 속에서도 왠지 어떤 절차를 수행하고 있는 느낌이 들었다. 알고 보니 그들은 자신의 유튜브 채널에 올릴 장면이 충분히 확보되고 있는지 면밀하게 점검하고 있었다. 거기 모인 10대와 20대 초반 청년들은 자연스럽게 대화를 나누다가도 카메라의 뷰파인더에 자신의 모습이 들어가는 것을 의식하여 우스꽝스러운 표정을 짓거나 포즈를 취했다. 갓 구운 버거에 소스를 치다가도 갑자기 생각났다는 듯이 촬영용으로 가져온 그 유명 브랜드 소스를 확인하는 사람들도 있었다. 한 참가자는 행사장에서 빠져나와 대저택의 발코니에 서서, 아래에서 진행되는 놀이와 즐거운 광경을 등진 채 쭉 뻗은 손에 든 카메라를 향해 혼잣말로 뭔가를 중얼거렸다.

파티장에 모인 소년 소녀들은 모두 퍼포먼스를 기막히게 잘해내고 있었다. 그들은 날마다 많은 경쟁자를 물리치지 않으면 살아남지 못하는 치열한 경쟁 사회에서 아무런 기반도 없이 폭넓은 팬층을 구축한 유튜브 영재들이었다. 젊은 유튜버의 잠재력은 어마어마하다.

2017년 영국의 여행사 퍼스트초이스First Choice의 조사에 따르면, 유튜버는 영국 아이들이 가장 되고 싶어 하는 직업 1위에 올랐다.[63] 6세에서 17세까지의 청소년 1,000명 중 3분의 1이 유튜버가 되기를 원했다. 이는 법률가 지망생의 여섯 배이고 의료인 희망자의 세 배였다. 무엇보다도 전문적인 유튜버가 되는 것은 TV 진행자가 되는 것보다 세 배 더 인기가 높았다. 유튜브 시청이 영국보다 유럽 대륙에서 훨씬 더 빠른 속도로 늘어나고 있음을 고려하면, 이 수치들은 유럽 대륙에서 훨씬 더 높을 것이다. 2017년 일본에서 이루어진 조사에 따르면 소년들에게는 세 번째로, 소녀들에게는 열 번째로 인기 있는 직업이 유튜버였다.[64] 미국 채플 힐에 있는 노스캐롤라이나대학교의 앨리스 마윅Alice Marwick 교수는 온라인 셀러브리티에 관한 조사 결과를 놓고 이렇게 말했다. "미국과 영국의 문화에서 유명해진다는 것은 바로 자신의 목표가 달성됐다는 것과 동의어가 됐습니다."

바스티앙 마인트벨트가 운영하는 투비튜브2btube는 스페인어권 MCN으로, 인재를 스카우트하기도 하고 제작사와 광고대행사 역할도 하면서 스페인어권 아동들이 꿈을 이룰 수 있도록 돕는다. 수영장 파티 참석자 100명의 소년 소녀는 2016년 투비튜브에 소속된 인플루언서 150명(현재는 500명) 중 일부다.

제멋대로 자란 머리카락과 수염 때문인지 사자 같은 인상을 주는 마인트벨트는 무질서했던 옛 유튜브와 비즈니스의 화신이 된 새 유튜브 간의 틈을 메워주는 인물이다. 방송국의 임원이었던 마인트벨트는 일차원적인 프로그램 편성표와 구형 토끼 귀 안테나로 상징되는

TV 시대에서 스트리밍 채널과 브랜드 거래로 상징되는 소셜미디어 시대로 도약한 인물이기도 하다. 2014년에 그가 유튜브라는 새로운 미디어로 옮겨간 것은 자녀들 때문이었다. 과거에 그는 퇴근 후 소파에 앉아 TV를 보기 어려웠다. 아이들이 소파에 죽치고 앉아 리모콘을 장악하고 있었기 때문이다. 하지만 마인트벨트는 서서히 그리고 분명히 자신이 점점 아이들의 방해를 받지 않고 TV를 보고 있다는 사실을 깨달았다. 그리고 마침내 10대인 두 딸은 TV 앞에서 종적을 감췄다.

마인트벨트는 당시를 이렇게 떠올렸다. "예전에는 아이들이 거실을 점령해서 나는 TV를 볼 수 없었어요. 디즈니 채널을 보느라 아이들이 늘 죽치고 앉아 있었으니까요. 그런데 언제부터인가 갑자기 아이들이 거실에서 사라졌어요. 나는 아이들이 도대체 어디로 간 건지 의아해했죠."

집 안을 이리저리 둘러보니 딸들이 아이패드로 유튜브를 보고 있었다. 그 순간, 머릿속에서 뭔가가 섬광처럼 번득였다. 그렇게 딸들의 관심을 붙잡은 것이 유튜브임을 안 다음부터, 그는 유튜브를 진지하게 살펴보게 됐다. "더 깊이 파고들어가 보니 당시 하나의 혁명이 진행되고 있음을 깨달았어요. 어린아이들이 유튜브로 이동하고 있어서 그때 나는 그 집단을 들여다보기 시작했죠."

그는 구글 검색을 통해 2014년 디즈니가 유튜브 동영상에 특화된 회사인 메이커 스튜디오Maker Studios를 6억 7,500만 달러에 막 사들였다는 사실을 알아냈다. 당시 메이커 스튜디오는 리자 도노반Lisa Donovan, 카셈 GKassem G(요르단 태생의 유튜버로 캘리포니아주 해변을 어슬렁거리며 제대로 옷을 입지 않는 여행객에게 공격적으로 질문해대는 좌충우돌형 동영상으로 유명함), 필 데프랑코Phil DeFranco 등 시사 만담으로 초기 유튜브를 빛내던 몇 명이 모여 5년 전에 설립한 회사였다.

"우리 아이들만 유튜버를 보는 게 아니라는 사실을 깨달았죠. 세대 구분 없이 다 보더군요." 마인트벨트가 말했다. "이런 말이 절로 튀어나왔어요. '와! 이거 굉장한데.' 이건 대박감인데 스페인이나 스페인어권 국가에서는 아무도 손대지 않고 있었어요." 2014년이 저물 무렵 그는 투비튜브를 설립했다.

그는 파티에서 투비튜브의 회장으로서 젊은 고객들과 농담 따먹기를 즐겼지만 자신이 책임자라는 사실을 분명히 알고 있었다. 수영장 파티가 끝나갈 무렵, 그는 발코니로 가서 기타를 들고 생일 축하곡을 연주하며 고객들이 따라부르게 한 후에 수영장 근처에서 가장 훌륭한 퍼포먼스를 보여준 크리에이터들에게 상을 주고 우승자와 함께 투비튜브 배경막 앞에서 기념 촬영을 했다. 그는 참석자들과 함께 웃었다. 정중한 박수갈채 속에서 그 웃음은 더욱 돋보였다. 그 파티는 젊은 크리에이터들과 직원들에게 축하와 감사를 전하는 자리였다. 하지만 투비튜브와 유튜브를 알리는 홍보이기도 했고, 투비튜브 크리에이터 채널에 가입한 수억 명을 위한 멋진 콘텐츠이기도 했다. 수영장에는 어린 유튜버들의 꿈을 자극하는 기운이 햇살을 듬뿍 받아 반짝거리고 있다.

마인트벨트는 투비튜브의 히스토리를 간단히 축약해서 말했지만, 누구든 그 수영장 파티에 초대되어 무료 도넛과 차가운 콜라를 즐기기 위해서는 무수한 난관을 넘어야 했다. 다음 날 마인트벨트의 BMW를 타고 고속도로를 달리며 30분간 지난 이야기를 들으니 그가 얼마나 일찍 시작한 것인지 매우 분명해졌다.

스페인 마드리드에 있는 프란시스코 데 비토리아대학교는 1990년대에 급속히 쇠락했는데, 그 분위기가 지금도 남아 있다. 복도에 있는 날카로운 사변형 간판을 톡톡 두드리면 대리석이 아니라 플라스틱으로 만든 것임을 금방 알 수 있다. 늦은 오후의 열기 속에 복도는 우중충하고 끈적끈적했다. 캠퍼스에서는 투비튜브와 공동으로 어린이를 대상으로 하는 유튜버 캠프가 열리고 있었다.

마인트벨트에 따르면, 2016년 여름에 열린 캠프에 100명 이상이 문의했다고 한다. 참석자는 열 명인데 모두 14세 이하다. 부모들은 유튜브에서 성공하는 법에 관한 강도 높은 수업의 참가비로 주간반의 경우엔 650유로, 숙식 제공의 경우엔 1,750유로를 냈다. 비용 구성은 나이대와 맞지 않아 보였다. 하지만 유명한 유튜버가 되고자 하는 아이들에게 '청중을 늘리는 법'과 '채널에 올린 동영상으로 수익을 내는 법' 강좌는 큰 인기를 끌었다.

작은 예비 슈퍼스타 아홉 명이 앞쪽에서 스마트폰을 휙휙 넘겨보는 두 명의 '선생님'과 함께 통풍이 잘 안 되는 조용한 교실에 나란히 앉아 있었다. 십자가에 매달린 예수 그리스도의 싸구려 그림이 앞쪽 벽 화이트보드에 걸려 있었다. 아이들은 저마다 검은 금속성 헤드폰으로 외부의 소음을 차단한 채 앞에 있는 낡은 평면 모니터의 동영상 편집 프로그램을 뚫어져라 응시했다. 자신들이 촬영한 영상물을 편집해서 유튜브에 올릴 최종 장면을 완성하고 있는 것이었다. 2주일에 걸친 작업 중에서 가장 중요한 순간이었다. 그 프로젝트로 인한 스트레스 때문이든, 편집에 지나치게 몰두했기 때문이든, 수료 전날까지 부모와 떨어져 생활한 데서 오는 피로감 때문이든, 아니면 세 가지 모두 작용한 탓이든 교실 안에는 묘한 긴장감이 흐르고 있었다. '여름 캠프' 하면 건강, 자유, 활력 속에서 느끼는 생기와 즐거움을 생각하기 쉽지만, 이 캠프는 워킹 홀리데이에 훨씬 더 가까웠다.

　　11세의 알렉스 보르트닉과 12세의 줄리앙 세니는 모니터 쪽으로 몸을 구부리며 화면을 가로지르는 금속성 색조의 원통형 벌레를 바라보고 있었다. 슬리더리오slither.io. 게임(지렁이 키우기 게임 ― 옮긴이)을 하는 장면이다. 내가 그 광경을 이해하지 못하고 있을 때, 세니는 나를 교실 뒤로 데려가서 마킹 펜으로 뭔가가 그려진 A4지 한 장을 보여줬다. 종이 한쪽 면에는 검은색 실크 모자를 쓴 사람 모양의 막대기 그림이 있었다. 그 밑에는 세니가 유튜브 닉네임으로 제시한 '미스터 샤포Mr Chapeau'가 적혀 있었다. 통통하고 귀여운 벨기에 소년 세니는 이 닉네임을 사용해서 유튜브의 초경쟁 생태계에서 돋보이는 존재가 되기로 작정했다. 유튜브에서 돋보이는 존재가 되는 것이 캠프에서 그가 세운 주된 목표 중 하나였다.

　　세니는 캠프에 합류하기 전에 이미 두 개의 유튜브 채널을 개설한 바 있다. 마인크래프트 게임과 관련된 동영상을 올리는 채널이었다. 여기에 온 것은 부모가 그를 어디로든 보내려고 여러 캠프를 살펴보던 중 유튜브 캠프가 가장 눈에 띄었다는 이유도 있었다. 하지만 그 스스로 자신의 취미가 직업이 되게 하는 방법을 알고 싶었던 이유가 더 컸다. 이는 아이들에게 장래 직업을 물었을 때 유튜버라고 답하는 비율이 점점 늘어나는 현상과 관련 있다. 하지만 세니는 그렇게 되려면 열심히 노력해야 한다는 사실을 알고 있다. 그는 이렇게 말했다. "세상에는 많은 유튜버가 있고, 그들 모두가 유튜브에서 성공하고 싶어 하잖아요. 그들은 프로이고 유튜버는 바로 그들을 위한 직업 같아요. 물론 나를 위한 직업이기도 해요."

검게 탄 얼굴로 늘 해맑게 웃는 13세 소년 프란시스코 하비에르 주리타는 매일 두 시간쯤 유튜브를 본다고 했다. 그는 제법 어른스러운 목소리로 이렇게 말했다. "유튜브 동영상을 보면 왠지 즐거워지고 자극이 돼요. 그래서 문득 '내 채널을 만들면 어떨까?' 하고 생각했죠. 동영상을 계속 만들어 올리다 보면, 언젠가는 10만 명이 구독하는 큰 채널이 될 수 있겠죠. 하지만 즐기려는 거지 이름을 날리려는 건 아니에요."

여름방학 때 아이들이 해방감을 만끽하며 야외에서 맘껏 뛰어놀기보다 유튜브 캠프 같은 여름 캠프에 참여하는 현상이 점점 더 보편화되고 있다. 알고 보면 마인트벨트의 여름 캠프 말고도 유튜버 지망생들에게 정보를 제공하는 과정은 전 세계에 널려 있다. 유럽만 하더라도 투비튜브의 사업뿐만 아니라 각국에 흩어져 있는 아이들을 겨냥한 다양한 유튜브 학교가 있다. 2017년 문을 연 영국 엑세터시의 튜버 아카데미Tuber Academy는 강의실, 스튜디오, 컴퓨터 실습실을 갖추고 일 년 내내 유튜브에 관한 모든 내용을 교육한다. 과정별로 수업료는 상이한데, 최소 수업료는 30유로다.

미국의 부모들은 유튜브 스타가 되기를 꿈꾸는 자녀들을 위해 20곳 이상의 학교 가운데 하나를 고를 수 있다. 2016년에 캘리포니아주, 코네티컷주, 일리노이주에서 문을 연 '캠프17 Camp17'은 수천 달러를 받고 팬들이 좋아하는 디지털 인플루언서와 단독으로 대화를 나누는 독특한 캠프 경험을 제공한다. 아이디테크 캠프iD Tech Camp는 미국의 15개 주에서 '유튜브를 위한 디지털 영화 제작'을 배우려는 13~17세의 소년 소녀를 위한 특별 과정을 진행한다. 또 다른 여름 학교로는 2017년 문을 연 소셜 스타 크리에이터 캠프Social Star Creator Camp가 있다. 스타 유튜버 윗더벅WhatTheBuck 지원팀의 전문가가 와서 가르치는 곳이다.

일본에서는 풀마Fulma라는 회사가 운영하는 유튜버 아카데미가 성공적인 콘텐츠 크리에이터가 되기 위한 정보와 기법을 가르치는 2시간짜리 과정들을 개설했다. 각 과정당 비용은 3,240엔이다.

유튜브 교육 부문의 성장은 플랫폼의 전문성이 늘어나고 있음을 말해준다. 빨리 시작하는 사람이 이기는 이 세계에서 아이들은 중학교에 가자마자 캠프에 등록해야 할 필요성을 점점 더 깨닫고 있다.

네 아이의 아버지이자 190만 명의 구독자를 보유한 가족 유튜버인 조너선 사콘-졸리Jonathan Saccone-Joly는 만약 지금 유튜브를 시작한다면, "현실적인 계획을 세워서 천천히 경력을 쌓을 거예요. 더 나은 유튜버가 되는 법을 알려주는 프로그램에 참여하는 건 어리석다고 생각해요. 동영상으로 대박을 터뜨리겠다고 덤벼들다가 많은 사람이 실수를 저질러요"라고 말한다.

"그런 사람들은 대형 카메라를 갖춰야 하고, 조명과 마이크도 있어야 한다고 생각합니다. 하지만 내 초기 동영상들을 한번 보세요." 그가 처음 유튜브를 시작했을 때, 대다수 콘텐츠의 해상도는 60ppi로 흐릿했으며 음질도 떨어졌다. "형편없었죠. 하지만 문제될 건 없었어요. 일단 콘텐츠를 올리는 게 중요했으니까요."

이는 현재의 유튜브가 과거와는 다르다는 말이다. 현재의 유튜브는 훨씬 더 방대해지고 경쟁도 심해졌다. 스페인 마드리드 중심가의 차고를 개조한 유리벽 사무실에서 자신의 제국을 경영하는 바스티앙 마인트벨트는 세계화가 아이들의 삶을 바꿔놓았음을 깨닫는다. "내가 운동장에서 뛰어놀던 어린 시절에 우리의 우주는 그 운동장보다야 더 넓었겠지만 진짜 작았죠. 지금 이 아이들에게 우주는 그때보다 어마어마하게 커졌어요."

**19**

# 유튜브 학교
## 성인 사업가들과 함께

미 엘버슨Mi Elfverson은 짧은 금발의 키 큰 스웨덴 출신 여성으로 오랫동안 뉴욕과 런던에서 살았다. 광고 사진가이자 동영상 감독으로서 그녀는 사회 생활의 상당 기간을 제작비가 수억 원이나 드는 동영상 작업을 하며 보내다가 유튜브로 인해 지장을 받자 새로운 돌파구를 모색했다.

마침내 그녀는 피할 수 없으면 즐기라는 말대로 물리칠 수 없는 유튜브에 합류하기로 작정했다. "갑자기 누구에게나 공짜로 자신을 알릴 기회가 생긴 거예요. 굉장한 일이었죠." 런던에서 남쪽으로 약 100킬로미터 떨어진 브라이튼 소재 힐튼 메트로폴 호텔의 6층 회의실에 모인 15명의 소기업 대표들을 향해 그녀는 이렇게 설명했다.

그녀는 바닷가 호텔의 다소 황량한 회의실에서 사람들에게 유튜브 하는 법을 가르치는 '브이로그 아카데미'를 열었다. 내가 그곳에 찾아간 2016년 6월 24일, 브이로그 온 더 비치Vlog on the Beach라는 반나절 과정이 진행되고 있었다. 유튜브의 기초를 가르치는 초보자 과정이었다.

브이로그 아카데미는 아이들뿐만 아니라 성인들에게 유튜브의 비밀을 알려주겠다는 수많은 학교 가운데 하나다. 엘버슨의 고향에도 유명한 유튜브 학교가 있다. 스웨덴의 북부 도시 칼릭스에 있는 국민대학Folkhögskola (스웨덴의 성인 대상 교양 및 실용 과목 교육기관 — 옮긴이) 에서는 2017년 10월부터 학생들에게 유튜브 동영상 만드는 법을 가르치는 강좌를 개설했다. "유튜버가 되기를 꿈꾸는 사람들이 지금도 많지만, 앞으로는 더 많아질 겁니다." 이 학교의 교장이 스웨덴의 SVT TV 채널에 나와서 한 말이다.

엘버슨은 프로젝터 앞에 서서 수강생들에게 이렇게 말했다. "저는 여러분이 동영상과 동영상 블로그 활동을 통해 사업에 큰 도움을 받을 수 있다고 확신합니다. 이 과정에 참여하면 자신만의 동영상 블로그 활동 방법을 찾아서 사업상 과감한 동영상 전략을 구현할 수 있게 될 거예요. 여러분이 발전해서 카메라 앞에서 열정을 활짝 펼치는 한편, 그 열정을 다른 사람들과 함께 나누기를 바랍니다." 하지만 그렇게 되기 전까지 수강생들은 파워포인트 슬라이드를 끝까지 앉아서 쳐다봐야만 한다.

"동영상 블로그를 운영하면 어떤 장점이 있을까요?" 엘버슨이 물었다. "무엇보다도 문서로 하는 것보다 훨씬 더 강력한 방식으로 여러분 자신을 보여줄 수 있어요. 이렇게 하면…… 의뢰인에게 여러분의 진면목을 알리고 관계를 더 발전시킬 수 있을 거예요." 이어서 그녀는 간결미의 중요성을 설명한다. "사람들은 짧고 산뜻한 동영상을 클릭 해서 보게 돼 있어요. 아무리 어려운 주제의 TED 강연도 20분 이내에 끝나잖아요."

엘버슨은 자신의 의뢰인이었던 여성 인테리어 디자이너 캐시 를 사례로 들었다. "캐시의 시장은 런던에 있어요. 그런데 사람들이 구 글에서 '인테리어 디자이너 런던'을 쳐서 그녀를 찾아내기까지 얼마 나 많이 클릭을 해야 할지 생각해보세요." 하지만 캐시는 엘버슨이 만 들어준 동영상을 통해 온라인상의 복잡한 경쟁에서 벗어났다고 한다. "캐시는 유튜브에 자신을 알리는 동영상을 올려서 프리젠테이션을 마 친 셈이니, 사람들은 일차적으로 그녀가 누구인지 그 동영상을 보고 판단할 수 있게 된 거죠. 그래서 인테리어 디자인을 맡겨볼 요량으로 그녀를 자신의 집으로 데려올 때는, 이미 만나본 듯한 느낌이 들어 관 계를 쉽게 발전시킬 수 있습니다."

강의에는 동영상의 영향력에 관한 통계와 인상적인 구절이 곁 들여졌다. 몇 가지만 예를 들면, 아마존 통계에 따르면 홈페이지에 동 영상을 연결한 기업은 제품을 30% 더 판다, 온라인에서는 텍스트보다 동영상을 10배 더 공유한다, 동영상을 올리면 전문가로 인정받기 쉽 다, 온라인 존재감을 구축하는 일은 매우 중요하다, 등등.

엘버슨은 설명을 이어갔다. "우리가 원하는 것은 눈에 더 잘 띄 고, 온라인 네트워크를 구축하며, 온라인 고객을 확보하는 일이에요.

동영상은 그렇게 하는 가장 빠른 길이죠. 글은 느려요. 사람들은 문서를 읽는 것에 거부감이 있어요. 꼭 필요한 문서라도 '나중에 읽기' 함 속에 집어넣기 일쑤죠. 짧고 산뜻하기만 하면, 사람들은 동영상을 훨씬 더 빨리 클릭해요. 동영상을 알면 전혀 다른 수준에서 모든 감각을 동원해서 일하는 거예요." 이 대목에서 그녀는 고쳐 말했다. "아, 모든 감각이 아니라 거의 모든 감각이라고 해야 맞겠네요. 후각이나 미각은 아니니까요."

엘버슨은 유튜브 이후의 새로운 세계를 도모하기 위해 기업들이 자신의 브랜드 관리 방식을 어떻게 바꾸고 있는지 길게 설명했다. "모든 사람이 자신만의 이야기를 들려주길 원합니다." 이전에 대형 브랜드는 보이는 게 다였다. 말하자면 개성이 없는 거대한 물체였다. 하지만 지금의 브랜드는 보편성보다 개성을 선호한다. 그녀는 "많은 브랜드가 자신만의 진솔한 이야기를 전하고 있다"라면서 개인적인 이야기에는 '신비스러운 힘'이 있기 때문이라고 강조한다. 흥미진진한 이야기를 귀 기울여 듣는 사람의 뇌를 MRI로 촬영해보면 두뇌의 주요 부분이 활성화된다는 말도 덧붙였다.

엘버슨은 두뇌의 어떤 부분이 활성화되는지, 대뇌 피질의 시냅스가 촉발된다는 게 무슨 뜻인지 설명하지 않았지만, 묘하게 설득력이 있었다. 어쨌든 본인 경험담을 이야기하고 있으니 뭔가 효과가 있지 않겠는가? 그녀는 "하지만 매우 주도면밀해야 해요"라고 당부한 다음 화려한 해설을 잠시 멈췄다. 효과가 강력할수록 위험 부담도 크기 마련이어서 흥미진진한 이야기가 담긴 동영상 콘텐츠는 주도면밀하게 만들어져야 한다는 얘기였다. 그녀는 눈을 크게 뜨고 다시 설명을 이어 간다. "우리는 동영상 블로그를 사업 목적으로 운영하는 사람인 만큼, 우리의 개인사만을 늘어놓아서는 안 됩니다. 의뢰인의 이야기를 들려줘야 하고, 우리의 비즈니스적인 성과도 들려줘야 해요. 어떻게든 의뢰인이 우리를 좋게 평가할 수 있어야 해요. 유튜브의 역사를 살펴보면 뭔가를 팔기보다는 즐기는 게 우선입니다." 하지만 이제는 변했다. 유튜브가 대세에 편승한 것이다. 재미는 여전히 중요한 요소지만 유튜브에는 비정하리만치 현실적인 상업 논리가 끼어들고 있다.

참가자들은 엘버슨의 '해변의 브이로그' 참가비로 각자 45유로를 냈다. 참가자들은 온라인 동영상의 물결 속에서 사진발로 이득을 보는 20대나 동영상을 태블릿이나 노트북 컴퓨터로 보는 야심만만한 10대가 아니라 베이비붐 세대다. 그들에게 인터넷은 늘 함께했고 오래도록 함께할 도구라기보다, 어느 순간 툭 튀어나온 하나의 발명품이며 별미로 먹는 간식 같은 존재다. 본질적이고 필수적이라기보다 맞붙어 싸우거나 복종해야 할 대상일 뿐이다. 하지만 중요한 것은 그들이 유튜브를 통해 얻게 될 수익이 어마어마하다는 사실을 실감했다는 점이다.

히더 배리Heather Barrie도 유튜브를 이용해보려는 사람 중 하나다. 그녀는 영국 치체스터의 애런델역 근방에서 8년째 해리스 커피Harrie's Coffee라는 커피 회사를 운영한다. 파나마모자를 쓰고 종횡무진 열정적으로 활동하는 당찬 사업가이며, 회계사 출신으로 스포츠 영양사와 지압사 경력까지 있다. 그녀는 2011년 자신이 개발한 혼합 커피를 출시했다. 그녀는 통근자들에게 잠 깨는 커피 한잔만 파는 게 아니라 큰 커피 머신을 보급하고 싶어 했다. "기존의 커피 사업과는 다른 방면에 도전하고 있어요. 같은 제품, 같은 브랜드지만 포커스를 달리해서 사람들이 2~3파운드짜리 라떼 한잔보다 더 많은 돈을 쓰게 만들려고요."라고 그녀가 말했다

히더 배리는 커피 사업을 하려는 사람들에게 이렇게 권한다. "인스턴트커피에만 돈을 다 쓰지 마세요. 우리는 커피콩도 공급해줘요. 번화가의 커피 체인점과 비교해보면 절약할 수 있는 금액이 엄청나요. 게다가 우리 커피는 맛이 환상적이에요. 처음에 200만 원만 투자하면, 석 달 만에 본전을 뽑지요." 나는 기자이고 커피를 마시지도 않아서 커피 사업엔 관심이 없다고 말해주었다.

외모나 태도에서 그녀는 TV 진행자 샌디 톡스빅의 갈색 머리 버전이라는 인상을 준다. 즐겁고 활달하면서도 날카로운 말솜씨와 뛰어난 위트 감각이 돋보인다는 점에서 그렇다. "유튜브는 매우 복잡한 공간인데, 내가 과연 돋보일 수 있을까요?" 그녀는 이렇게 묻더니 "하긴, 내가 좀 건방진 캐릭터니까 유튜브가 먹히겠군요."라고 자문자답했다.

히더 배리는 전에 온라인 동영상에 잠깐 손을 대봤다. 한 친구에게 도움을 청해서 동영상 두 편을 만들었고, 젊은 남자 대학생의 도움으로 동영상을 찍어 자신의 유튜브 채널에 올린 적이 있다. "눈곱만큼 한 거지요. 지금은 브이로그 동영상을 찍어서 유튜브에 올리려고 해요." 그녀는 신문에서 2,500만 명의 구독자를 보유한 한 유튜버의

기사를 읽고 나서 유튜브야말로 자신이 들어가야 할 시장이라고 생각했다.

엘버슨은 수업 중에 한 친구를 소개했다. 말끔하게 다듬은 머릿결과 짙은 화장을 한 얼굴에 심한 스코틀랜드 억양을 쓰는 키 큰 여배우였다. 그녀가 그 캠프에 온 이유는 카메라 앞에서 당당하게 말하는 법을 강의하기 위해서였다. 나이 든 세대가 카메라 앞에서 이야기할 때 생기는 불안과 초조를 어떻게 하면 완화할 수 있는지 알려주는 수업이었다.

"강압에 못 이겨 사고 싶은 사람은 없어요. 그리고 여러분도 다른 사람에게 강매하고 싶지 않을 거예요." 그녀는 이렇게 설명하다가 곧 실상을 털어놓았다. "하지만 현실에서는 강매가 암암리에 마케팅 도구가 되고 있어요. 이제 막 개발된 도구죠. 하지만 미디어 자체는 그렇게 시작되지 않았어요. 미디어는 사람들이 자신의 열정과 관심과 교분을 친구들과 나누는 수단이었어요."

유튜브라는 새로운 미디어와 전통적인 방송 미디어의 차이를 구분해주는, 쉽지만 핵심을 짚는 설명이었다. 그녀의 설명은 이어졌다. "흔히들 카메라 앞에서 촬영할 때, 사람들이 여럿이 모여 그 장면을 볼 것으로 생각하기 쉽지만 실제로는 그보다 훨씬 더 개인적이에요. 어쩌면 기차나 침대에 누워서 혼자 노트북으로 볼 수도 있고, 다른 사람의 스마트폰을 통해 곁눈질하면서 보거나 저녁 식사를 준비하면서 볼 수도 있어요. 그들은 여러분 한 사람 한 사람을 보며 일대일로 관계를 맺고 있지요. 실제로 여러분은 많은 사람에게 말하는 것이 아

니라 자기 집에서 매우 편안하게 쉬고 있는 특정한 한 사람에게 이야
기하고 있는 거예요."

　　수업의 긴장이 풀리자 엘버슨은 수강생들에게 마지막 과제를
내준다. 바깥에서 동영상을 촬영한 다음 20분 동안 발표하라는 것이
다. 나는 배리와 다른 두 명을 따라갔다. 그들은 어두운 호텔 로비를
빠져나와 화창한 한낮의 햇살 속으로 걸어갔다. 잠시 모여 상의한 다
음, 다른 두 명은 바닷가로 달려가서 동영상을 찍을 조용한 지점을 찾
고, 배리는 161미터 상공으로 띄운 촬영용 드론을 쳐다보며 마지막
점검을 마쳤다. 비행접시처럼 둥글고 평평한 드론은 오후 내내 위아래
로 오르내렸다.

　　"드론으로 촬영한 화면을 배경에 넣으려고 해요." 배리가 아이
폰의 카메라 앱을 열면서 말했다. 몇 번의 시행착오를 감안해야 하는
데다가 바람이 세게 불면 방해받을 수도 있지만, 그녀에게는 촬영이
마냥 즐거워 보였다. 나는 해안선을 따라 질주하는 자동차를 피해 도
로를 가로질러 함께 달려가면서 배리에게 물었다. "아까 강의한 사람
이 구독자 2,500만 명을 보유한 유명 브이로거인데, 알고 있어요? 그
녀가 왜 이름이 나고 인기가 높은지 이해하겠어요?" 자신의 동영상
제목을 #vlogonthebeach2016이라는 해시태그로 만들어 타이핑하
면서 그녀는 솔직하지만 시건방진 반응을 보인다. "아뇨. '쟨 도대체
누구지? 난 모르는 애네.' 하고 생각했어요. 하루 내내 쓰레기 같은 말
만 지껄이던데요."

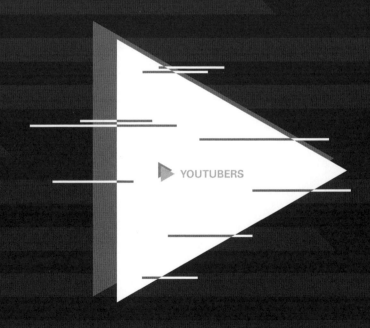

5부

유튜브의 그늘

YOUTUBERS

## 모나리자 페레스는 왜 남자 친구를 쏘았나?
### 조회수에 눈이 멀다

2017년 6월, 미국 미네소타주 홀스태드(인구 597명)에서 벌어진 일이다. 페드로 루이즈 3세Pedro Ruiz III는 양쪽 귀에 번쩍이는 귀걸이를 달고 오른손에는 카메라를 든 채 주위를 두리번거리더니 자기 집 차고 뒤편의 후미진 잔디밭에 섰다. 등 뒤로는 그의 흰색 도요타 셀리카가 세워져 있었고, 차 뒤편 날개 모양의 장식 판 위에는 고프로 카메라가 놓여 있었다. 차 지붕 위 붉은 싸구려 쿠션에 얹혀 있는 황금색 캘리버 50 데저트 이글 권총도 눈에 띄었다. 22세 루이즈는 거기서 어릴 적부터 사귀어온 모나리자 페레스와 세 살 먹은 딸을 영원히 지켜주겠다는 내용의 특별한 동영상을 찍을 작정이었다.

　루이즈보다 세 살 어린 여자 친구 페레스와 루이즈는 유튜브를 보며 자랐다. 그들은 유튜브를 통해 자신들 같은 보통 사람도 유명인이 될 수 있다는 사실을 너무나 잘 알고 있었다. 하지만 육아와 가족을 주제로 한 채널 라모나리자LaMonaLisa를 운영하는 페레스의 존재감은 아직 미미했다. 페레스와 루이즈는 유튜브에서 한몫 잡아보겠다는 목표를 세우고 점점 더 대담한 묘기를 선보였다. 2017년 3월, 그 목표의 일환으로 그들은 '세계에서 가장 매운 고추 장난!! 완전히 보내버렸다!!', '그녀가 뿅 갔다' 등의 제목으로 둘이서 장난치는 동영상들을 올렸다.

이 커플이 그렇게 나름의 독창성을 발휘했음에도 채널은 꼼짝달싹하지 않았다. 채널에 올린 동영상 18편은 전체 조회수 8,460과 편당 평균 조회수 470에 머물러 있었다. 하지만 그들은 꿈을 포기하지 않았다. 한 동영상에서 페레스는 남자 친구 루이즈에게 "구독자가 30만 명이 되는 날이 곧 올 거야"라고 말한 적도 있다. 이 낙관주의자들에게 마침내 때가 무르익었다. 루이즈에게는 계획이 있었다. 우선 '댐잇 보이Dammit Boy'라는 닉네임으로 채널을 따로 만들었다. 그의 묘기를 본 사람들이 하나같이 권했기 때문이었다. 그는 첫 작품으로 사람들 눈이 휘둥그레질 수밖에 없는 기막힌 영상을 찍어 올리기로 작정했다. 그 계획을 들은 페레스는 처음에는 만류했다. 위험해 보였기 때문이었다. 하지만 루이즈가 몇 주 동안 쭉 생각해온 내용을 차근차근 전하며 도움을 요청하자 결국 그녀도 두 손을 들고 말았다. 페레스는 마침내 결심했다. 그를 쏘기로 한 것이다.

루이즈는 그것이 마지막 동영상이 될 거라는 생각은 하지 못했기 때문에 총알에 상처를 입지 않기 위해 당연히 자신을 보호하고자

200

했다. 물론 완벽할 수는 없었다. 그는 자기 집에서 5~6킬로미터 떨어진 한 폐가에서 그곳에 나뒹굴던 책 한 권을 세워놓고 시범 사격을 했다. 총알은 엄청나게 두꺼운 책을 뚫지 못했다. 그래서 그는 비슷한 두께의 양장본 백과사전을 골라 검정 마커펜으로 두꺼운 표지 가운데에 표적과 화살표를 그린 다음, '여기를 쏠 것'이라는 말까지 써놓았다.

루이즈는 2017년 6월 26일 오후 4시, 힐스버러 근처 BNSF 철도 회사에서 근무를 마치고 귀가했다. 그가 결행하기로 작정한 시간이 다가왔다. 유튜브 시청자를 위해, 두 대의 동영상 카메라로 촬영할 예정이었다. 페레스는 몇 시간 전에 "나하고 내 남자 친구 루이즈는 세상에서 가장 위험한 동영상을 한 편 찍을 거예요. 내 아이디어가 아니라 그의 아이디어예요"라는 트윗을 날렸다. 이전에는 "유튜브에 있는 다른 브이로그 구독자가 다 우리에게 오게 될걸요. 잘될 거예요!"라는 내용으로 루이즈에게 용기를 주는 트윗을 올리기도 했다.

루이즈는 자신만만하게 동영상을 시작했다. "여러분 안녕, 난 댐잇 보이야." 목소리에는 의욕이 넘쳤다. "이 채널은 기막힌 동영상들로 가득 찰 거야. 맘껏 즐겨봐. 기막히다고."

하지만 38초쯤 지나자 허둥대기 시작했다. "내가 좋아하는 건 아드레날린, 심장 박동, 임사체험……." 그는 그렇게 횡설수설하다가 잠시 멈칫하더니 이내 평정심을 되찾았다. "내가 처음으로 만드는 동영상이야. 이걸로 시청자들을 몽땅 납치해오고 싶어." 그러고는 손가락으로 클릭하는 시늉을 하며 말했다. "요렇게 가입하기를 눌러줘."

루이즈는 3.8센티미터 두께의 양장본 백과사전을 들었다. 만

삭인 페레스는 막상 실행하려니 겁이 덜컥 나서 주저하며 말했다. "난 못 하겠어 자기야. 너무 무서워. 가슴이 막 뛰고 있어…… 자기야, 내가 자기를 죽이면 내 인생은 어떻게 될까? 아니야, 이건 아니야. 난 이러고 싶지 않아." 하지만 루이즈는 책을 쏘기만 하면 다치지 않을 거라며 그녀를 재차 안심시켰다.

마침내 페레스는 책을 향해 방아쇠를 당겼다. 총알이 책을 뚫는 순간 루이즈는 반동으로 뒤로 밀려났다. 그리고 가슴에 생긴 탄흔을 보고는 뒤로 비틀거리다가 바닥에 쓰러지며 중얼거렸다. "엿 됐네." 그의 여자 친구 페레스는 집 안으로 들어가 911에 전화를 걸었다. 루이스의 몸이 싸늘하게 식을 때까지 그녀가 할 수 있는 일이라고는 구급대가 도착하기를 기다리는 것뿐이었다.

유튜브에는 한몫 잡아보겠다며 물불을 가리지 않고 달려드는 크리에이터가 끊이지 않고 나온다. 루이즈는 그중 한 사람일 뿐이다. 언론인으로서 유튜브 관련 기사가 뜨면 구글 알람이 오도록 설정해놓은 나같은 사람이 보기에 조회수를 올리려는 경쟁 때문에 유튜브는 점점 더 혼돈의 세계로 빠져들고 있다.

백악관에 몰래 잠입하려는 행위는 어떻게 봐도 나쁜 짓인데, 단지 좋은 동영상을 만들려고 그렇게 했다면 말문이 턱 막히지 않을 수 없다. 2017년 10월, 미국 켄터키주 출신 36세 미 해병대 퇴역 군인 커티스 코움스Curtis Combs가 바로 그런 일을 저질렀다. 포켓몬스터의 피카츄처럼 노란색 옷을 입고 미국에서 가장 경비가 삼엄한 그곳의 담장을 오르려 한 것이다. 워싱턴 DC 경찰청이 제출한 체포 조서에 따르면, 그는 "유명해지고 싶어서 백악관 담을 넘기로 작정했으며, 이를 유튜브에 올리면 스타가 되리라 생각했다"고 한다.

2017년 3월, 다섯 명의 장난꾸러기가 영국 런던에 있는 BBC 의 신청사에 몰래 들어가 생방송을 방해하려다 실패했다. 이 패거리는 생방송 중 스튜디오에 아무도 없는 시간을 우연히 알아내서 뉴스를 촬영하는 TV 스튜디오에 용케 들어갔다. 대학살Carnage 이라는 닉네임 으로 유튜브에 올린 그들의 날뛰는 동영상은 처음 7개월 동안 조회수 18만 4,000을 찍었다.

이들 중 트릭스타와 해리스는 그다음에 페이스북의 런던 본부 에도 쳐들어갔다. 오른쪽 눈썹을 반쯤 밀어버린 앳된 소년 트릭스타는 그 직후에 올린 동영상에서 "우리가 이 묘기를 부린 것은 BBC 본부 를 침입했을 때 모두가 좋아했기 때문"이라고 해명했다. 빠른 음악이 깔려 있음에도 7분짜리 동영상은 밋밋하다. 동영상에는 40초 이상 두 소년이 계단을 오르내리다가, 어느 순간 그중 하나가 "카페가 있는지 찾아봐"라고 말하는 장면이 나온다.

2014년 9월, 영국의 유튜버 샘 페퍼Sam Pepper 는 〈가짜 손으로 엉덩이 꼬집기Fake Hand Ass Pinch Prank〉라는 동영상을 올려 악명이 자자 해졌다. 그가 거리를 지나가는 다섯 명의 여성에게 각각 말을 건 다음, 옷 속에 숨긴 가짜 손으로 엉덩이를 꼬집고 모른 체하는 동영상이다. 그 동영상이 화제를 일으키자 성 상담 브이로거, 래시 그린Laci Green 은 페퍼에게 유튜버 63명이 연대 서명한 공개 편지를 보냈다. 서명에는 타일러 오클리, 한나 위튼, 행크 그린, 존 그린, 마이클 버클리도 참여

203

했다. 그들은 이 공개 편지를 통해 "우리는 이러한 행태에 깊이 우려하고 있으며, 63명이 연대 서명하여 그 행위의 중지를 요청합니다"라고 밝힌 다음 이렇게 덧붙였다.

그 행위를 악의 없는 놀이나 단순한 장난, 아니면 '사회적 실험'으로 볼 수도 있는지는 모르겠지만, 이 동영상은 수백만 명의 젊은 남녀에게 이러한 위법 행위를 여성과 접촉하는 정상적인 방법으로 여기도록 부추기고 있습니다. 여섯 명의 여성 중 한 명꼴로 성추행을 당하고 있으며(동영상에 나오는 이들처럼), 안타깝게도 이런 영상으로 인해 그 수는 더 늘어날 것입니다.

나중에 폐퍼는 자신의 동영상은 '사회적 실험'이므로, "이런 내용으로 공개편지를 보내는 건 미친 짓"이라고 주장했다. 하지만 비드콘 참가 금지 조치를 받는 등 사회적 비판이 일자, 2017년 초까지 유튜브 활동을 중단했다가 지금은 다시 동영상을 올리고 있다.

무리하게 구독자를 늘리려는 시도는 아이들에게도 해를 끼친다. 헤더 마틴Heather Martin과 마이크 마틴Mike Martin (대디오파이브Daddy-OFive라는 닉네임으로 활동하는 부부 유튜버)은 조회수를 늘리기 위해 자녀들에게 장난을 치는 동영상을 찍어 구독자를 75만 명 이상 늘렸다. 그들은 눈살이 찌푸려질 만큼 불쾌한 동영상을 자주 올려서 아동 학대를 규탄하는 목소리가 들끓는데도 자신들이 옳다고 박박 우겼다. 하지만 여론이 얼마나 매몰차게 돌아섰는지 실감하고는 공개적으로 사과했다.

결국 그만두기는 했지만, 그들은 조회수와 구독자 수를 늘리는데만 신경 쓰느라 아이들을 대하는 태도가 잘못되어가고 있음을 잘 몰랐던 것 같다. 자신의 아이를 학대한 마이크 마틴은 미국 ABC 방송의 〈굿모닝 아메리카〉에 나와서 이렇게 말한 적이 있다. "처음에는 우리 아이들과 함께 가족 놀이로 시작했지요. 그땐 동영상 한 편을 만들고 나서 다음 동영상을 어떻게 하면 그보다 더 기막히게 만들 수 있는지에만 신경 썼어요. 무엇보다 충격을 주는 게 중요했으니까요."

마틴 부부는 2017년 9월 메릴랜드 카운티 순회 재판소에서 두 아이를 학대한 죄목으로 5년의 보호관찰을 선고받았고, 결국 자녀 양육권을 잃었다(그 선고는 2019년 1월 감형되었지만, 이들 부부의 동영상 게시를 금지하는 보호 관찰 조건은 유지되었다). 2018년에는 마침내 유튜브도 그들의 동영상 게시 권한을 빼앗았다.

제이 스윙글러Jay Swingler와 롬멜 헨리Romell Henry가 벌인 사건을 통해서도 유튜브가 어떻게 극단적인 행동을 자극하기도 하는지 알 수 있다. 이들은 'TGFBro'라는 채널을 공동 운영하는 영국 울버햄튼 출신의 유튜버. 이 채널에 게시된 동영상 시리즈 〈극단적인 크리스마스 달력〉의 일환으로 스윙글러와 헨리는 점점 더 터무니없는 과업을 수행해나갔다. 2017년 12월 7일, 그들은 〈전자레인지 속에 머리를 집어넣고 시멘트로 발랐더니 구급차가 왔다……(죽다 살았다)〉라는 제목의 동영상을 올렸다.

그 사건을 찍은 동영상의 앞부분에는 당시 22세였던 스윙글러가 이렇게 말하는 장면이 나온다. "나는 여러분에게 멋진 도입부를 보여주려 했어요. 그런데 젠장, 촬영하다가 거의 죽다 살았네요. 다음 장면은 장난이 아니에요. 제목만 보고 혹해서 들어왔는지도 모르지만, 여기 올릴 수 있을 만큼 근사해요."

그 동영상에 그들이 무엇을 했는지 명확히 나타나 있다. 스윙글러와 헨리는 양동이에 폴리필라 네 통을 넣고 섞었다. 폴리필라는 벽의 갈라진 틈을 메울 때 사용하는 시멘트 같은 물질이다. 그들은 전원과 연결되지 않은 문짝 없는 전자레인지에 그 내용물을 쏟아부었다. 스윙글러는 호흡을 하기 위해 얇은 플라스틱 관과 함께 얼굴을 비닐 쇼핑백으로 감쌌다. 그러고 나서 폴리필라로 채워진 전자레인지에 머리를 집어넣고 굳어질 때까지 기다렸다. 헨리는 헤어드라이어를 사오겠다며 나갔다. 폴리필라를 빨리 굳어지게끔 말리기 위해서였다.

잠시 후 스윙글러는 머리를 꺼낼 수 없음을 깨달았다. 스윙글러는 겁에 질려 벌벌 떨며 동영상 자막에서 주장한 것처럼 "공기 통로가 막혀버렸어. 사람 살려"라고 외쳤다. 옆에서 지켜보며 촬영하던 두 명의 친구는 카메라를 얼른 내려놓고, 숟가락과 전기 드릴로 폴리필라 반죽을 뜯어내서 그를 끄집어내려고 애썼다. 다른 친구는 구급대에 전화를 걸어 소방대와 구급차를 요청했다.

스윙글러의 친구 제이크는 999(영국의 비상전화번호 — 옮긴이) 비상차량 배치 담당자에게 이렇게 전했다. "친구 머리에 전자레인지가 붙었어요. 진짜예요. 장난 전화처럼 들리는 거 알지만 전자레인지로 아슬아슬한 묘기를 부리는 유튜브 동영상을 찍으려다 그렇게 됐어요. 전자레인지 속에 미리 넣어둔 폴리필라 반죽에 머리가 들러붙은 거예요. 우리가 아무리 떼어내려 해도 안 돼요."

결국 다섯 명의 소방대원이 구급 의료대원의 도움을 받아가며 한 시간이나 걸려서 그를 전자레인지에서 떼어냈다. 작업이 이루어지는 내내 장난꾸러기들은 카메라로 촬영을 이어갔다. 구급대 대원들이 안도하며 서 있는 동안, 스윙글러와 헨리는 구조되어 자유로운 몸이 됐다며 웃으며 포옹했다. 서부 미들랜즈 소방서 측에서는 후에 "진짜 황당했다"라는 트윗을 올렸다.

아니나 다를까, 유튜브 시청자들은 이를 재미있어 했다. 그 동영상은 올린 지 13시간 만에 조회수 85만을 찍었다. 이틀 후에는 200만을 찍었고 댓글은 2만 5,000개나 달렸다. TGFBro의 도박은 공식적으로는 비난을 받았지만, 현실적으로는 성공한 셈이다. 소셜 블레이드Social Blade (소셜미디어 관련 통계와 정보 등을 제공하는 사이트 — 옮긴이)의 추산에 따르면, 처음 이틀간 그 동영상으로 벌어들인 수익만 해도 자그마치 8,000달러에 달한다. 첫날에만 1만 7,247명이 TGFBro 계정에 새로 가입했다. 평소보다 세 배에 가까운 수치였다. 이전에 이 장난꾸러기들이 가장 성공했던 하루는 2016년 6월 KSI와 함께 동영상 두 편에 출연했을 때였다. 그들을 '모자라는 녀석들'로 부르던 KSI는 세제를 뿌려 미끌미끌한 플라스틱판 위에 쥐덫을 놓고, 거기서 그들과 함께 달리기 시합을 벌였다. 그들은 그날 9만 명에 가까운 구독자를 추가로 얻었다.

스윙글러는 구급대가 시간을 낭비한 일에 대해 아무런 죄책감도 느끼지 않았다. "이거 진짜 재미있네." 장난을 친 다음 날 올린 동영상에서 그가 한 말이다.

유튜브에서 벌어지는 장난이 얼마나 자주 문제를 일으킬까? 나는 영국의 정보자유법을 활용해서 영국의 각급 경찰 당국에 응급 전화 교환원이 기록한 장부에 유튜브가 언급된 사건을 처리하기 위해 출동한 횟수가 얼마나 되는지 알려달라고 요청했다. 90%의 경찰 당국이 내 요청에 응했다. 보내온 자료를 보니 2013~2017년 동안 유튜브 관련 사건은 매년 증가했는데, 2013년 1,887건에서 2017년 3,172건으로 치솟았다. 하루에 거의 아홉 건꼴이었다. 2018년 자료는 아직 입수 중이었지만, 받은 자료만으로 판단했을 때 이전보다 훨씬 더 많은 신고가 들어왔다. 웨스트요크셔 경찰청이 2018년 접수한 406건의 사건 중 절반쯤이 경찰관이 출동해서 조사를 벌인 사건이었다.

이는 유튜브에서 주목해야 할 부분이다. "유튜브의 알고리즘은 주로 이렇게 어이없는 내용의 동영상을 추천해서 클릭을 유도하게끔 설계되어 있습니다." 런던 정치경제대학교 박사 연구원 조이 글랫Zoë Glatt의 분석이다. "유튜브 곳곳에 하향식 경쟁의 사고방식이 스며들어 있어요. 유튜브가 어이없거나 야한 내용의 동영상을 점점 더 많이 추천한다면, 사람들은 갈수록 그런 동영상만을 만들려고 하겠죠." 장난 동영상은 영국만의 문제가 아니다. 더 크레이지 서밋The Crazy Summit은 61만 2,000명의 구독자를 보유한 인도의 유튜버로 젊은 여성들에게 장난을 치는 동영상을 만들어 올린다. 샘 페퍼가 한때 문제를 일으킨 것과 같은 유형이다.

그렇다고 해서 모든 사람이 그런 동영상을 높이 평가하는 것은 아니다. 다만, 유튜브의 장난꾸러기들과 기회주의자들이 유튜브에 대한 대중의 인상을 흐려놓고 있을 뿐이다. 여론 조사 기관 폴리Poli는 이 책을 위해 수행한 독점 여론 조사에서 약 3,000명의 영국 성인에게 유튜버들이 아이들의 훌륭한 역할 모델을 수행하고 있는지 물었다. 다행히도 절반이 아니라고 답했다. 그리고 더 다행스러운 것은 나머지 절반 중 대다수가 모르겠다고 답했다는 점이다. 단 14%만이 그렇다고 생각했다. 그들에게 유튜브 동영상 내용은 누가 책임져야 하는가를 물었더니 4분이 1이 유튜브라고 답했다. 5분의 1은 동영상을 올린 크리에이터라고 답했고, 절반은 양자가 똑같이 책임을 져야 한다고 답했다.

경찰의 대응이 필요한 사건이 점점 늘어나고, '버드 박스' 챌린지(넷플릭스 영화 〈버드 박스Bird Box〉를 흉내 내서 눈을 가린 채 자동차 운전과 같은 일상 업무를 수행하는 일종의 놀이)가 유행을 일으킨 것을 계기로 유튜브는 위험한 콘텐츠를 엄중히 단속하게 됐다. 2019년 1월부터 '심각한 물리적 피해가 예상되는' 위험한 도전과 장난을 금지한 것이다. 단, 크리에이터들이 기존 동영상을 삭제할 수 있도록 2개월의 유예 기간을 뒀다. 비공식적으로 유튜브는 이미 한동안 극단적인 콘텐츠를 만드는 크리에이터들에게 은근한 압박을 행사해왔다고 한다. 2018년 상반기에는 스윙글러와 헨리 동영상의 시청 연령을 제한하는 방식으로 광고주 유치를 어렵게 만들기도 했다.[65]

제이 스윙글러는 생방송을 통해 전자레인지와 벌인 사투의 후

모나리자 페레스, 〈드릴 말씀〉.
과실치사 혐의로 6개월을 복역한 후 석방된 그녀는 다시 카메라 앞에 섰다. "그동안 유튜브가 너무 하고 싶었어요."

일담을 전했지만, 페드로 루이즈 3세는 그러지 못했다. 과다 출혈로 끝내 숨졌기 때문이다. 그와 여자친구 페레스가 촬영한 동영상은 공개되지 않았지만, 글로 쓴 기록과 발사 이전 장면은 페레스에 대한 경찰 조사 과정에서 공개됐다. 그녀는 2급 과실치사 혐의로 기소됐고, 결국에는 6개월 징역형을 선고받았다.

사건이 벌어진 지 3개월 후, 그녀의 구독자는 2만 1,942명에 머물러 있었는데, 이는 그들이 애당초 세웠던 계획을 고려하면 극히 미미한 숫자였다. 하지만 페레스는 거기서 멈추지 않았다. 2018년 7월 31일, 복역을 마친 그녀는 자신의 유튜브 채널에 게시된 지난 동영상을 남김없이 삭제한 다음, 〈드릴 말씀Something to Say〉이라는 제목의 새 동영상을 올렸다.

갈색으로 물들인 머리카락을 짧게 자르고 양쪽 쇄골에 붉은 꽃 문신을 한 페레스가 침대에 앉아서 말했다. "제가 지금 여기서 또 동영상을 만든다고 많은 분이 분명히 놀라실 거예요. 저 자신도 약간 놀라고 있지만 꼭 말씀드릴 게 있어서 용기를 냈어요. 그동안 유튜브가 너무 하고 싶었어요. 이제 다시 시작할 준비가 된 것 같아요. 저에게 긴 여행 같았던 한 해가 지나가고 있어요." 그녀는 이렇게 털어놓으며 말을 이어갔다.

"많은 것이 사라졌어요. 하지만 솔직히 말해서 많은 것이 생겨 나기도 했어요." 그녀는 매주 상담을 받기 시작했다. 남자친구가 죽은 후 몇 달 뒤에 태어난 아들 레이든의 첫돌이 다가오고 있었고, 새로운 남자친구도 생겼다. 그녀는 유튜브를 새로 시작하기에 적절한 시점이라고 느꼈다. "일주일에 두세 번쯤 동영상을 다시 올릴 거예요."

페레스가 유튜브 라이프스타일로 돌아가기까지는 제법 시간이 걸렸다. 그해 9월, 그녀는 〈세상은 그리 간단하지 않다THINGS AREN'T JUST EASY〉라는 제목의 브이로그를 올렸다. 거기서 이렇게 말했다.

슬픔이 파도처럼 밀려왔어요. 페드로가 정말 그리워요. 정말이지 저의 어떤 감정도 보여주지 말아야 한다는 걸 깨달았어요. 제 내면에 있는 모든 감정을 꼭꼭 숨겼어요. 어떤 것도 느끼고 싶지 않을 뿐 아니라, 지금은 감정을 내보이기도 어렵기 때문이죠. 맘껏 울기도 진짜 힘들어요. …… 어쩌면 이건 그의 것과 꼭 닮은 자동차를 보았기 때문인지도 몰라요.

## 진정성의 벽
### 어디까지 공유할 것인가?

유튜브에서 시청자를 사로잡은 초창기 인물 중에 브리 에이버리Bree Avery가 있다. 4장에서 살펴보았듯이, 2006년 당시 16세였던 그 소녀는 자기 부모가 외출을 금지하고 있다는 둥, 숙제가 너무 많다는 둥, 남자친구인 다니엘이 자신을 귀찮게 쫓아온다는 둥 이런저런 푸념을 늘어놓곤 했다. 그녀는 한때 유튜브에서 구독자를 가장 많이 확보한 인물이었다.

하지만 브리 에이버리가 '디 오더The Order'라는 비밀 집단의 표적이 되었다고 주장했을 때, 시청자들은 처음으로 뭔가 문제가 있는 게 아닌지 의심하기 시작했다. 그녀가 정상이 아니었거나, 그녀의 말을 믿는 팬이 정상이 아니었거나 둘 중 하나였다. 결과적으로《로스앤젤레스 타임스》가 밝혀낸 바에 따르면, '론리걸15'라는 닉네임으로 활

212

동하는 에이버리는 실제 인물이 아니었다. 론리걸15의 진짜 주인공은 이퀄 미디어Equal Media에 근무하는 세 명의 영화 제작자가 고용한 19세 배우 제시카 리 로즈Jessica Lee Rose임이 밝혀졌다. 그들의 목적은 제시카 로즈가 브리 에이버리스라는 이름으로 출연하는 유튜브 단편 드라마 〈론리걸15〉가 정규 TV 드라마처럼 인기를 끌도록 하는 것이었다. 〈론리걸15〉로 올라온 유튜브 동영상은 그들이 영화화할 목적으로 사전에 제작한 시리즈였던 것이다. 유튜브에서 보여준 브리 에이버리라는 캐릭터를 팬들이 진짜라고 착각할 만큼 잘 꾸며냈다는 사실이 밝혀진 셈이다.

진정성은 유튜버와 팬 사이를 전통적인 할리우드 스타와 그 팬 사이보다 더 강력하게 이어주는 접착제이며, 유튜브의 필수품이다. 다만, 진정성의 참뜻을 왜곡하는 작자들이 문제다. 700만 명의 구독자를 자랑하는 유튜버이자 성 소수자 활동가인 타일러 오클리Tyler Oakley가 《타임》과의 인터뷰에서 말했듯이, 진정성을 갖추는 일은 친근해 보이려고 애쓰는 것보다 더 중요하다.[66]

노스캐롤라이나대학교 앨리스 마윅 교수는 이렇게 말한다. "소셜미디어 셀럽은 대개 대중 매체의 예능 프로그램을 통해 만들어지는 전통적인 방송 셀럽보다 다가가기가 훨씬 더 쉽습니다. 이들 중에는 주류 미디어로 진입하는 사람도 있지만, 거기서는 소셜미디어에서만큼 인기를 얻지는 못해요. 인기는 대개 친밀해 보이는 듯한 느낌과 진정성이 있어 보이는 듯한 느낌에서 오기 때문입니다." 그리고 이 대목에서 재빨리 한마디 덧붙였다. "내가 왜 그냥 친밀성과 진정성이라고 하지 않았는지 생각해보세요."

우리는 몇십 년 전과 비교했을 때 타인의 삶을 공유하는 데 훨씬 더 익숙한 환경 속에서 살고 있다. 실제 인물들의 삶을 생생하게 보여주는(비록 부유하거나 호화롭기는 하지만) 리얼리티 TV 프로그램이 대단한 인기를 끈 것만 봐도 알 수 있다. 대표적인 리얼리티 TV 프로그램에는, 〈심플 라이프The Simple Life〉, 〈저지 쇼어Jersey Shore〉와 〈조디 쇼어Geordie Shore〉, 〈4차원 가족 카다시안 따라잡기Keeping Up With The Kardashians〉가 있다. 그런데 이 현상은 소셜미디어의 등장에 따라 더 굳건히 자리 잡았으며 갈수록 심화하고 있다. 현재 페이스북에는 매달 23억 명 이상의 사용자가 활동하고, 유튜브에는 매달 최고 19억 명의 사용자가 접속하며, 인스타그램에는 10억 명의 사용자가 있다. 이들은 자신의 최근 생활을 생생하게 보여주는 콘텐츠를 직접 만들어 올리기도 하고, 유명인의 최근 활동이나 생각을 즉각 전달받기도 한다.

지나친 생활의 공유가 무례한 행위로 여겨지던 시기도 있었지만, 지금은 그때와 180도 다르다. 한때는 가장 가까운 친구하고만 공유했던 개인적인 생각, 감정, 우려가 이제는 페이스북과 트위터와 유튜브를 통해 전 세계로 퍼져간다. 이제 자신의 일상과 감정을 공유하지 않는 사람들은 왜 그렇게 입이 무겁냐는 질문과 함께 의심의 눈초리를 받을 정도다. 자신의 걱정거리와 약점까지도 당당히 콘텐츠로 만들 수 있는 극단적인 투명성의 시대가 온 것이다. 심지어 샤워하는 장면까지 스스럼없이 보여주는 여성 유튜버도 있다. 영국의 유튜버 루시 문Lucy Moon이 프랑스 파리에 관한 여행 동영상에서 샤워하는 장면을 넣었더니, 그걸 본 한 팬이 이런 댓글을 달았다. "그렇게 솔직하시니까 이 시리즈는 물론이고 다른 동영상들이 모두 확 사네요. 바로 그 솔직한 태도야말로 유튜브에서 꼭 필요한 거예요." (그 동영상은 원나잇스탠드를 암시하는 노래를 부르며 끝난다.)

유튜브 시청자는 쌀쌀맞게 굴며 자신의 생활을 잘 드러내지 않는 크리에이터를 여간해서는 좋아하지 않는다. 하지만 어느 정도의 공유가 적당한지에 대해서는 자세히 따져봐야 할 문제다. 마윅은 말한다. "크리에이터에게는 스스로 지키려는 것, 그리고 무엇이 온라인에 올리기에 적절하고 적절하지 않은지에 관한 기준이 분명히 있습니다. 다만, 팬들에게는 진짜로 다 털어놓는다고 열심히 떠들 뿐이에요. 그것이 인기의 핵심이라는 것을 알기 때문이죠."

한 편의 유튜브 동영상은 그 독특한 형식으로 인해 그것을 보는 사람들이 크리에이터 내면의 진정성과 친밀감을 가장 깊숙이 느끼도록 한다. TV 프로그램과 영화에서는 배우들이 '제4의 벽'(무대와 객석 사이의 보이지 않는 벽을 뜻하는 연극 용어 — 옮긴이)을 부술까 두려워서 렌즈를 직접 쳐다보지 않도록 훈련받는다('카메라 보기'는 관객을 일어서서 주목하게 할 만큼의 강렬한 인상을 주는 개인적 관계를 제시할 때 이따금 사용된다). 그러나 유튜브에서 크리에이터는 마주친 시선이 떨어지지 않도록 연신 밝고 편안한 미소를 지으며 시청자를 자신의 시선 속에 꽁꽁 묶어둔다. 마치 오랜 친구와 대화하는 느낌을 주는 것이다. 특히 페이스타임, 스카이프, 스냅챗과 같은 앱들은 중간에 화면이 있기는 하지만 친구들과 얼굴을 마주하고 소통할 수 있도록 한다.

이 동영상들이 촬영되는 장소, 즉 대개 유튜버의 침실이나 거실도 개인적 관계를 발전시키는 중요한 요소다. 마윅은 이렇게 분석했다. "유튜버가 자신의 침실에서 카메라를 보고 말하면, 시청자는 실제로 누군가의 침실로 찾아가서 그 사람이 하는 말을 눈을 마주 보고 직접 듣는 것 같은 느낌을 받습니다. 정말 친한 사이에나 가능한 일이겠죠. 그리고 특히 침실은 10대들에게 매우 중요해요. 혼자 있을 수 있는 유일한 공간이잖아요."

카메라를 향해 말할 때 유튜버는 친밀감을 극대화하기 위해 다양한 방식을 동원한다는 연구 결과도 있다. 독일 힐데스하임대학교의 맥시밀리아네 프로베니우스Maximiliane Frobenius 교수에 따르면, 유튜버는 시청자들을 부추겨서 자신과 상호 작용하도록 만들려고 독특한 목소리 표현과 용어를 구사한다고 한다.[67] 그러면 유튜버가 팬들에게 일방적으로 말하고 있다기보다 팬들과 대화를 나누고 있는 것 같은 분위기가 조성된다는 것이다. 이런 의도가 가장 노골적으로 드러나는 경우는 동영상 끝부분에 "어떻게 생각하는지 알고 싶으니, 아래에 댓글을 달아주세요"라고 덧붙일 때다.

이런 식으로 접촉을 유지하는 경우에 '준사회적 관계'라는 용어를 사용한다. 이는 1956년 도널드 호튼Donald Horton과 리처드 울Richard Wohl이 〈매스 커뮤니케이션과 준사회적 상호 작용〉이라는 논문에서 창안한 개념으로,[68] 1950년대 중반 급성장하는 TV 기술을 배경으로 TV에 등장하는 인물에 대한 시청자의 반응을 분석하고 있다.

호튼과 울이 발견한 내용에 따르면, TV에서는 시청자와 유명인 사이를 아무리 두꺼운 판유리와 브라운관이 막고 있고 수천 킬로미터 거리에 떨어져 있어도 시청자는 출연자를 일대일로 대화할 수 있는 진짜 친구와 동일시한다고 한다. 실제로는 TV 진행자나 뉴스 앵커가 혼자서 일방적으로 떠들고 있는데도 말이다. 진행자는 계속 이야기하고 시청자는 계속 듣기만 했던 데다가, 시청자는 오로지 전화 통화 아니면 소개되는 사연으로만 응답할 수 있다는 걸 고려하면 매우 뜻밖의 결과다.

TV의 초창기 스타들은 시청자와 가장 친한 친구가 됐다. 한 번도 만나지 않았더라도, 또는 시청자가 스타에 관해 별로 아는 게 없더라도 문제가 되지 않았다. 스타들은 필요할 때마다 미디어에 등장해서 말했고, 시청자들은 교묘하게 일대일로 대화하는 것처럼 느꼈다. 월터 크롱카이트가 베트남 전쟁 기간 중 CBS 이브닝뉴스가 끝날 때 한 짧은 논평을 생각해보라. 그는 이 논평을 통해 미국 전역에 반전反戰 정서를 고취했을 뿐 아니라 뉴스 앵커에 대한 존경심을 불러일으켰다. 시청자들은 그들이 자기 집 안방에 방문해서 복잡한 세계를 꼼꼼히 진단하고 전망해줬다고 느꼈기 때문이다.

유튜브를 통해 친밀감이 한층 높아짐에 따라 크리에이터와 팬의 관계는 훨씬 더 가까워진 것처럼 보인다. 그런데 이는 학계의 뜨거운 쟁점이 되고 있다. 대만 유안제대학교 경영대학의 치핑 첸Chih-Ping Chen 교수는 유튜브를 "소비자들이 디지털 방식으로 스스로 만들고 스스로 표현하는 도구일 뿐만 아니라, 사회적 관계를 준사회적 관계로 발전시키는 도구"라고 평가했다.[69] 독일 포츠담 바벨스베르크에 있는 콘라드 울프 영화대학교의 알렉산더 릴Alexander Rihl과 클라우디아 베게너Claudia Wegener 교수가 진행한 독일의 유튜브 시청자에 관한 연구 결과, 팬과 크리에이터 간에는 깊은 감정이 오가지도 않고 위아래 서열이 매겨져 있지도 않지만 "가상으로 동등한 관계가 형성된 결과, 겉으로 보기에는 크리에이터가 팬에게 제법 믿을 만한 친구 역할을 하는 것으로 나타났다".<sup>70</sup>

모든 걸 다 털어놓으면 팬들과 친해진다고 생각하는 유튜버들이 많다. 그리고 팬들도 이에 화답한다. 실제로 크리에이터들이 아침에 기상한 후의 일상을 유튜브에 공유한 결과, 2016년 6월부터 2018년 6월까지 동영상 시청 시간은 그 이전에 비해 세 배가 늘어났다.<sup>71</sup> 이런 와중에도 사람들의 열망을 이용할 생각조차 하지 않는 크리에이터도 있다. 그러고 싶지 않기 때문이다. 영국의 유튜버 타하 칸Taha Khan은 칸스탑미KhanStopMe라는 채널에 독특하고 재기발랄한 동영상을 올리지만, 자신의 사생활은 의도적으로 거의 공유하지 않는다.

그는 이렇게 말했다. "난 그게 어려워요. 내가 모르는 사람들과 뭔가를 공유할 때마다 많이 불편하거든요." 자신의 팬들에게 어째서 냉소적인 태도를 보이는지 물었더니, 그는 이렇게 해명했다. "나는 내가 올린 동영상의 모습들을 나라고 생각하지 않습니다. 그래서 동영상 제작 과정도 그저 온라인에 게시할 상품을 만드는 것과 다를 바 없다고 생각해요. 동영상에는 내 개성이 반영됐지만 그건 나 자신은 아닙니다. 사람들은 크게 착각하고 있어요. 유튜브 동영상은 감쪽같이 편집된 것입니다. 진정성은 책이나 머릿속에 있을 뿐이죠."

칸은 자신의 극히 일부만을 시청자들에게 공개하지만 이마저도 신중히 가려서 전한다. "동영상에서 나는 분명히 말합니다. 이 동영상은 오락물로 만들어진 것이고 내 성격도 이 동영상을 위해 만들어진 것이라고요. 난 진정성이라는 그럴싸한 명분을 불편하게 생각한다고 시청자들에게 밝혀요." 그가 불편하게 생각하는 것에는 유튜브의 진정성이라는 그럴싸한 명분만이 아니라, 유튜브에서 활동하려면 시청자들에게 유튜버 자신의 상당 부분을 내어주어야 한다는 인식도 포함돼 있다. "그런 인식을 다들 당연시하더군요. 이는 곧 '유튜버니까 당연히 자기 생활을 다 드러내야 한다'라는 뜻이죠. 이 문제에 대해 진지하게 고민하고 '그렇게 하지 않겠다'라고 말하는 유튜버도 분명히 있을 겁니다. 잘못은 온라인에서 자신의 생활을 공유하는 유튜버들에게 있어요. 나는 내 생각을 강력하게 주장하지는 않지만, 확고한 신념으로 간직하고 있어요."

팬들이 크리에이터의 온라인상 존재와 실제 세상에서의 물리적 존재를 동일시하는 현상을 우려하는 유튜버들도 있기는 하다.

캐나다에 살면서 유튜브에서 10년 이상 활동한 영국의 유튜버 찰리 맥도넬은 한동안 동영상을 올리지 않으면 "혹시 죽었어요?"라는 댓글이 달리는 건 몹시 이상하다고 내게 말했다. "겉으로는 재미있어 보이지만 깊이 파고들어가 보면, 어쩌면 사람들이 유튜브 콘텐츠와 내 실제 생활을 동일시하고 있을 거라는 생각이 들어 편치 않아요."

예전 유명인들은 대개 개인 경호원을 두고 팬들을 피해 숨어 있었지만, 영화와 TV의 요즘 스타들은 팬 관리 차원에서 소셜미디어와 관계를 맺어야 한다. 미국의 정상급 여배우 제니퍼 로렌스는 자신의 모든 일상을 시시콜콜 털어놓는 옆집 언니 같은 페르소나를 통해 크게 성공을 거두었는데, 이는 유튜브에서 배운 바가 크다. 이 책을 쓰기 위해 시장조사업체 유고브에 의뢰한 독점 조사에 따르면, 응답자의 57%는 제니퍼 로렌스의 진정성을 믿는다고 답했고, 14%만이 진정성이 없다고 본다고 말했다. 로렌스가 피자에 사족을 못쓰는 자신의 모습을 평범한 옆집 언니 스타일로 풀어놓은 동영상은 초창기 소셜미디어의 상징인 고백형 표현을 빌려온 것이다. 마윅은 이렇게 말했다. "하나의 배역을 놓고 두 명의 신인 여배우가 경쟁할 경우, 소셜미디어 구독자가 한 사람은 2만 명이고 다른 한 사람은 100만 명이라면, 100만 명의 팬을 보유한 사람이 배역을 따게 되겠죠. 소셜미디어는 이제 유명인이 반드시 갖추어야 할 조건이 됐어요."

하지만 옛 스타들이 초기 유튜버의 개방성을 전적으로 수용하는 경우보다, 양극단이 중간에서 만나는 일이 더 늘어나고 있다. 옛 스타가 어느 정도는 개방적일 필요가 있음을 알게 됐을 때, 이 시대의 온라인 인플루언서는 오히려 조금은 숨겨야 할 필요가 있음을 깨달았다. "앞으로 제니퍼 로렌스 같은 배우를 만나기란 매우 어려울 겁니다." 유튜브 크리에이터의 매니저 새러 와이클이 말했다. "그녀가 거느리는 팀은 소셜미디어나 팬 미팅을 활용하지 않고도 그녀의 인기가 올라갈 수 있게 기막히게 잘 보좌했어요. 그래서 그녀는 할리우드의 차세대 주자로 떠오를 수 있었던 거죠. 하지만 앞으로 그런 방식으로는 힘들 거예요."

많은 유명인이 반려견 사진이나 노래를 따라 부르는 동영상을 소셜미디어에 올릴 것이다. 가령 윌 스미스와 잭 블랙은 각자 유튜브 채널을 운영한다. 그들은 팬들에게 다가간다는 명분으로 채널을 운영하고 있지만, 실제로는 자신의 이미지를 럭셔리 잡지에 실린 사진이나 파파라치가 공개하는 사진들보다 더 진정성 있게 보이게끔 하려는 데 더 큰 목적이 있다. 이처럼 요즘의 스타들은 최근 뜨는 영화의 신인 여배우든 떠오르는 유튜버든 간에 팬들에게 바로 그런 '친밀한 듯한 느낌과 진정성이 있는 듯한 느낌'을 주는 데 능숙하다.

투비튜브를 설립한 네덜란드 기업가 바스티앙 마인트벨트가 보기에 TV업계는 유튜브가 그저 귀여운 동물들의 동영상이나 볼 수 있는 곳이 아니라 사람들에게 더 친숙한 미디어라는 사실을 여전히 제대로 인정하지 않고 있다. 시청자들은 TV 경영진이 시청각 제작 분야의 학위를 받았는지 TV 방송 일정표를 신중하게 작성했는지 따위에는 관심이 없다. 그들은 그저 매력 있는 인물을 직접 가까이에서 보고 싶어 한다. 마인트벨트는 이렇게 분석했다. "그냥 자기 침실에 앉아서 방송하는 10대 유튜버들의 개성과 스타일에 시청자들이 매력을 느낀다는 것은 결국 꾸밈없는 친밀함과 진정성이 이겼다는 거예요. 유튜브의 젊은 시청자들에게 진정성은 아주 중요합니다."

# 번아웃의 위기
## 알고리즘의 노예가 되다

장차 유튜버가 되려는 사람 중 상당수는 내내 동영상만 만들고도 생활을 영위하면서 주체적인 삶을 살 수 있다는 데 매력을 느낀다. 하지만 수많은 유튜버가 깨달은 것처럼 두 가지를 결합하기란 대단히 어려운 게 현실이다. 유명인을 향해 달려가다가 탈진해버린 사람이 부지기수다. 다음의 올가 케이Olga Kay의 이야기를 통해 유튜버의 흥망을 살펴볼 수 있다.

올가 케이는 미국 전역을 순회하면서 공연하는 링링 브라더스 서커스단의 전문 저글러였는데, 4년간 이어진 유랑생활에 만족하지 못했다. 2000년대 중반 어느 날, 케이(본명은 올가 카라바예바Olga Karavaye-va)는 친구 몇 명을 불러 연예계에 진출하는 가장 좋은 방법이 뭔지 의견을 들었다.

케이가 TV 프로그램이나 상업 광고 출연자를 뽑는 오디션에 참가하고 싶다고 하자 친구들이 유튜브 계정을 개설하라고 권했다. 그녀는 유튜브 홈페이지로 들어가서 한번 쓰고 말 요량으로 올가케이OlgaKay라는 이름의 계정을 만들었다("다시 방문하지 않을 작정이었는데도 닉네임으로 기억할 수 있는 단어가 뭘까 생각했던 기억이 나네요." 2016년 늦여름, 그녀가 스카이프로 내게 보낸 문자 내용이다). 그러다 카메라를 향해 열정을 쏟아붓는 한 어린 소녀가 우연히 눈에 들어왔다. 당시에 유튜브 시청자를 사로잡아 주류 미디어의 뉴스 프로그램에도 출연하고 있었던 인기 절정의 소녀 '론리걸15'였다. 케이는 앞에서 소개한 인기 유튜버 '리자노바LisaNova'(후에 메이커 스튜디오Maker Studios라는 MCN을 설립함)의 초창기 팬이 되기도 했다. 케이는 이렇게 말했다. "이 소녀들을 바라보면서 가슴 속에서 뭔가가 꿈틀대던 기억이 나요. 그만한 끼는 나한테도 있었거든요. 내가 더 잘할 수 있다고 생각했어요. 동영상을 찍어서 올리는 방법만 안다면 말이죠."

케이는 카메라도 없었고 동영상을 어떻게 찍고 편집하는지도 몰랐다. 가진 것이라고는 두툼한 노트북에 내장된 웹캠과 애플의 동영상 제작 기본 소프트웨어인 아이무비iMovie 복제판뿐이었다. 그녀는 우여곡절 끝에 첫 브이로그를 어렵사리 찍어서 올렸다. 어색한 침묵으로 카메라 옆을 쳐다보는 장면이 길게 이어지는 동영상이었다. 어떨 때는 담배 연기 가득한 동유럽 국가의 공항 출국장에서 동영상을 촬영하면서 각종 행사와 비즈니스 회의장에서 했던 저글링 경험을 이야기하기도 했다. "초창기 동영상은 못 봐주겠어요. 내가 뭘 하는지 나도 모를 때였으니까요." 그런 어려움을 겪으면서도 그녀는 집요하게 동영상 만드는 방법을 하나하나 터득해가며 촬영한 것을 꾸준히 올렸다. 하지만 그렇게 하루 열 시간에서 열두 시간을 바쳐 작업을 하는데도 조회수는 꼼짝도 하지 않았다. "동영상을 만들어 올리는 데 하루의 거의 절반을 쏟아부었지만, 아무도 봐주질 않더군요." 얼마 지나지 않아 이런 생활을 얼마나 오래 유지할 수 있을지 회의가 들기 시작했다.

케이가 돈을 바라고 시간을 쏟은 건 아니었다. 당시만 해도 유튜브가 돈을 버는 수단이 아니었기 때문이다. 하지만 그녀는 유튜브에 전념하느라 친구들은 물론이고 가족들과도 멀어졌다. 친구들은 그녀를 피했고 가족들은 무시했으며, 잠시 사귀었던 남자친구는 왜 그렇게 형편없는 사이트에 동영상을 올리느라 시간을 낭비하느냐고 투덜댔다. 그녀는 이렇게 회상했다. "그들은 내가 이 새로운 길을 택한 걸 당혹스러워했어요." 당시 사람들은 대체로 별 이유 없이, 아니면 무작정 더 많은 사람과 만나려고 유튜브에 동영상을 올렸다. 케이의 친구와 가족이 그녀의 속내를 이해하지 못한 건 너무 당연했다.

하지만 케이는 단호했다. 유튜브를 시작한 지 2년쯤 지난 2008년이 되자 용케도 약 5만 명의 구독자를 확보했다. 그래도 그녀는 더 많은 구독자를 갈구했다. 당시는 웬만한 규모와 수준을 갖춘 유튜버들에게 기업들이 아직 손을 내밀지 않았던 때였다. 사업가로서 늘 새로운 기회를 모색하고 있었던 케이는 스스로에게 이렇게 물었다. "어떻게 하면 이 시스템 속에 안착할 수 있을까?" 케이는 후원받을 수 있겠다 싶은 몇몇 브랜드와 적극적으로 접촉하면서 점점 늘고 있는 자신의 팬들에게 제품을 홍보하는 콘텐츠를 만들어보겠다고 제안했다. 자신과 제휴하자고 설득할 요량으로 광고주에게 후원 동영상을 임의로 보내기까지 했다(미국의 월간지 《디 어틀랜틱》의 테일러 로렌즈 기자에 따르면, 이는 오늘날 인스타그램과 유튜브에서 브랜드 거래를 제공하는 회사의 관심을 끌려는 10대와 어린이에게 점점 더 널리 퍼지고 있는 경향이다). 선뜻 그 미끼를 문 기업 중에는 포드 자동차도 있었다. 포드는 케이를 미국 전역에서 자사의 자동차를 몰고 다니는 100명의 유튜브 인플루언서 중 하나로 선정해서 홍보 동영상을 찍었다.

케이는 당시를 회상하며 이렇게 말했다. "그 당시 기업들을 설득하는 건 아주 쉬웠어요. 기업이 유튜브라는 플랫폼을 아직 잘 몰랐거든요. 기업은 유튜브 자체에 대해서는 미심쩍어했지만, 크리에이터들 사이에는 순수한 접촉과 진실한 교류가 많이 이루어진다고 판단하고, 자신들도 거기 끼어들기를 바랐어요. 하지만 구체적인 방법을 모르고 있다가 내 신선한 제안을 받아들인 거죠." 결과적으로 초창기 후원 동영상은 기업이나 PR 대행사로부터 거의 간섭을 받지 않고 진행됐다. 말이나 행동에 대한 기준이 없었던 덕이다.

행복한 시절이었다. 처음으로 유명 브랜드와 거래가 성사되고 돈이 굴러들어오기 시작하자, 유튜브에 자신의 채널을 구축하느라 보낸 그 긴 세월을 보상받는 기분이었다. 그녀는 지난 시절을 떠올리며 이렇게 말했다. "유튜브는 힘든 곳이었어요. 어느 정도 자리 잡을 때까지 다섯 명 이상의 몫을 해야 했으니까요. 창의성도 있어야 하죠, 작가에 감독 역할까지 해야 하죠, 연기자도 되어야 하죠, 계속 일이 굴러가

게 하려면 비즈니스 감각도 있어야 하죠. 그런데 처음에는 어느 것 하나 제대로 이해하지 못했거든요."

하지만 마침내 유명인으로 자리를 잡자 케이는 감당하지 못할 만큼 바빠졌다. 2014년《뉴욕타임스》기사를 보면, 당시 그녀가 얼마나 바빴는지를 알 수 있다. 그녀는 일주일에 20편이 넘는 동영상을 만들고 그 대가로 한 해에 약 1억 2,000만 원을 벌어들였다.[72] (그 기사는 유튜브에 관한 초기 보도에서 흔히 볼 수 있듯이, 회의적인 어투를 살짝 드러냈다. 가령 이런 식이다. "31세 케이 씨는 유튜브에 콘텐츠를 만들어 올림으로써 생계를 해결하려는 신흥 연예인 그룹의 일원이 되었다.")

모나리자 페레스가 유튜브 채널을 재구축하면서 자신의 일상생활을 거리낌 없이 올린 것처럼, 케이도 동영상을 통해 자신의 생활을 가감 없이 보여주었다. "내 생활의 작은 움직임 하나까지, 내가 겪고 있는 모든 것을 찍으려 했어요. 하루 내내 울었든, 하루 내내 웃었든, 전부 다 촬영하고 기록해서 일주일에 다섯 편을 꾸준히 올렸어요." 그녀는 한두 명의 직원까지 고용해서 채널 관리를 일부 맡겼다. 이는 현재 거물급 유튜버들 사이에서는 보편화된 일이지만, 당시에는 매우 드물었다(행크 그린이 비드콘에서 지원 인력을 고용하자는 의견으로 참가자들을 당황하게 만든 것이 불과 3년 전이다). 일정은 살인적이었다. 그때는 사생활이 없었다고 그녀가 털어놓았다. 파티에 초대받을 경우, 그녀는 주최 측에 촬영이 가능한 파티인지를 먼저 확인했다. "내가 촬영하는 것을 불편하게 생각하는 사람이 있으면 가서 즐길 수 없다고 생각했어요. 내겐 콘텐츠가 필요했거든요." 그녀의 말마따나 이는 '매우 비정상적인 생활 방식'이었다.

"나는 완전히 번아웃 상태였어요. 따지고 보면 그때가 내 유튜브 인생의 전성기였죠. 기회도 많았고, 동영상도 많이 만들었으며, 더 기막힌 기회들이 줄지어 기다리고 있었으니까요. 하지만 돈을 벌어 뭔가를 더 신나게 벌일 수 있겠다는 생각은 점점 줄어들고 오히려 부담감만 늘어났어요. 콘텐츠를 더 많이 만들어야 했지만 몸도 마음도 말을 듣지 않더군요. 내가 거둔 그 엄청난 성과들을 떠올려도 행복하지 않았어요."

이에 대해 마웍 교수는 이렇게 설명한다. "유명해지면 마냥 즐겁고 신날 거라고 생각하는 사람이 많아요. 하지만 현실적으로 유튜브에서 얻은 명성은 매우 불안정해요. 젊은 사람이 성공하면 더더욱 힘들어져요." 마웍은 지나친 명성과 벼락출세의 유혹을 단호하게 비판한다. "마인크래프트 게임을 개발해서 수십억 달러의 거부가 된 경우와는 다릅니다. 대학 진학도 포기하고 유튜브 채널을 위해 하루에 열여섯 시간씩 팬들을 응대하고 새로운 콘텐츠를 만들면서 어마어마한 스트레스를 받는 것은 무모한 짓이에요."

마웍은 연구의 하나로 소셜미디어 유명인들을 인터뷰한 적이 있다. 그 결과 마웍은 대다수 젊은이가 의욕만 앞서서 무리하다가 2년 후에 결국에는 탈진하게 될 수 있다는 결론을 얻었다.

최초의 전업 유튜버 중 하나인 마이클 버클리는 유명인 가십 채널 왓더벅WhatTheBuck으로 인기를 얻은 지 몇 년 후에 성공한 사람들이 으레 느끼는 감정에 빠져들기 시작했다. 영혼 없는 삶을 살고 있다는 느낌, 자신을 완전히 보여주지 않고 있다는 느낌, 팬들을 위한 거짓 페르소나 뒤에 숨어 살고 있다는 느낌이었다. 유튜브의 대다수 초기 스타들처럼 그도 돈과 명성을 만끽했지만, 과로와 자아 상실감으로 인해 위축됐고 기진맥진했다. 야간 작업을 없애고 과장된 페르소나에서 벗어나자 그런 감정이 조금 잦아들었다. 그러는 동안 그는 인간의 행동과 관계를 깊이 탐구했으며, 결국에는 라이프 코치가 되고 싶어졌다.

버클리는 그 기간에 유튜브를 떠나서 개인의 삶으로 돌아왔다. "나는 네댓 번 번아웃을 경험했어요. 그런 일이 내게도 생기더군요. 자업자득이죠. 나는 유튜버를 위한 라이프 코치가 되겠다고 늘 입버릇처럼 말해요. 컨퍼런스에 가서 탈진하고 불행한 사람들을 만날 때마다 말을 건답니다. '내가 도와줄까요? 유튜브 생활이 더 즐거워지게끔 정말로 도와줄 수 있어요.' 이렇게 말이죠." 그의 회상은 이렇게 이어졌다. "유튜브에 너무 깊숙이 들어갔어요. 푹 빠져서 모든 걸 걸었죠. 내 세상의 전부로 여겼으니까요."(물론 유튜브에게 고마워하며 이런 말도 했다. "스트레스를 받을 때마다 나를 돌아보려고 손목에 유튜브 문신을 새겼어요. 이 문신을 내려다보며, 유튜브가 내 인생 전체를 가능하게 만들었다는 걸 떠올리죠.")

버클리와 같은 시기에 유튜브에 합류한 또 한 명의 거물 미셸 판Michelle Phan도 번아웃을 경험했다. 2007년 유튜버가 된 판은 유튜브에서 이룬 성공 덕분에 프랑스의 뷰티 브랜드 랑콤의 공식 메이크업 아티스트가 됐다. 랑콤 브랜드를 소유한 로레알 그룹은 판의 이름으로

미셸 판, 〈내가 떠난 이유〉.
**"나는 웃다가 팔고, 또 웃다가 파는 기계가 되고 말았어요."**

화장품 라인을 출시했으며, 그녀는 뷰티 크리에이터를 위한 MCN과 화장품 구독 서비스를 출범시켰다. 판은 책도 출간했으며, 사업 자금 으로 수천억 원을 모금하기도 했다.

800만 명의 구독자가 판이 알려주는 정보와 조언에 따라 메이 크업을 할 정도로 영향력이 엄청났지만,[73] 그녀는 행복하지 않았다. 2016년 7월, 그녀는 제모에 관해 조언하는 동영상을 올리고는 마침내 유튜브 활동을 중단했다. 더는 동영상을 올리지 않은 것이다. 팬들은 그녀가 어디로 사라졌는지 궁금해했다.

거의 1년이 지난 후, 판은 해명에 나섰다. 〈내가 떠난 이유Why I Left〉라는 제목의 11분짜리 동영상에서 그녀는 정신이 피폐해진 것 같 은 느낌이었다고 털어놓았다. "한때 나는 꿈 많은 소녀였는데, 결국에 는 웃다가 팔고, 또 웃다가 파는 기계가 되고 말았어요." 그녀는 스위 스로 가서 소셜미디어니, 사업 성공이니, 명성 유지니 하는 것들과 완 전히 단절하고 살았다. 그렇게 2년간 마음을 추스른 판은 다시 유튜브 로 돌아왔다.

영국의 브이로거 루시 문도 너무 유명해진 나머지 벌어진 일들 을 우려하기 시작했다. 2017년 9월, 그녀는 자신의 블로그에 이런 글을 올렸다. "정기적으로 동영상을 올리는 유튜버라면 적어도 한번은 듣는 말이 있죠. 난 어제 트위터로 그 말을 들었어요." 한 달간 한 편의 동영상도 올리지 않는 걸 지켜보던 어떤 팬이 유튜브 활동을 중단했는지 물어보는 그 트윗은 "빨리 올려주세요"라는 요청과 함께 하트 두 개를 찍고 끝났다. 루시 문은 시청자들이 동영상 게시 빈도를 신경 쓰지 않으리라 생각했지만, 구독자 체크 박스에 나타난 숫자가 눈에 띄게 줄었다. 그녀는 말했다. "한마디로 압박감을 느꼈어요." 그 짧은 시간 동안 그녀는 하나의 브랜드가 된 것이다. 더구나 그녀의 소셜미디어 계정을 사람들은 더욱 주시하게 되었다.

"소셜미디어에 뭔가를 올리는 일은 개인적으로도 그렇지만 직업적으로도 큰 부분이지요. 그래서 그 경계를 나누기가 참 어려워요. 소셜미디어에 수시로 올리는 글과 정기적으로 올리는 동영상에 내 감정이며, 사진이며, 의견 따위를 어디까지 공유해야 할지 결정할 때마다 경계가 흐릿해져요"라고 그녀는 언급했다.

따지고 보면 이는 유튜버 모두가 마주한 딜레마다. 구글의 알고리즘은 루시 문이 정기적으로 영상을 올리기를 원했고 그녀는 진정성 있게 말을 전하고 싶었지만, 동영상을 그렇게 정기적으로 만들어 올리는 일에 지친 데다가 그동안 자신을 너무 많이 드러내 보였다는 느낌이 들었다. 이에 대해 그녀는 이렇게 표현했다. "우리가 소셜미디어에서 맞닥뜨리는 그 엄청난 쓰레기들로 인해 가장 소중히 해야 할 자아 성찰이 우선순위에서 완전히 밀려났다고 생각해요." 그녀는 소셜미디어 중독에서 벗어나면서 비로소 안정을 찾았다. "내가 알기로

230

어떤 형태로든 번아웃을 경험하지 않은 유튜버는 단 한 사람도 없어요. 번아웃으로 인해 많은 사람이 유튜브에서 완전히 사라졌어요. 흔히들 온라인에서 만난 유명인이 이상적인 삶을 산다고 말하지만, 실은 사람들이 이상적인 이미지를 부여할 뿐이에요. 꿈속에서 헤매는 사람들처럼 사는 거죠."

온라인에서 화려한 조명을 받고 살아온 삶의 스트레스와 긴장이 얼마나 극심한지는 2019년 2월에 열린 비드콘 런던 행사장에서 몇백 개의 카메라폰과 몇천 와트의 화려한 조명을 받던 사람들만 봐도 간단히 알 수 있다. 나는 그때 톰스카Tomska, 한나 위턴Hannah Witton, 개비 한나Gabbie Hanna(유튜버로 전환한 바인Vine의 대스타), 제이든 애니메이션이란 이름으로 활동하는 제이든 디트파흐Jaiden Dittfach, 이렇게 네 명의 거물 유튜버와 함께 정신 건강 관련 토론의 패널로 참석했다.

650만 명의 구독자를 보유한 28세 개비 한나는 운동복 하의를 입고 큼지막한 검은색 가죽 의자에 몸을 쭉 뻗은 채 앉아 있었다. 넓은 무대의 한쪽 끝에서 질문 순서를 기다리던 나는 그녀와 상당히 멀리 떨어져 있었지만, 그녀가 청중들 앞에서 취한 믿기 어려울 만큼 거리낌 없는 태도를 똑똑히 볼 수 있었다.

개비 한나는 유튜브가 정신 건강을 해쳤으며 자신의 자존감은 각 동영상에 찍히는 조회수와 바로 직결되었다고 담담하게 말했다. 그녀는 (위턴을 뺀 나머지 토론 참석자와 마찬가지로) 자신이 온라인에서 카메라 렌즈를 통해 낯선 사람들과 문제를 공유하는 걸 친구나 가족에게 어려움을 털어놓는 것보다 더 쉽게 생각한다고 말했다.

231

하지만 그로 인해 더 큰 문제가 생겼다. 가장 가까운 지인들도 동영상을 보고 있다는 사실을 깜빡하고 자신의 고충을 시청자와 공유한 것이다. 그녀는 지인들이 자신에게 전화를 걸어 괜찮은지 물어오자 깜짝 놀랐고 당황스러웠다며 "그만큼 내가 맛이 갔다는 얘기 아닐까요"라고 자학적으로 말했다.

모두 합해서 1,850만 명의 구독자를 보유한 네 명의 크리에이터는 무대를 내려가 한쪽 구석에서 기다리던 무대 담당자에게 마이크를 돌려주고도 계속 이야기를 나누었다. "기삿거리가 생겨서 좋겠네요." 개비 한나는 내게 이렇게 말했다. 나는 솔직하게 얘기해줘서 고맙다고 했다. 하지만 이런 경우에 감사 인사를 하는 것이 맞는지는 여전히 잘 모르겠다.

유튜브의 비공식 역사가로도 활동하는 동영상 에세이스트 앤서니 댄젤로Anthony D'Angelo 는 이렇게 말했다. "유명해진다는 생각을 한 번도 해보지 않았던 아이들 앞에 어느 날 벼락같이 명성이 찾아온 셈이죠. 그들은 프라이버시를 어떻게 지키는지 몰라요. 자존감을 어떻게 지키는지도 모르고요." 유튜버들이 점점 더 어린 나이에 유명해지는 것은 장기적으로 여러 문제를 초래할 거라고 그는 예상한다. "아주 어린 나이에 뭔가를 수행해야 한다는 압박을 받을 경우, 과연 시청자들의 영향을 받지 않고 스스로 정체성을 찾아 나갈 수 있겠어요?"

여러 해 동안 그린 형제와 함께 비드콘 운영을 지원해온 로라 체르니코프Laura Chernikoff 는 이렇게 말했다. "유튜브는 질적으로나 양적으로나 지속적인 성장을 요구하는 결과 주도형 웹 사이트이며, 여기서 크리에이터는 인기를 유지하려는 욕구에 휩싸여 쉽게 좌절할 수 있어요. 비드콘 2017에서 만난 크리에이터 중에는 유튜브 때문에 분명히 피로감을 느끼지만, 옛날만큼 신경 쓰지 않는다는 사람이 많았어요. 특히 유명한 크리에이터일수록 더 그랬죠."

유튜브의 개인 순위와 거기서 나오는 수익금은 시청자를 꾸준히 즐겁게 해주는 데 달려 있기 때문에 크리에이터는 이따금 동영상을 만드는 기계가 된 것 같은 느낌을 받을 수 있다. 유튜브에 동영상을 올리는 사람들은 대부분 창의적인 성격의 소유자들이며 변화가 없는 것을 참지 못한다. 체르니코프는 "크리에이터들은 시청자가 자신들의 현재 모습을 보려고 가입했다는 느낌이 강해서 이를 바꾸면 시청자가 좋아하지 않는다고 생각해요. 그래서 늘 만들어온 것과 똑같은 콘텐츠를 만들어야 한다는 강박관념에 사로잡히게 되고, 이 때문에 누구나 어떤 식으로든 번아웃을 겪게 되는 거예요"라고 말했다.

라시 그린Laci Green의 사례를 살펴보자. 그녀는 캘리포니아대학교 버클리 캠퍼스에서 법학·사회학·교육학을 공부하는 동안, 19세부터 개인적 경험을 토대로 섹스며, 인생이며, 몸매에 관한 동영상을 만들어 올리기 시작했다. 2013년 내가 처음 그녀를 인터뷰할 당시, 그녀는 유튜브의 디스커버리 채널 동영상을 호스팅하면서 자신의 유튜브 채널을 운영하고 있었고, 미국 가족계획연맹과도 일하고 있었다. "그 많은 엄청난 일들을 맘껏 즐기고 있어요." 당시 그녀가 한 말이다. "일이 많긴 한데 다 어마어마한 일들이죠. 아마 동영상을 계속 내보낼 거예요." 5년 후인 2018년 초, 나는 그린을 다시 만났다. 그녀는 정치적

233

으로 변화를 겪고 있었으며, 유튜브에 에너지를 쏟느라 번아웃된 상태였다. 그녀는 예전의 그녀가 아니었다. 지친 모습이 역력했다.

"수렁에 빠진 느낌이에요. 뭘 하든지 질 수밖에 없는 게임이죠." 그녀가 이어서 말했다. "혼자 이런 생각을 한 적이 있어요. '지금 내 삶은 뭐지? 지금 이게 내가 바라던 삶인가? 내가 바라는 미래가 바로 이건가?' 그런데 아무리 생각해봐도 그 대답은 '아니다'였어요." 그린은 겉만 화려한 둥지를 조용히 빠져나가려고 탈출 계획을 세웠다. 하지만 그녀는 책을 출간한 이후, 출판사 요청으로 홍보를 위해 유튜브 계정을 한동안 유지해야 했다.

나는 그린의 계획을 나 혼자만 알기로 약속하고, 몇 달간 그녀의 유튜브 채널을 지켜봤다. 2018년 3월에는 책에 관한 동영상을 올렸고, 4월에는 동영상 두 편을 올렸다. 여름 내내 침묵을 지키다가 가을이 되자 손에 꼽을 만큼만 올렸다. 11월, 29세 생일이 2주쯤 지났을 때 한 동영상이 올라왔다. 그녀는 그 이후에 1년간 유튜브를 떠나 있었다. 그러지 않고는 견딜 수 없었던 것이다.

더 솔직한 사람도 있다. 2019년 3월, 찰리 맥도넬은 팬들에게 유튜브에서 발을 뺀 사실을 시인했다. "나는 예전에 설정했던 인터넷 페르소나보다 성장했어요. 열여섯 살 때 그 가면을 만들었는데, 더는 맞지 않네요."

유튜브에 올릴 콘텐츠를 만드는 크리에이터의 어려움은 리틀 몬스터 미디어사(유튜브 시청자를 관리해주는 대행사 — 옮긴이)가 수집한 자료에서도 입증된다. "하나의 주된 변화는 시청자가 콘텐츠를 보는 빈도입니다." 이 회사의 설립자이자 회장인 매트 질렌이 말한다. "하나의 채널을 기준으로 예전에는 일주일에 동영상 한 편만 올려도 시청률이 잘 나왔는데, 요즘은 일주일에 최소한 동영상 세 편은 올려야 어느 정도 의미 있는 시청률을 얻을 수 있어요."

아울러 요즘 동영상은 3~4분이었던 최대 시간을 10~12분까지 늘려야 한다. 게시 횟수와 길이 늘이기 경주는 궁극적으로 시청자들이 주도하고 있지만, 시청 시간을 늘려 돈을 더 많이 벌어들이려는 유튜브의 욕심까지 더해져 갈수록 심해지고 있다. 크리에이터는 중간에 끼어서 시청자층을 확장하려고 끝없이 탐욕을 부리는 유튜브의 비위를 맞춰주고 있다. "시청자는 콘텐츠를 더 많이 요구하고 있어요. 자기가 좋아하는 걸 누군들 더 많이 보고 싶지 않겠어요?" 질렌은 이렇게 말하면서 쉽게 알 수 있게끔 비교를 해줬다. "사람들이 아이스크림을 한 숟갈 떠먹기를 원할까요, 두 숟갈 떠먹기를 원할까요? 대다수가 두 숟갈을 떠먹겠죠."

실제로 사람들이 원하는 것은 아이스크림 한 통이다. 그것도 큰 것으로 말이다. 인기 유튜버 셰인 도슨Shane Dawson이 시작한 긴 동영상 제작 추세는 점점 널리 퍼져가고 있다. 그는 다양한 주제로 길이도 대체로 긴 다큐멘터리 시리즈를 배포한 인물이다. 2015년, 개별 크리에이터가 만든 동영상 중 조회수 1,000 이상을 찍은 20분 이상의 동영상은 모두 630만 편이었다. 3년 후에는 두 배 이상 늘었다.[74] 시청자들은 더 오래 보고 싶어 하고, 크리에이터는 그 요구에 부응해 필요 이상으로 긴 동영상을 만들고 있다. 내가 만난 크리에이터들 상당수가 앞으로 더 긴 동영상을 만들 계획이라고 말했다. 팬들의 요구에 부응하려는 욕심도 있겠지만, 늘 똑같이 짧은 동영상을 만드는 데 싫증이 났기 때문이기도 했다. 그들은 자신들의 창의적인 갈증을 해소하고 싶어 했을 뿐만 아니라, 오래도록 남을 수 있는 무언가 가치 있는 것을 만들고 싶어 했다.

극심한 생존 경쟁에서 벗어나야 한다는 반성의 의미로 올가 케이는 이렇게 말했다. "유튜브는 동영상의 패스트푸드 레스토랑이 되었어요. 지금처럼 더 많이, 더 길게, 그리고 더 자주 만들어 올려야 하는 혼란스러운 장소로 전락한 것이죠. 그래서 결과적으로 (제 생각에는) 갈수록 질이 떨어지고 있어요. 아주 심해요."

케이는 쇼핑할 때 이따금 옛 팬들과 우연히 마주친다. 언젠가 대형 마트에서 벌어진 일인데, 20대 초반쯤 된 몇몇 직원이 말을 걸어왔다. "이렇게 말하더군요. '우린 케이 님의 동영상을 보며 자란 세대예요.' 실은 지난 몇 년 동안 그런 얘기를 귀가 따갑도록 들어왔죠. 내가 '왜 지금은 안 봐요?'라고 물으니 그들은 이렇게 대답했어요. '미안해요. 돈 버느라 동영상을 볼 시간이 없어요.'"

케이는 이런 대화를 나눈 다음 자신에게 이렇게 물었다. 내가 뭔가 잘못한 게 있었을까? 시청자들이 아이를 키우고 일하고 친구들과 교류하느라 동영상을 볼 여유가 줄어들어도 계속해서 내 동영상을 보게끔 할 방법이 있었을까? "한 가지 분명한 사실은 당신의 유튜브 커리어를 최정상까지 끌어올려준 사람들이 누구든, 그들도 나이를 먹고 또 다른 곳으로 움직인다는 거죠."

## 광팬의 습격
### 도를 넘어선 관계

크리스티나 그리미Christina Grimmie는 원래 어린이 TV프로그램 경력을 활용하여 팝뮤직으로 성공한 디즈니 스타들의 열렬한 팬이었다. 2009년 15세의 그리미는 자신의 첫 곡을 유튜브에 올렸다. 마일리 사이러스가 부른 〈미국에서 벌인 파티Party in the USA〉의 리메이크곡이었다. 이 곡은 곧 급속도로 퍼졌다. 2011년 첫 음반을 낸 그녀는 로스앤젤레스로 이주했다. 2014년에는 TV 오디션 프로그램 〈더 보이스〉에서 3위를 차지하며 수백만 명의 유튜브 구독자를 넘어서 인기를 넓혀갔다. 그러는 동안에도 그리미는 계속 동영상을 올렸다. 팬들과 그렇게 개인적이고 스스럼없는 관계를 유지하는 것이 인기 관리에 중요하다고 생각했기 때문이다. 그로 인해 생길 문제는 없으리라 믿었다.

2016년 6월 10일, 플로리다주 올랜도에서 콘서트를 마친 후에 그리미는 팬 미팅을 진행했다. 팬 중에는 권총 두 자루와 사냥용 칼 한 자루를 소지한 러시아 상트페테르부르크 출신 27세 케빈 제임스 로이블도 있었다. 그리미가 사인을 해주는 순간, 로이블은 그녀를 향해 총알 네 발을 발사하고 나서 총구를 자신에게 돌려 자살했다. 그날 저녁 늦게 그리미의 사망 소식이 전해졌다. 당시 그녀는 22세였다. 경찰 당국은 살해자가 그리미에 대한 '비현실적인 열병'을 앓고 있었다고 발표했다.

유명인을 죽이기까지 하는 팬들의 과대망상은 새삼스럽지 않다(영국의 팝스타 존 레논은 1980년, 이탈리아의 유명 디자이너 지아니 베르사체는 1997년에 과대망상에 빠진 팬에게 살해되었다). 하지만 유튜브는 이를 훨씬 더 강하게 부추긴다. 스타와 팬은 유튜브라는 매체를 통해 누가 봐도 인정할 만큼 친밀한 관계를 쌓게 된다. 크리에이터는 자신의 동영상과 소셜미디어 게시물에서 렌즈를, 곧 시청자의 눈을 빤히 쳐다보며 말을 내뱉기 때문이다. 또한 그리미가 팬 미팅에서 보여준 것처럼 유튜브 스타는 이전의 다른 유명인보다 다가가기가 더 쉽다. 이 책을 쓰기 위해 실시한 여론 조사에서 18~24세 사이의 청년 중 4분의 1이 KSI를 잘 안다고 답했다.

시청자들은 유튜버와의 관계가 실제보다 더 밀접하다고 느낀다. 입소스 커넥트Ipsos Connect(세계적인 마케팅 리서치 회사 — 옮긴이)의 조사에 따르면, 밀레니얼 세대의 47%는 유튜브가 자신들의 기분과 건강을 개선했다고 털어놓았다. 많은 이들이 친구에게 전화를 거는 대신 자신이 좋아하는 유튜버와 소통하고 있다는 것이다.

뉴미디어, 영화, 동영상 게임에 관한 논평을 올리는 유튜버 이언 댄스킨Ian Danskin은 이렇게 말했다. "시청자들에게 인터넷에서 명성을 얻은 사람은 유명인인 동시에 친구이기도 해요. (사람들은 그가 유명하니까 유명인의 기준으로 판단하려는 측면이 있는 반면에, 시청자와 스스럼 없는 사이니까 설사 잘못하더라도 친구처럼 너그럽게 이해해주려는 완전히 상반되는 측면도 있다.) 이 두 가지 일이 한꺼번에 벌어지니까 참 묘하죠."

많은 시청자는 자신의 유튜브 영웅과 가까워지고 싶어 한다. 2019년 1월, 메이크업 아트스트 겸 모델인 제임스 찰스James Charles가 버밍엄의 벌링 쇼핑센터에 나타나자, 이 도시의 중심지가 한동안 마비됐다. 이제 막 스무 살을 앞둔 3년 차 베테랑 유튜버인 찰스는 그가 '시스터즈'라 부르는 1,400만 명 이상의 구독자를 보유하고 있다. 8,000명의 팬이 그를 보려고 버밍엄으로 몰려들었는데, 상당수는 부모들이 운전하는 자동차를 타고 왔다. 그날 오후 2시 최악의 교통 체증이 벌어지는 동안, 버스로 보통 15분이면 가는 거리가 1시간 15분이나 걸렸다.

2018년 2월, 또 다른 거물 유튜버인 로건 폴과 더 친해지기로 결심한 사람도 있었다. 스무 살 먹은 타지 데온드레 스파이트가 캘리

로건 폴, 〈내 집에 침입한 사람을 체포했다...내 집에서...〉.
**스타 유튜버와 팔로워들의 사이는 지나치게 가깝다.**

포니아주 샌퍼난도 밸리에 있는 폴의 80억 원이 넘는 집에 몰래 잠입하기로 작정한 것이다. 밤 10시쯤 폴이 아버지와 함께 귀가했을 때, 스파이트는 탁자 밑에 있는 콘센트에 휴대전화를 꽂아놓은 채 거실 소파에서 선잠을 자고 있었다. 아버지가 침입자를 붙잡자 폴은 이렇게 소리쳤다. "야 인마, 너 누구야? 칼로 쑤셔버릴 거야." 경찰은 카메라에 찍혀 폴의 유튜브 채널에 올라온 그 장면을 보고 그 사건이 실제로 벌어졌음을 확인했다. 경찰은 조사 결과 스파이트가 폴을 만나고 싶어서 그랬다고 발표했다. 로건의 동생 제이크가 원래 살던 집을 떠나 로스앤젤레스의 칼라바사스 카운티에 있는 대저택으로 이사간 것은 팬들이 시도 때도 없이 대문 앞에 죽치고 앉아서 이웃들을 성가시게 한 이유도 있었다.

대중 매체는 그런 사건을 보도할 때마다 이래서는 안 된다고 말한다. 유튜브는 팬과 스타 사이에 새로운 동력을 창출해왔다. 크리에이터는 자신의 성공에 팬의 도움이 컸다고 생각하고, 팬은 크리에이터의 성공에 소유권을 가지고 있다고 생각한다. 톰 크루즈나 니콜 키드먼의 집 100마일 이내에는 얼씬거리지도 못했던 기성세대에게는 놀라운 일이 아닐 수 없다.

예를 들어, 영국의 신문들은 브이로거 조 서그Joe Sugg가 2018년 8월 BBC의 정상급 오디션 프로그램 〈스트릭틀리 컴 댄싱Strictly Come Dancing〉에 참가했다는 소식을 무시했다. 넉 달 후, 서그는 결선에 진출했다. 체형도 깡마르고 태도도 어설펐지만 27세 서그의 결선행은 탄탄대로였다. 이는 빠른 발놀림의 춤에 소질이 있었기 때문이기도 했지만, 공개 투표에서 매주 30~40번 그를 찍어준 헌신적인 팬들 덕분이기도 했다.

'도시의 여름' 행사 주관자 톰 번스Tom Burns는 서그의 누나 조엘라와 그녀의 남자 친구 알피 데이즈도 맹목적인 추종자들을 거느렸다고 말했다. "유튜버들이 동영상을 만들고 이렇게 말하던 시절이 있었어요. '방금 브라이튼 피어Brighton Pier 놀이공원에 갔더니 200명이 나왔더군요. 대단했어요.'" 액면 그대로만 보면 그 200명의 팬에 대한 경의의 표시로 들리지만, 다음에는 200명 이상 와주기를 바라는 기대도 깔려 있다. 팬들은 으레 자신이 좋아하는 유튜버의 움직임을 추적하고(이 유명인들은 진정성 있는 사람으로 보이게끔 개인 생활을 늘 생활을 공개하는 경향이 있음), 소셜미디어를 뒤져서라도 위치를 파악해 잠깐이라도 볼 수 있기를 희망한다.

데이즈는 자신과 서그가 조엘라의 런던 북 투어에 참가하는 내용의 동영상을 올린 적이 있다. 이 동영상을 본 번스는 이렇게 말했다. "그들이 탄 택시를 둘러싸고 팬들이 서로 자기를 봐달라며 유리창에 쿵 하고 머리를 찧는 장면이 있어요. 데이즈는 '미쳤다', '너무 지나치다'고 하면서도 정작 팬들을 밀어내지는 않았어요. 참 재미있는 사건이죠." 경계는 무너졌고, 크리에이터와 시청자 간 접촉에 관한 새로운 규정이 마련되어야 했다. 이것이 바로 '도시의 여름'에 무대 뒤 휴게실이 필요했던 이유다. "'도시의 여름'에서 이 문제가 처음으로 불거졌습니다. 처음에는 '너무 멋져. 이 많은 팬이 생기다니. 나를 만나러 와줘'라며 좋아하던 크리에이터들이 '친구들아, 정말이지 평소에는 사생활 좀 존중해줘. 우리 집에 와서 담장 너머로 쳐다보지 좀 마'라고 말하게 됐어요. 이로써 장벽은 다시 점점 더 높아졌죠."

번스는 이 변화를 이제는 되돌리기가 힘들다며 이렇게 말한다. "유튜버들에게 접근하는 것이 점점 어려워지고 있습니다. 이걸 좋다고 말하는 사람도 있고 나쁘다고 말하는 사람도 있지만, 내 생각에는 인기가 높아짐에 따라 피할 수 없는 현상 중 하나예요." 조엘라와 데이즈는 거의 해마다 동영상이나 신문 인터뷰를 통해 팬들에게 집에 찾아오지 말아달라고 애원한다. 2017년, 데이즈는 영국 일간지 《텔레그래프》에 날마다 아이들을 차에 태우고 다짜고짜 문을 열고 들어오는 부모들 탓에 자신과 여자친구의 사생활이 침해되고 있다고 말했다. "그래도 난 늘 정중하게 대해요. 하지만 속으론 열불이 나죠. 우리 엄마도 그런 식으로 방문하지 않아요."

유튜브의 비공식 역사가인 앤서니 댄젤로에 따르면, 크리스티나 그리미의 죽음은 많은 유튜버에게 크게 경종을 울리는 사건이었다. 그 사건 이후 유튜브의 주요 유명인들은 사생활 보호의 장벽을 높이 쌓기 시작했다. 크리스티나 사건이 있었던 2016년의 비드콘에서는 행사에 참여하는 출연자들을 안전하게 보호할 수 있도록 주요 보안 정책을 바꿨다. 댄젤로는 말한다. "지금껏 유튜브는 평등하다는 믿음이 있었어요." 그건 경기장은 평평하고, 미디어는 민주화됐으며, 성공은 누구에게나 찾아올 수 있다는 믿음을 의미했다. "대체로 맞는 말이지만, 이 때문에 문제도 발생합니다."

그리미가 느닷없는 죽음을 맞이하기 전까지 사람들은 크리에이터와 시청자가 한층 개방적이고 민주적인 관계를 맺어야 한다고 부추기는 유튜브의 태도가 문제가 될지도 모른다는 생각을 가지고 있었다. 그녀가 죽고 나자, 사람들은 그것이 진짜 문제임을 깨달았다.

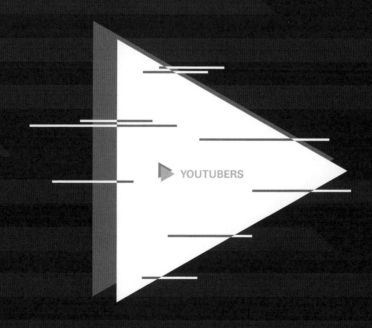

6부

통제와의 전쟁

## 24

### 스스로 길을 찾다
### 유튜버 조합 설립

앞에서 친언니 같은 캐릭터의 브이로거 그레이스 헬빅<sup></sup>Grace Helbig을 소개한 바 있다. 그녀는 2008년 MCN인 '마이댐채널<sup></sup>MyDamnChannel'과 계약을 맺은 후, 이 회사에서 마련해준 자신의 유튜브 채널 데일리그레이스<sup></sup>DailyGrace에 5년간 1,500편 이상의 동영상을 올리며 250만 명에 달하는 구독자를 확보했다. 아마추어 브이로거에서 전업 유튜버로 전향했고, 팬들에게서 열광적인 호응을 받았다. 표면적으로는 상황이 아주 만족스럽게 돌아가고 있었다.

하지만 그녀가 늘 불만스러워하는 부분이 있었다. 마이댐채널과의 계약에 따르면 헬빅에게는 자신이 올린 동영상에 대한 발언권이 거의 없었기 때문이다. 게다가 그녀는 지쳐 있었다. "자정이 다 되어 유튜브 동영상을 찍으려고 자리에 앉으면 진짜 아무 느낌이 없었어요." 그녀는 훗날 동료 유튜버들에게 이렇게 털어놓았다. "시키는 대로 하다 보니 똑같은 내용을 재탕, 삼탕하는 일이 많았어요. 비드콘이나 플레이리스트Playlist(동영상 컨퍼런스)에 갈 때마다 팬들을 기만하고 있다는 죄책감도 들었고요. 내가 어떤 회사에 소속되어 있다는 걸 그들은 전혀 몰랐을 테니까요."

헬빅은 채널 운영자라는 명목으로 급여를 받았는데, 이는 그녀가 유튜브 조회수에 따라 기하급수적으로 늘어나는 수익금을 비롯한 많은 혜택을 받지 못했다는 뜻이다. 그녀는 말했다. "동영상을 올리는 족족 대박이 터졌지만, 내 생활에는 아무런 변화도 없었어요. 생각해보세요. 뭔가가 잘돼도 아무런 혜택을 받을 수 없다면, 불만이 생기지 않겠냐고요."

그녀는 그런 관계를 끝내고 싶었다. 동영상을 자신이 주도해서 만들어야 하고, 엄청나게 늘어나고 있는 팬층을 고려해서 수익금을 재조정해야 한다고 소속사에 요구했지만, 협상은 난항을 겪다가 결국 교착 상태에 빠졌다. 2013년 12월, '데일리그레이스'에 올린 마지막 동영상에서 그녀는 당분간 인터넷을 떠나겠다고 선언하며 팬들에게 이렇게 말했다. "마이댐채널에 감사해요. 훌륭한 회사죠. 이 자리를 빌려 고마움을 전합니다. 5년간 함께 일했더군요. 저에게 너무 근사한 일을 주셨어요."

마이댐채널 측은 헬빅과 재계약을 하지 않기로 했다고 발표했다. 헬빅은 여전히 마이댐채널의 소유로 있는 '데일리 그레이스' 채널에 접근할 수 없게 되면서 '그레이스 헬빅Grace Helbig'이라는 채널을 따로 만들었다. "나만의 채널이 생겼으니, 나만의 개성과 끼를 맘껏 발휘하겠다는 희망에 부풀었어요." 헬빅이 말했다. 수천만 명의 시청자를 보유했던 한 유튜브 명사가 소수의 구독자만을 데리고 밑바닥에서 새로 출발하기로 한 것이다. 헬빅은 해야 할 일이 엄청나게 많다는 걸 알고는 덜컥 겁이 나기도 했다고 털어놓았다. 헬빅의 오빠인 팀 헬빅은 트위터에 이런 글을 올렸다. "인터넷에 고마워해야겠네요. 소속사가 관리하던 여동생 대신 진짜 여동생을 얻게 되었으니까요!"

다행히 다른 크리에이터들의 도움으로 시청자들은 헬빅의 새로운 채널로 몰려왔다. '그레이스 헬빅' 채널은 한 달 만에 100만 명 이상의 구독자를 확보했다. 이 책을 쓰고 있는 시점에 구독자는 300만 명이다. 그러는 동안 그녀의 옛 채널에서는 구독자 220만 명 가운데 10%가 빠져나갔다.

헬빅을 비롯해 유튜브 초창기에 별 지식도 없이 발을 들여놓았던 여러 유튜버들의 경험을 계기로 그린 형제는 조합 설립에 나섰다.

"유튜브에 크리에이터 집단의 이익을 증진하기 위한 조직은 꼭 있어야 한다고 생각했습니다. 문화적으로 매우 중요한 집단이니까요." 2016년 7월, 행크 그린이 내게 보내온 이메일 내용이다. "나는 수년간 갖가지 사례를 지켜보면서 이런 조직이 꼭 필요하다고 생각했어요. 찾아보니 다양한 분야에 조합과 관련된 사례가 많더군요. 하지만 유튜브 산업은 워낙 새롭고 이질적이라 도움이 되지 못했어요. 그래서 거의 백지상태에서 시작한 셈이지요."

2016년 6월, 조합 설립에 대한 크리에이터의 여망을 담아 마침내 '인터넷 크리에이터 길드ICG'가 설립됐다. 그린 형제와 함께 비드콘 조직위원회에서 일하다가 이 새로운 조합의 사무총장으로 자리를 옮긴 (지금 그 자리에는 앤서니 댄젤로가 있음) 체르니코프는 이렇게 설명했다. "크리에이터는 영화 산업의 영화배우, 작가, 감독처럼 인터넷 산업의 전문가 집단이에요. 서로 소통할 길도 없이 (매니저, 대리인, MCN과 같은) 업계 외부 세력에 전적으로 의존해서 조언을 받던 크리에이터들에게 이제는 업계 내부에 기댈 언덕이 생긴 거죠." 그녀는 앞으로 크리에이터들이 굳이 채널에 대한 권리나 수익 일부를 양도하는 계약을 하지 않아도 된다고 강조했다.

행크 그린은 이렇게 말했다. "유튜브는 표준 광고 단가와 같은 일부 정보를 의도적으로 공개하지 않습니다. 이 때문에 크리에이터가 울며 겨자 먹기로 불리한 거래를 맺지요. 너무 생소해서 이해하기 어려운 정보도 많아요. 크리에이터는 이런 정보와 도움을 서로 주고받을 수 있는 네트워크가 꼭 필요한 실정입니다."

그는 크리에이터들이 현실적으로 할리우드 스타들보다 훨씬 더 모험적인 거래를 체결할 수 있으리라 본다. "내 생각에 크리에이터는 전통적인 스타와 달리 원하는 일을 맘껏 할 수 있어요. 영화배우는 영화를 찍을 때 기존의 시스템에서 벗어나기 어렵지만, 온라인 크리에이터는 훨씬 더 많은 재량권을 갖고 있습니다." 존 그린이 말을 받았다. "크리에이터는 소구 대상과 거래 방식을 훨씬 더 독립적이고 자유롭게 선택할 수 있어요. 그 점에서도 유리해요."

조합이 설립된 것과 비슷한 시기에 MCN과 콘텐츠 크리에이터 간의 정보 불균형을 바로잡으려 한 사람도 있었다. 샘 몰라에이Sam Mollaei는 유튜버들이 MCN이나 에이전시와 복잡한 계약을 맺을 때 문제가 생기지 않도록 자문해주는 캘리포니아주 변호사다. 그가 맡은 업무의 약 10분의 1이 유튜브 관련 일이다. "내가 보기에 많은 유튜버가 MCN에 이용당하고 있어요. 일방적으로 불리한 계약을 체결하는 유튜버들을 많이 봤거든요." 그는 2016년 7월 나하고 처음 대화를 나눌 때 이렇게 말한 바 있다.

전통 상거래 및 계약 전문 변호사인 몰라에이는 계약에 대한 조언을 받고 싶어 하는 유튜버들과 자주 만났다. 그는 유튜브를 즐겨 보는 팬으로서 그들의 재능을 누구보다도 잘 알고 있었고, 다른 많은 사람들처럼 유튜브만 시청하면서 TV 근처에는 얼씬도 하지 않았다. 하지만 크리에이터들과 접촉하기 전까지는 유튜브에 대해 모르는 내용이 너무 많았다. 특히 유튜브에서 갈수록 주도적인 역할을 하는 백엔드back-end 비즈니스(파트너십, 인적자원 관리, 재무 등 소비자의 눈에 보이지 않는 부분의 사업 — 옮긴이)에 관해서는 까막눈이었다. 그래서 본격적으로 팔을 걷어붙였다. 우선 MCN의 세계를 철저하게 조사한 다음, 크리에이터들이 저작권이나 상표 소유권이 뭔지도 모른 채 체결한 계약을 유형별로 꼼꼼히 살펴봤다. 그 과정에서 극소수의 변호사만이 이 분야에서 일하고 있다는 사실도 알게 됐다. 평균적인 유튜버는 미디어 업계를 잘 알고 자신의 시장 가치를 인지하고 있는 영악한 사람들이 아니라, 자기 방에서 혼자 동영상을 촬영하는 10대다. 이 때문에 그의 역할은 너무나 중요하다. 그도 이 사실을 잘 알고 있다. "이 분야에 발을 디딘 몇 안 되는 변호사들조차 간단한 업무만 취급하고 있고, 큰 사업체나 기업이 아니기 때문에 유튜버 편에서 일하는 사람은 단 한 사람도 없어요."

대학 졸업 후 성공적인 브이로거가 된 루시 문도 맞장구를 쳤다. "우리는 마케팅에 닳고 닳은 사람들과 계약을 맺고 있어요. 우리를 어떻게 이용할지, 얼마나 가치가 있을지 꿰뚫고 있는 사람들이죠. 정말 오싹해요. 우리는 그런 일이 벌어지고 있다는 사실을 알지도 못하고 1년 후에나 후회하겠죠. '그때 돈을 더 많이 받을 수도 있었는데……'라고 말이에요."

몰라에이가 특히 강조하는 사실이 하나 있다. MCN과 관련된 어느 한 가지가 문제가 아니라 그 존재 자체가 문제라는 점이다. "특별히 필요한 경우가 아니라면 유튜버가 굳이 MCN과 계약을 맺지 않아도 된다"라는 것이 그의 지론이다. 수시로 라이선스 계약을 살펴봐야 하고 팬 미팅을 위한 해외여행도 추진해야 하는 데다가, 꾸준히 콘텐츠를 만들어 올려야 하는 대형 크리에이터라면 일손이 부족할 수 있다. 이렇듯 단지 시간이 충분하지 못한 경우에는 MCN의 도움이 필요할 수 있지만 젊은 새내기 유튜버는 수익금을 떼어갈 회사와 계약을 맺고 자신의 권리를 넘겨줄 필요가 없다(그가 조사한 여러 계약 조건에 따르면, MCN은 몇 가지 행정 업무 처리에 대한 대가로 유튜버 수입에서 적어도 10% 많게는 30%까지 가져간다).

MCN이 반드시 필요하다면, 크리에이터들은 MCN에 내는 돈만큼의 가치를 얻어야 할 것이다. 몰라에이 변호사는 MCN이 유튜버와의 계약에서 제시할 가장 중요한 항목은 '지원'이라고 말한다. "지원의 내용은 상황에 따라 다르겠지만, MCN이 제 역할을 다하려면 의뢰인이 경제적인 가치를 점점 더 높여갈 수 있는 길을 찾아줘야 합니다." 그가 정색하며 말했다.

크리에이터가 채널과 마찰을 빚거나, 마케팅이나 창의성 측면에서 도움을 받아야 할 때는 언제라도 MCN에 의지해서 그 상황을 바로잡을 수 있어야 한다. 계약서에 있는 두루뭉술한 표현은 사실상 MCN이 대다수 크리에이터에게는 최소한의 역할만 하고, 이름난 거물들에게만 지원의 초점을 맞추겠다는 뜻이라고 몰라에이는 생각한다(MCN이 그렇게 하는 가장 큰 이유는 거물들의 광고 수입이 자신의 이윤을 보장해주기 때문이다). MCN은 약속해놓고도 나 몰라라 하는 짓을 밥 먹듯이 한다. 2018년 11월, 미국의 MCN 디파이 미디어Defy Media가 (초창기 유튜브의 인기 채널 '스모시' 운영자를 비롯해) 소속 크리에이터 50여 명에게 170만 달러의 빚을 떠 넘기고 문을 닫은 사건이 벌어졌다. 이 사건은 MCN에 대한 많은 의문점을 남겼다. (스모시는 2019년 2월 레트 앤드 링크Rett and Link라는 유튜버가 설립한 미시컬 엔터테인먼트Mythical Entertainment에 인수됐다).

몰라에이는 많은 MCN이 우선 관리 대상 이외의 대다수 의뢰인에게는 충분한 서비스를 제공하지 않을뿐더러, 시간이 지날수록 유튜버들을 위한 아무런 추가 거래도 성사시키지 않는다고 주장한다. 따라서 특별히 일손이 달리는 극소수 유튜버를 제외하고는 합의를 밥 먹듯이 깨는 외부 사업체에 의존하기보다 본업에 전념해서 동영상의 질을 높이는 편이 더 낫다고 그는 말한다. 이는 유튜브가 포화 상태에 이른 이 시점에 특히 중요하다. 구독자 10만 명을 갖춘 유튜버라도, 유튜브가 제공하는 최소한의 행정 지원과 광고 수익금을 기반으로 비즈니스 모델을 효율적으로 개선하면 연간 수만 달러의 수입을 올릴 수도 있기 때문이다.

이제 크리에이터는 자신의 운명을 스스로 개척할 수 있는 길을 다각도로 모색해야 한다. 가령, 후원 콘텐츠를 더 많이 유치하거나, 스스로 개발한 상품을 판매하거나, 크라우드펀딩 플랫폼인 페이트리언 Patreon을 활용할 수도 있다.

**25**

## 페이트리언
### 유튜브의 대항마가 될 수 있을까

2017년 봄, 많은 크리에이터의 가슴이 철렁 내려앉았다. 유튜브가 극단적이고 공격적인 콘텐츠에 자사의 광고를 실었다는 이유로 많은 광고주가 떨어져 나갔을 때였다. 인터넷 크리에이터 길드의 의장을 지낸 로라 체르니코프에 따르면, 이 '광고 대참사' 이후 광고 수입이 몇 달 새 80%나 줄어든 유튜버도 있었다.

체르니코프는 "광고 환경의 전반적인 변화로 크리에이터들이 동요하면서 지금처럼 유튜브에만 전적으로 의존할 수 없음을 실감했습니다. 똑똑한 크리에이터들은 유튜브가 언제든지 팬과 직접 소통할 수 있게 해주는 도구가 아니라는 사실을 깨닫고 있어요. 유튜브가 자의적으로 팬층을 넓힐 수도 있고 좁힐 수도 있다는 거죠. 유튜브가 제멋대로, 크리에이터가 이해할 수 없는 방식으로 그렇게 할지도 모른다는 두려움이 생겼어요. 그래서 크리에이터들은 더 직접적으로 팬들(특히 광팬들)에게 다가가지 않으면 안 된다는 사실을 자각하게 된 겁니다"라고 말했다.

똑똑한 스타들은 이미 유튜브 말고도 팬들과 접촉할 수 있는 통로를 확보하고 있다. 그들은 가능한 모든 플랫폼을 동원해서 팬들과 소통하며, 팬들의 메일 주소를 자신의 주소록에 올려놓는다. 그래서 몇 가지 플랫폼이 차단되더라도 팬들과의 교류를 꾸준히 이어나갈 수 있다.

그들이 대안으로 찾은 플랫폼 중에는 페이트리언이 있다. 페이트리언은 회원들이 낸 돈으로 특정 크리에이터나 아티스트를 후원하는 플랫폼으로 2013년 5월 폼플라무스Pomplamoos 밴드(부부로 구성된 미국의 인디 밴드 — 옮긴이)의 잭 콩트Jack Conte가 주도해서 설립했다. 그가 페이트리언을 설립하게 된 데는 특별한 계기가 있었다. 2013년에 폼플라무스 밴드는 음반 수록곡의 뮤직 비디오를 멋지게 찍어 유튜브에 올렸고, 조회수 100만을 넘긴 대가로 구글 애드센스AdSense 수표 한 장을 받았다. 뮤직 비디오를 촬영하는 데 1만 달러가 들었다. 그렇다면 콩트와 밴드 구성원인 아내 나탈리 던이 수익금으로 받은 그 수표에는 얼마가 찍혀 있었을까? 달랑 150달러였다.

"잭은 이렇게 생각했어요. '이 동영상을 본 사람들로 축구장 10개를 가득 채울 수 있는데, 겨우 150달러를 벌었다는 게 말이 되나?' 그러면서 그는 팬들에게 직접 다가가겠다고 했어요." 페이트리언의 영업 담당 부사장이자 첫 번째 직원인 타일러 숀 팔머가 전해준 말이다.

페이트리언의 설립 취지는 단순했다. 유튜브의 광고 수익 모델이 무너졌으므로 이제는 크리에이터들이 팬들에게서 직접 돈을 받아야 한다는 것이다. 광고 수익금은 크리에이터 고유의 예술적 성향을 왜곡한다는 것이 팔머의 판단이었다. 단도직입적으로 말해, 기존의 수익 모델로는 크리에이터가 조회수만 쫓게 되어 있다. 조회수가 곧 돈이기 때문이다. 팔머는 이렇게 말했다. "유튜브는 언제든 그 알고리즘을 바꿀 수 있고, 알고리즘이 우리가 만들고 소비하는 콘텐츠를 바꾼다는 사실은 정말 섬뜩해요."

유튜브는 자신의 욕망을 채우기 위해 알고리즘을 무조건 노예처럼 따르며, 시청자들이 원하는 바가 무엇인지 알아내어 그에 맞는 콘텐츠를 만들고자 하는 크리에이터들에게는 조금도 그 비밀을 공유하려 하지 않는다. 이 상황을 못마땅하게 생각하는 사람은 팔머뿐만이 아니다. "알고리즘은 최소한의 공통분모만으로 결과를 내게끔 프로그래밍 되어 있어요." 리서치 회사 리틀몬스터 미디어사의 매트 길렌이 말했다. "유튜브 직원들은 너무도 소중한 알고리즘의 비밀을 누군가 낚아채어 악용하지 못하도록 꼭꼭 숨기는 일이 자신들에게 급여를 주는 크리에이터들을 돕는 일보다 훨씬 더 중요하다고 믿고 있어요. 어리석을뿐더러 매우 근시안적인 태도죠. 그 때문에 크리에이터 집단이 그들을 적대시하는 거예요."

로라 체르니코프는 이렇게 말했다. "유튜브에서 뭔가 큰일이 벌어졌거나 광고 대참사가 일어났을 때도, 크리에이터들은 '내가 여기 있고 내 팬들이 여기 있다는 사실 외에는 아무것도 나를 지켜주지 않는다'라고 인식합니다. 유일한 대안은 유튜브든 뭐든 어느 하나의 플랫폼에만 의지하지 않고 지혜롭게 시청자에게 다가갈 방법을 몇 가지 마련하는 일이에요. 그렇게 퇴로를 만들어 놓아야 해요. 페이트리언 같은 후원 플랫폼으로 넘어오는 이유가 바로 거기 있어요. 열렬한 팬과 핵심 후원자만 데려오면 되거든요. 구독자를 모두 데려올 필요는 없어요."

페이트리언이 설립되고 난 후 1년까지는 후원받는 크리에이터의 절반가량이 동영상으로 추가 수입을 얻고자 하는 유튜버였다. 현재는 그때보다 다양해졌다. 2017년 10월 초, 팔머는 내게 후원받는 크리에이터 중 온라인 동영상을 만드는 유튜버는 세 명 중 한 명꼴이라고 말했다. 그래도 동영상 제작은 페이트리언에 가입한 크리에이터의 활동 중 여전히 가장 큰 비중을 차지한다. 후원자 한 명이 특정 크리에이터에게 후원하는 금액은 매달 평균 12달러이며, 페이트리언은 그중 5%를 가져간다.

페이트리언은 큰 기업이다. 잇따라 모금을 주선하면서 성장한 이 기업의 가치는 얼마 전 4억 5,000만 달러로 평가됐다. 2019년 페이트리언을 이용한 10만 명의 크리에이터는 300만 명이 넘는 후원자에게서 돈을 받고 있으며, 총 후원금은 5억 달러에 이른다.

팔머가 판단하기에 크리에이터들이 페이트리언을 좋아하는 이유는 대체로 두 가지다. 첫째는 돈이다. 매달 수십만 조회수를 찍는 크리에이터들 가운데 유튜브의 애드센스 제도로는 기껏해야 한 달에 수백 달러밖에 못 버는 경우가 많다. "페이트리언이 해결사가 될 수 있습니다. 극소수의 열렬한 팬만 있어도 페이트리언에서는 크리에이터가 원하는 콘텐츠를 계속 만들면서 더 많은 돈을 벌 수 있으니까요."

둘째는 페이트리언 후원금이 유튜브 광고 수익금보다 더 안정적인 수입원이라는 점이다. 유튜브는 그때그때 기분에 따라 변덕을 부리며 광고를 배치한 다음 수익금을 책정하는 것처럼 느껴지기 때문이다. 팔머는 이렇게 말했다. "유튜브 측은 돈이 될 수 있는 것과 돈이 될 수 없는 것을 따로 관리해요. 유튜브가 일부 동영상(극단적인 내용이나 성인용 콘텐츠)에 더는 돈을 줄 수 없다고 발표한 날, 크리에이터 수백 명이 하룻밤 새 페이트리언으로 넘어왔습니다."

충분히 이해가 되는 현상이다. 이전 장에서 살펴본 것처럼 유튜브가 동영상으로 돈을 버는 유일한 플랫폼이 아니라는 점을 고려하면 말이다. 팔머는 페이트리언으로 넘어온 크리에이터 중에는 급여를 주고 직원을 쓰는 사람도 있다면서 이렇게 말을 이어갔다. "유튜브를 심하게 비난할 뜻은 없습니다. 하지만 유튜브의 고객은 광고주니까 우리처럼 크리에이터 편에 설 수는 없겠죠. 우리의 고객은 크리에이터지만, 모르긴 몰라도 유튜브의 현재 고객은 광고주이며 앞으로도 그럴 겁니다."

2017년 5월, 유튜버들이 광고 대참사로 인해 첫 상실감을 겪고 있던 바로 그때, 페이트리언의 소기업 성장 및 관리 책임자 숀 베이언스Sean Baeyens가 블로그에 게시물을 올렸다. 거기서 그는 자신의 플랫폼을 통해 팬들에게 후원을 받아 광고 수익금을 보충하라며 유튜버들에게 이렇게 말했다.

> 전문적인 아티스트와 크리에이터는 자신을 소기업으로 간주해야
> 하며, 어떤 기업이든 하나의 수입원만을 지나치게 신뢰하거나 하
> 나의 플랫폼에만 지나치게 의존하는 것은 위험합니다. 그러면 그
> 해결책은 무엇일까요? 수입원의 다각화입니다. 이는 현재 이용 중
> 인 플랫폼을 완전히 버리고 떠나야 한다거나, 현재의 창의적인 활
> 동을 광고 친화적으로 절충하라는 뜻이 아닙니다. 다만 여러분의
> 동영상을 활용하여 수입을 창출할 수 있는 다른 방안들도 살펴보
> 자는 뜻입니다.

대형 유튜버 중 일부는 페이트리언을 통한 수입 다각화로 베이
언스의 요청에 화답했다. 그들 중에는 언론계 거물로 꼽히는 필립 데
프랑코Philip DeFranco도 있었다. 데프랑코는 10년 전 이스트 캐롤라이
나대학교의 졸업 시험 기간 중 유튜브에 '필립 데프랑코 쇼' 채널을
개설하고 동영상을 올리기 시작했다. 33세인 그는 자신이 세운 회사
'필 데프랑코 네트워크 앤드 머천다이즈'의 수석 부회장이며, 750만
명의 구독자를 보유하고 있다.

데프랑코는 자신의 연 소득이 10만 달러에서 25만 달러 사이
라고 공개적으로 밝혔다. 그러다 2017년 초, 그가 올린 몇몇 동영상에
문제가 생겼다. '사람들은 삭제된 동영상과 트럼프의 마녀사냥 토끼
굴에 분노했다People outraged over now-deleted video and the Trump 'witch hunt'

필립 데프랑코,
〈사람들은 삭제된 동영상과 트럼프의 마녀사냥 토끼굴에 분노했다〉.
**구글은 그의 동영상에 연령 제한을 걸고 광고를 차단했다. 하지만
그는 여전히 동영상으로 수입을 올렸다. 페이트리언 덕분이었다.**

rabbit hole'라는 제목의 동영상은 트럼프의 러시아 스캔들 특검 논란을
비롯해 논란이 불거진 맥도날드 광고, 동영상 게임 콘솔, 터키 경호원
이 시위자들의 머리를 발로 차는 화면 등에 대한 이런저런 생각을 전
하는 14분짜리 단독 논평이었다. 그는 이 동영상 첫머리에서 "안녕,
잘생긴 개자식들"이라는 특유의 인사말을 던졌다.

유튜브는 (영화 관람 연령 등급을 달듯) 그 동영상의 시청 연령을
제한하고 광고를 배치하지 않았다. 하지만 데프랑코의 동영상을 본 사
람은 거의 다 성인이었다. 구독자의 95.7%가 18세 이상이었기 때문이
다. 이처럼 시청자의 절대 다수가 그의 동영상 내용을 충분히 받아들
일 수 있었는데도, 구글은 연령 제한을 풀어달라는 그의 요청을 거부
했다. 다행히 재정적인 타격은 그리 크지 않았다. 연령 제한 조치를 받
기 2주 전인 2017년 5월 1일, 페이트리언에 후원금을 요청하는 페이
지를 구축해 놓은 덕분이었다. 첫날에만 8,000명이 후원금을 약정했
다. 결과적으로 그는 계속해서 동영상을 만들 수 있었다.

현재는 약 1만 명이 데프랑코에게 다달이 후원금을 보낸다. 유
튜브의 광고 차단 여부에 상관없이 그가 자신의 동영상을 만들 수 있
도록 사람들이 일종의 월급을 주고 있는 셈이다. 그는 페이트리언

에서 12번째로 인기 있는 인물이며, 팬들에게서 다달이 적어도 2만 6,000달러 정도를 받는 것으로 추정된다.

페이트리언이 부상하자 유튜브는 불안해졌다. 2013년에 페이트리언의 스타일을 모방하여 런칭한 유튜브 월 정기구독 서비스(매달 최소 99센트부터 채널 후원 가능)를 이용한 유튜버가 채 1%도 안 됐던 것이다. 2017년 9월, 유튜브는 스폰서십 프로그램을 확대하겠다고 발표했다. 시청자가 추가 특전에 대한 비용으로 크리에이터에게 다달이 4.99달러를 지불하도록 하겠다는 내용이었다. 이는 원래 게임 크리에이터를 대상으로 시험 운영되던 프로그램이었다. 페이트리언처럼 유튜브는 스폰서십을 통해 크리에이터에게는 광고 수익금 말고도 안정된 월수입을 보장해주는 한편, 일부 시청자에게는 자신이 좋아하는 브이로거를 후원하고 특전을 받을 수 있는(추가 콘텐츠에 접근할 수 있는) 기회를 부여한 것이다.

유튜브가 스폰서십 계획을 발표한 지 몇 주 후, 팔머에게 구글을 모기업으로 한 천하무적의 유튜브가 페이트리언의 시장을 잠식하지 않을까 걱정되지 않느냐고 물었더니 그는 아무런 문제가 없다는 듯이 이렇게 대답했다. "물론 다른 큰 회사들도 줄줄이 그 뒤를 따르겠죠. 하지만 우리는 이 일로 실망하지 않아요. 우리 모델이 훌륭하다는 반증이기 때문입니다."

그는 유튜브를 한 번도 대놓고 거명하지는 않았지만, 크리에이터에 대한 두 사이트의 접근 방법이 어떻게 다른지 비교해서 설명해주었다. "페이트리언에는 우리가 구축해온 특유의 문화가 있어요. 우리 직원들은 크리에이터를 최우선으로 생각하며 자신들의 피와 땀과 눈물을 바쳐 크리에이터가 충분히 보상받게끔 노력하고, 실제로도 그런 결과를 얻어내요. 그들은 충분히 소통하고 분명한 해법을 제시하려 할 뿐만 아니라 데이터도 늘 공유하며 회사와 크리에이터가 함께 성장하는 길을 찾아주지요." 유튜브는 지금 그가 말한 그 어떤 일도 하지 않는다는 의미가 암암리에 담겨 있었다.

"사람들은 우리와 파트너가 되기를 바랍니다. 크리에이터와 맺은 신뢰가 그만큼 돈독하기 때문이죠. 그건 돈 주고도 살 수 없는 소중한 가치이며, 이런저런 기능들만 모아놓는다고 해서 생기는 게 아니에요. 올바른 자세로 크리에이터를 대하면서 크리에이터 우선주의를 정착시키는 데 꼬박 4년이 걸렸습니다. 크리에이터들과 맺고 있는 이러한 관계가 현재 우리의 가장 큰 자산이에요."

따지고 보면 이는 2006년에 크리에이터에게 직접 보상하려 했던 동영상 공유 사이트 레버Revver의 초창기 시도를 그대로 모방한 접근 방법이다. 물론 페이트리언도 헛발을 디딘 적이 있다. 2017년 겨울, 페이트리언 측은 크리에이터가 내던 거래 수수료를 후원자가 내도록 방침을 바꿨다. 하지만 크리에이터들은 아무런 상의 없이 후원자들이 돈을 더 내게 되는 상황이 적절치 못하다고 여겼고, 페이트리언 측은 심사숙고 끝에 이를 원래대로 돌려놓았다.

유튜브 크리에이터들 사이에 페이트리언이 크게 인기를 얻는 바람에, 2017년 유튜브는 유튜브 파트너 프로그램(당시 전체 조회수가 1만 이상인 크리에이터만 이 프로그램에 가입할 수 있었음)에 가입하지 않은 크리에이터가 게시물 끝에 페이트리언 페이지나 온라인 쇼핑 같은 외부 사이트의 링크를 달지 못하도록 하는 새로운 규정을 도입했다. 크리에이터들은 자신들의 외부 돈벌이를 제한하려는 유튜브의 시도에 격분했지만, 유튜브는 자체 '커뮤니티 지침과 광고주 정책'을 준수하겠다는 태도를 고수했다.

이 조치에 대해 가장 큰 목소리를 낸 사람 중 하나가 게임과 인터넷에 관한 동영상 리뷰로 16만 명의 구독자를 보유한 이언 댄스킨Ian Danskin이었다. 그는 페이트리언을 통해 자신의 채널 '풍자 작업실'에 올리는 리뷰에 대해 후원금을 받는다. 이 책을 쓰고 있는 현재 1,236명의 후원자가 매달 3,391달러를 그에게 기부한다.

그는 트위터에 이런 글을 올렸다. "오용을 막기 위해 파트너 프로그램에 가입하도록 장려하는 거라고? 도대체 어떻게?" 글은 이렇게 이어졌다. "작은 채널이 효율적으로 돈 버는 길을 아예 막아버리는 게 어떻게 오용을 막는 방법이라는 거지? 나는 동영상 한 편으로 조회수 200을 찍고 행복해하는 유튜버를 많이 만났습니다. 1만이라는 문턱은 그들에게 너무 높아요."

댄스킨은 정교하고 깊이 있는 동영상을 만들기 위해 페이트리언을 이용하고 있었기 때문에 유튜브의 방침 변화가 남 일처럼 느껴지지 않아서 사뭇 걱정스러웠다. "광고 수익금은 그만큼 변화무쌍해요. 하룻밤 새 사라질 수도 있어요. 어느 날 알고리즘이 심혈을 기울여 만든 내 동영상에 돈을 지급하지 않겠다고 결정한다면 그냥 돈이 날아가는 셈이잖아요. 그걸 어떻게 예상할 수 있겠어요."

그게 어떤 동영상이든 간에 유튜브는 종종 이해할 수 없는 이유로 돈을 주지 않겠다고 결정한다. (그중에는 아무런 배경 설명 없이 논란이 많은 내용을 방지한다는 이유도 있다. 가령 필립 데프랑코의 동영상은 아무런 설명 없이 광고 의뢰 목록에서 빠졌다.) 설령 돈을 받는다고 해도 크리에이터는 여전히 불분명한 알고리즘과 제멋대로 오르내리는 광고 단가의 변덕에 휘둘린다.

댄스킨은 이렇게 설명했다. "어느 날 알고리즘이 어느 동영상에 광고를 싣지 않기로 하면, 그 동영상을 올린 크리에이터는 광고 수익금을 받지 못하게 되겠죠. 알고리즘이 어떻게 할지 예측할 수 없어요. 크리에이터에게 무슨 잘못이 있겠어요. 저 바깥에 있는 알고리즘이 결정하면 대개 그걸로 끝이에요. 합리적인 논리로 결정의 이유를 설명해준 적도 거의 없어요."

댄스킨은 유튜브 알고리즘의 변덕으로 직접 이득을 본 적도 있다. 그는 2015년 12월, 〈우리는 케니에 관해 말하지 않는다: 밀고자가 본 워킹데드〉라는 제목의 22분짜리 동영상 리뷰를 올린 적이 있다. 6개월 동안 조회수가 조금씩 올라가는 정도였고, 특별히 눈에 띄지 않은 동영상이었다. 하지만 〈워킹데드〉 시즌3이 끝나자, 유튜브의 자동재생 알고리즘에 의해 댄스킨의 몇 달 묵은 동영상의 추천 횟수가 늘어나기 시작했다. 조회수도 덩달아 급증했다. "난 그저 보고만 있었죠. 아무것도 하지 않았어요. 인기 동영상 중 하나였지만 일 년 반 전에 올린 건데, 갑자기 널리 퍼지며 대박을 터뜨렸어요. 그걸 어떻게 예상할 수 있었겠어요. 인생은 정말 알 수 없어요." 댄스킨은 냉정하게 말했다.

댄스킨은 그 사건을 통해 그렇게 이득을 볼 수도 있지만 예상치 못한 손해를 입을 수도 있다고 판단했다. 그래서 안정된 수입원을 찾아 페이트리언으로 옮겨 갔으며 지금은 그 결과에 매우 만족하고 있다. 그는 설사 자신의 모든 동영상에 광고가 실렸다고 해도 유튜브에서 벌어들였을 돈은 페이트리언의 4분의 1 정도밖에 안 됐을 거라고 예상했다.

2017년 10월, 리/코드Re/Code(실리콘 밸리의 기술 관련 뉴스를 다루는 웹 사이트 — 옮긴이)의 카라 스위셔와 가진 대담에서 유튜브 CEO 수전 보이치키는 유튜브를 "광고주, 크리에이터, 사용자 사이에 끼어 있는 작은 생태계"라고 칭했다. 질서는 만들기 나름이다. 유튜브에게는 광고주가 우선이다. 그다음에 동영상을 만드는 크리에이터가 있고, 그다음에 팬이 있다. 의도하지 않았지만 유튜브는 모든 사업의 실질적인 힘은 돈을 내는 사람에게 있다는 사실을 알려줬다. 그 사람이 페이트리언의 경우에는 팬이고, 유튜브의 경우에는 광고주다.

## 책에서 스마트폰 액세서리까지
### 브랜드가 된 유튜버들

유튜버는 이제 전방위적으로 판매 기회를 노리는 하나의 브랜드이지 그저 카메라나 가지고 노는 사람이 아니다. 우리는 지난 몇 년 동안 자질구레한 장신구, 티셔츠, 책과 같은 유튜브 파생 상품의 등장을 지켜봤다. 수많은 유튜버가 팬들과의 개인적인 관계를 사업 기회로 활용해 추가 물품을 판매함으로써 애드센스 광고 수입과 브랜드로부터 받는 후원금보다 더 많이 벌어들인다.

2014년 조엘라는 자신의 첫 소설《걸 온라인Girl Online》을 출간하면서 유튜버가 베스트셀러 작가로서도 엄청난 상업적 잠재력이 있다는 걸 처음으로 보여줬다. 이 책은 영국에서 발매된 첫 주에만 7만 8,109부가 팔렸는데,[75] 신예 작가가 낸 데뷔작의 첫 주 판매량으로는 사상 최고였다.《뉴욕타임스》가 선정한 청소년 분야 베스트셀러에 오르기도 했다.

조엘라가 대필 작가의 손을 빌렸다는 이유로 그 소설은 논란의 대상이 됐다. 출간 전에 배포한 보도자료에서 펭귄 출판사는 《걸 온라인》이 "조엘라의 친근하고 생생하며 매력적인 목소리로 들려주는 책"이라고 말했다. 하지만 실은 조엘라가 뛰어난 청소년 작가 시오반 커햄과 함께 쓴 책이었다. 최근 보도에 따르면 다른 대필 작가들이 조엘라에게 접근해서 7,000~8,000파운드만 내면 소설을 써주겠다고 제안했다고 한다.[76] 조엘라의 데뷔 소설에 대필 작가를 활용한 문제를 두고 불거진 이 논란은 많은 신예 작가들, 특히 유명인과 운동선수들에게는 굳어진 일종의 관행이다.

캐롤라인 샌더슨은 영국의 잡지 《북셀러Bookseller》에 실린 비소설 신간 서평에서 유명인이 대필 작가를 고용하는 건 아무런 문제가 없다고 주장했다. "왜 조엘라가 소설을 쓰기 위해 도움을 받아서는 안 되는가? 아무도 영국의 축구선수 웨인 루니가 직접 책을 쓰기를 기대하지 않는다. 그의 전문 분야가 아니기 때문이다."

조엘라가 언론과 팬들의 분노를 일으킨 데는 두 가지 원인이 있는 듯하다. 첫째는 그녀가 신종 미디어계 인사로서 문학계의 전유물에 무단 침입했다는 점이다. 둘째는 누군가와 공저를 내는 것은 진정한 개인 미디어로 활성화된 유튜브의 개념과 어울리지 않아 보인다는 점이다. 두 가지는 결국 비슷한 얘기다. 《걸 온라인》 시리즈의 두 번째 책은 2015년 10월에 출간되었으며, 1년이 지난 후에 세 번째 책이 나왔다. 성탄절 축하파티 준비를 지루하게 설명하는 내용을 담은 가장 최근의 후속작《따뜻한 초대Cordially Invited》는 2018년 10월 출간됐다.

알피 데이즈도 여자 친구인 조엘라 만큼이나 출판사의 입맛을 크게 당기는 인물이었는데, 그녀보다 더 시니컬한 태도를 보이기도 했다. 그는 2014년에 데뷔작인《무의미한 책Pointless Book》을 냈는데 이 책에는 '알피 데이즈가 시작하고 여러분이 끝낸다'라는 부제가 달렸다. 독자들이 다 읽고 나서 책 위에 낙서를 하고 싶은 충동을 느끼게 하는 케리 스미스의《이 책을 파괴하라Wreck This Journal》에서 착안한 알피 데이즈의 데뷔작은 192페이지밖에 안 되는 분량을 겨우 채울 만큼 내용이 빈약하다. 하지만 발간 직후 2주일 만에 3만 부가 팔렸다.[77] 후속작《무의미한 책 2》도 빈약하기는 마찬가지다.《가디언》은 이 책들의 출간을 두고 "작품 같지도 않은 작품", "틴 케이스에 든 것 중 콩통조림과 미니 소시지 다음으로 최악인 크리스마스 선물(틴 케이스 안에 책이 들어 있는 에디션이 있었음 — 옮긴이)"이라고 혹평했다. 하지만 그 두 권의《무의미한 책》은 모두 60만 부가 팔렸으며 400만 파운드의 매출을 올렸다.[78] 첫 번째 책은 영국의《선데이 타임스》가 선정한 베스트셀러에 11주 연속으로 올랐으며, 런던의 한 대형 서점에서 열린 사인회에는 예상치 못하게 수천 명의 팬들이 알피 데이즈를 보려고 몰려드는 바람에 서점 문을 닫아야만 했다. 문을 밀고 들어오는 군중들이 유리를 부수어 사인회가 일찍 중단되지 않을까, 서점 측에서 우려했을 정도였다. 데이즈의 책 판매량은 두 권 다 줄어들 기미를 보이지 않았다. 2017년 2월, 그 책을 낸 블링크 출판사는 첫 번째 책이 발매된 지 여러 해가 지났는데도 여전히 매주 1,000부 이상 팔린다고 밝혔다.

유튜버의 책 출판이 큰 사업이 되자 거대 연예기획사가 중간 상인을 배제하고 책을 직접 만들어 판매할 길을 찾기 시작했다. 마침 2017년 7월, 거물급 유튜버들을 보유한 영국의 주요 연예기획사 글림 퓨처스Gleam Futures는 기존 출판사 사이먼앤드슈스터Simon & Schuster에서 빼낸 인력으로 자체 출판 대행사 글림 타이틀스Gleam Titles 설립을 추진하고 있다고 발표했다.

유튜버의 출간 혁명과 관련해서 가장 흥미로운 점은 그들이 새로운 청중을 독서의 세계로 몰고 갔다는 것이다. 《북셀러》의 캐롤라인 샌더슨에게는 두 아이가 있다. "얘들은 모두 유튜브를 광적으로 좋아해요. 특히 아들 녀석이 그래요." 그녀의 아들은 수많은 책으로 둘러싸인 집에서 자랐지만, 책을 그리 좋아하지는 않았다. 그런데 유튜버가 쓴 책은 많이 사서 읽었다. 저자가 더 사이드멘The Sidemen이라는 이유만으로 읽고 싶은 충동을 느끼기도 했다. 더 사이드멘은 KSI를 포함한 일곱 명의 유명 유튜버들이 모인 집단이다. 2016년 10월, 그들이 낸 《사이드멘Sidemen》이라는 책은 출간되자마자 3일 만에 2만 6,436부를 판매하며 순식간에 영국 비소설 부문 베스트셀러 정상에 올랐다.[79] 이 판매량이 놀라운 이유는 크리스마스를 앞두고 출판업계에서 가장 경쟁력이 있는 시기인 '슈퍼 목요일'에 발매되었기 때문이다. 판매 첫 주에 이 책은 영국의 인기 요리사이자 작가인 제이미 올리버나 소설가 앨런 베넷의 책보다 더 많이 팔렸다.

《사이드멘》뿐만이 아니었다. 2015년 슈퍼 목요일에 이미 영국 베스트셀러 순위 정상에 오른 또 다른 유튜버 저자들이 있다. 댄앤드필Dan and Phil이라는 이름으로 더 잘 알려진 댄 하웰Dan Howell과 필 레스터Phil Lester의 《놀라운 책은 불타지 않는다The Amazing Book is Not on Fire》는 출간 첫 주에 2만 6,744부가 팔렸다. 미국의 인기 작가 빌 브라이슨의 책을 포함한 400여 권의 단행본이 같은 날 출시됐는데, 댄앤드필의 책이 이들을 모두 물리치고 정상을 차지한 것이다. 샌더슨은 이렇게 말했다. "유튜버가 쓴 책을 대놓고 깔보는 사람도 있어요. 우리 일에 대해 터무니없는 환상을 가진 사람들이죠."

하지만 유튜버들이 팬들에게 과연 그들이 낸 돈 만큼 가치 있는 상품을 내놓는가 하는 문제는 여전히 남아 있다. 2017년 11월, 영국의 건강 및 뷰티 체인인 부츠Boots는 12일간의 크리스마스 재림절 달력을 출시했다. 부츠는 이 상품이 "조엘라 라이프스타일 브랜드로 만든 최고의 크리스마스 달력"이며, 달력의 날짜별 덮개(크리스마스 재림절 기간은 통상 크리스마스 전 25일간이지만, 이 달력에는 12일간만 표시되어 있음)를 하나씩 열면 그 속에 "멋진 향초에서 매력적인 액세서리, 문구류, 맛있는 과자까지 입이 딱 벌어질 만큼 놀랍고 고급스러운 특별 선물들이 들어 있다"고 대대적으로 선전했다.

하지만 50파운드를 내고 받은 특별 선물은 초라하기 짝이 없었다. 색종이 조각 한 묶음, 쿠키 찍는 틀 두 개, 문구 스티커 일곱 장, 양초 두 자루, 펜 한 자루, 열쇠고리 하나, 메모지 한 권, 실내 방향제 하나, 거기에 가방 하나를 받은 게 전부였다. 팬들은 달력의 전체 내용물의 정가를 다 합하면 20파운드밖에 안 된다는 걸 알아내고는 소셜미디어에서 무자비한 비난을 쏟아냈다. "완전 싸구려"라고 표현한 글도 있었다. 부츠 측은 즉각 사과하고 가격을 절반으로 낮췄다. 조엘라는 1년 동안 그 달력에 공을 들였다고 해명했다. "디자인을 하나의 완성품으로 만드는 과정에서 창의성을 발휘하는 것이 내가 하는 일입니다. 그 이상은 내 역할이 아니에요. 제품 가격은 소매업자만이 결정할 수 있어요. 완전히 제 권한 밖의 일이죠." 또 이렇게 덧붙였다. "나를 집에 앉아서 계산기나 두드리는 사람이라고 생각하지 않았으면 좋겠어요. 나를 아는 사람이라면 내가 그런 쪽으로는 젬병이라는 것도 잘 알 거예요."

유튜버가 파는 상품치고 비싸지 않은 상품은 없었다. 하다못해 비교적 쓸모없는 스마트폰 동글dongle에도 언제나 팝소켓(스마트폰 액세서리 브랜드 — 옮긴이) 브랜드가 붙어 있다. 브랜드가 붙지 않아도 값싸고 좋은 동글은 많다. 소셜미디어가 재림절 달력 문제로 조엘라를 비난할 무렵, 미국의 유튜버 조니 올란도Johnny Orlando는 자신과 자신의 여동생 로렌의 청소년 잡지 사진 촬영 현장을 볼 수 있는 입장권을 40달러에 사라고 광고하고 있었다. 그리고 2018년 퓨디파이는 의상 라인업의 하나로 츠키Tsuki를 출시했다. 수놓은 로고가 작게 박혀 있는 면-폴리에스터 혼방 후드 티셔츠 한 벌이 100달러였다.

2017년 8월 23일, 알피 데이즈와 조엘라는 새로운 분야를 개척하기로 했다. 자신들의 매력적인 외모를 상품 판매로 연결한 것이다. "오늘이 바로 그날이에요." 데이즈가 자신이 묵고 있던 런던 에어비앤비 숙소의 거실을 서성거리며 말했다. 조엘라는 뒤에서 아침 식사를 준비하고 있었다. 데이즈는 자신들의 명성을 결합해서 만든 의상 브랜드 '서그 라이프×PB'의 팝업 스토어를 개점한다는 브이로그를 촬영하고 있었다. 런던에서 가장 유명한 쇼핑 장소 중 하나인 코벤트 가든에서 열리는 개점 행사를 앞두고, 그들은 몰려드는 팬들로 매장이 미어터질 것으로 예상했다.

오전 10시 그들 부부와 조엘라의 남동생 조 서그 Joe Sugg (오디션 프로그램 〈스트릭틀리 컴 댄싱〉의 결선 진출자이자 인기 유튜버)가 매장의 문을 열자 새벽부터 매장 밖에 서 있던 수백 명의 팬이 괴성을 지르기 시작했다. 130평 남짓한 가게를 12일간 빌린 것은 하나의 도박이었다. 임대료가 하루 1,000파운드라 밑지지 않을까 걱정했지만 기우였다. 아무리 싼 물건도 최소 10파운드였는데, 팬들은 그렇게 비싼 가격임에도 구름떼처럼 몰려왔다. '서그 라이프×PB' 로고가 선명하게 새겨진 티셔츠는 15파운드였고 후드 티셔츠는 25파운드였다.

첫날 4,000명이 넘는 사람들이 매장을 찾았다. 팬들과 셀카를 찍으며 장장 여섯 시간을 보낸 그들은 급히 이런 트윗을 날렸다. "여러분, 여기가 팬 미팅 장소가 아니라는 점을 기억해주세요. 여긴 팝업 스토어예요. 우리는 보안상 어쩔 수 없이 매장을 떠나야 해요." 데이즈

알피 데이즈, 〈저희 가게를 열어요!!〉.
**첫날에만 4,000명이 넘는 사람들이 이들의 팝업스토어를 찾았다.**

가 트위터에 올린 글이다.

다른 유튜버들도 그들의 성공을 확인하고 이를 따라 했다. 제이크 폴은 2017년 성탄절 성수기 직전에 맞춰 로스앤젤레스와 뉴욕에 그와 비슷한 팝업 스토어를 열겠다고 발표했다. 그는 그해 12월 1일 로스앤젤레스에 매장을 열려고 했지만 약속을 지키지 못했다. 군중이 어마어마하게 몰려올 것을 예상하여 안전상의 문제로 개장을 취소했기 때문이다. 급기야 다른 더 넓은 장소로 매장을 옮겼다. 12월 8일 문을 연 뉴욕의 매장에는 900여 명의 팬들이 찾아왔는데, 그들은 상품 대금과는 별도로 10달러짜리 입장권을 사서 들어왔다. 그리고 2018년 9월, 영국의 어린이 유튜버 중 가장 인기 있는 11세의 티아나Tiana는 버밍엄 불링 쇼핑센터에 마련된 팝업 스토어에 1만 1,000명의 사람들을 불러 모았다.

이러한 움직임은 갈수록 널리 퍼지고 있다. 런던 킹스크로스역 뒤에 있는 '유튜브 스페이스 런던(영국의 유튜브 본부)'은 2017년 11월 딱 3주간 도디 클라크Dodie Clark에게 일부 공간을 내주었다. 그녀는 그 공간을 상품 매장으로 활용했을 뿐만 아니라, 유튜버로서 작은 성지를 구축할 요량으로 자신의 첫 책《미치광이의 비밀Secrets for the Mad》의 발췌를 비롯해 오리지널 미술품과 예술 작품을 미술관처럼 전시했다. 전 세계 크리에이터들에게 유튜브의 메카 중 하나로 꼽히는 장소 바로 옆이라 위치 선정이 완벽했다. 이내 그 공간은 있는 족족 돈을 써대며 스타를 졸졸 쫓아다니는 소년 소녀들이 즐겨 찾는 곳으로 부상했다.

대체로 아이들은 자신이 좋아하는 크리에이터에게서 느껴지는 친밀감 때문에 비싼 가격을 기꺼이 눈감아주었다. 조엘라의 재림절 달력 논란이 불거진 후, 리서치 회사 유고브가 이 책을 위해 실시한 단독 리서치에서 '조엘라'라는 이름을 들어본 18~24세 성인의 3분의 1은 그 논란을 계기로 그녀를 확실히 알게 되었다고 답했다(조엘라라는 이름을 떠올린 사람의 절반은 그녀를 신뢰하지 않았고, 28%는 '매우' 신뢰하지 않았다). 팬들은 자신이 좋아하는 크리에이터를 여전히 친구로 여기지만, 크리에이터들의 입장은 달라졌다. 그들은 예전에는 혼자서 북 치고 장구 치고 다 했지만, 지금은 직원들을 고용해서 수지를 맞추고 수익을 내는 사업체를 이끌어가야 했다.

시청자와 크리에이터 간의 관계 변화와 함께 팬들의 부모들도 변하기 시작했다. 그들은 자녀들이 응원하는 크리에이터와 크리에이터의 수입이 엄청나게 늘어나고 있다는 언론 보도에 더 많은 관심을 보이고 있다. 물론 비슷한 물건을 더 싸게 살 수 있는데도 굳이 크리에이터 상품을 산다며 돈을 낭비하는 아이들을 부모들은 여전히 못마땅해할 수도 있다. 하지만 부모들의 소비도 별로 다를 게 없다. 왜 높이 쌓아놓고 싸게 파는 할인 매장의 상품을 피하고 이름난 디자이너가 만든 명품을 선호하는가? 왜 마트 선반에 있는 진공 포장 스테이크보다 지역 정육점의 유기농 풀을 먹인 소고기를 고르는가? 그런 행동의 밑바탕에는 어떤 개인을 후원한다는 의미와 그로 인한 만족감이 있기 때문이다. 부모들은 아이들에게 돈을 낭비한다고 잔소리하곤 하지만, 실은 성인들의 대다수도 불완전한 소비 결정을 한다.

그렇다고 유튜버와 팬의 관계에 아무런 문제가 없다고 말하고 싶지는 않다. 팬과 부모들은 유튜브가 성숙해짐에 따라 한때 친구로 여겨졌던 크리에이터들이 실은 브랜드처럼 작용하며 그로 인해 성공한 사람일 뿐이라는 사실을 인식하기 시작했다. 달리 말해, 몇 년 전에 불과 몇천 명의 팬을 대상으로 찔끔찔끔 돈을 벌던 사람들이 갑작스럽게 수백만 명의 팬을 보유한 대형 크리에이터로 성장하면서 한몫 단단히 챙기게 됐다는 걸 깨달은 것이다.

# 7부

# 유튜브의 미래

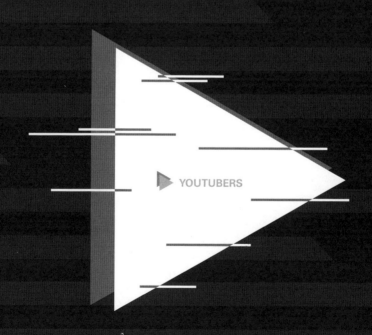

YOUTUBERS

## TV와 영화로는 부족해
## 할리우드 스타들이 몰려온다

뉴욕 맨해튼 한복판에 있는 라디오 시티 뮤직홀은 연예계와 공연계
의 거물들도 무대에 오르기 어려운 대규모 공연장이다. 수십 년 동안
세계적인 명성의 전속 무용단 로케츠Rockettes의 정기 공연은 물론이
고, 1,639제곱미터 규모의 무대 위에서 마돈나의 〈라이크 어 버진Like a
Virgin〉등 화제의 공연이 펼쳐졌으며, 수백 편의 영화 개봉작을 선보이
기도 했다.

　　그런데 2018년 5월 3일, 그곳은 한층 세속적인 사람들의 본거
지가 됐다. 유튜브는 거기서 브랜드캐스트Brandcast 행사를 열어 최신
자체 제작 동영상들을 여러 광고주 앞에 공개했다. 브랜드캐스트는 유
튜브가 지난 18개월간 이런저런 스캔들에 휩싸이는 바람에 관계가 소
원해진 광고주들을 다시 끌어오기 위한 행사였다. 유튜브 오리지널

YouTube Original이라는 이름의 자체 제작 동영상들은 유튜버들이 개별적으로 찍는 일반 동영상보다 시간도 더 길었고, 제작비 규모도 더 컸으며, 폭넓은 시청자를 겨냥하기 위해 대중들에게 친숙한 유명인들을 대거 동원해 만들어졌다. 그중에는 영국의 코미디언 잭 화이트홀Jack Whitehall, 미국의 토크쇼 진행자 제임스 코든James Corden, 미국의 코미디언 케빈 하트Kevin Hart, 미국의 배우 윌 스미스Will Smith도 있다.

　　잭 화이트홀은 제임스 코든이 진행하는 프로그램에 출연해 세계적인 축구 선수들과 함께 훈련하는 장면을 찍었다. 미국의 정상급 유명인 제임스 코든은 CBS의 레이트 레이트 쇼The Late Late Show의 진행자이며, 그 토크쇼 영상물은 유튜브에서도 대대적으로 홍보된다. 미국의 코미디언 케빈 하트는 유명인 친구들과 촌철살인의 가시 돋친 말들을 주고받는 자신의 두 번째 코미디쇼 시리즈를 이 유튜브 오리지널로 시작했다. 최근 유튜브에 진출한 윌 스미스는 헬리콥터에서 번지점프를 하는 동영상에 출연해서 사람들의 관심을 끌었다.

　　1억 달러 이상의 수익을 내는 영화에 연속으로 출연한 기록을 보유한 할리우드 스타 윌 스미스는 2017년 크리스마스 열흘 전에 유튜브 채널을 개설했다. 그는 브이로그 활동을 시작한 지 몇 달이 지난 후, 한 예고편에서 이렇게 말한 바 있다. "유튜브가 나를 얼마나 많이 깨우쳐 주었는지 몰라요. 이제는 내 목소리를 내보려고 해요. 말하고 싶은 게 너무 많거든요." 전통적인 미디어의 몇몇 거물들도 출연하는 그의 브이로그 시리즈에 대해 유튜브의 국제 광고 및 마케팅 책임자인 케이트 스탠퍼드는 이렇게 전망했다. "스미스는 이 시리즈를 통해 관심도 끌고 즐거움도 주겠지만, 무엇보다 자신만의 다양하고 진실된 목소리를 세상에 널리 전할 겁니다."

　　최근 수십 년간 TV와 영화에만 출연한 사람의 목소리가 어떻게 다양하고 진실할 수 있겠느냐고 의문을 제기할 수도 있다. 하지만 그 말에는 유튜브의 중심이 변했다는 의미가 숨어 있다. 유튜브는 이미 주류 미디어에 진입했고, 어떤 의미에서 초창기 유튜브의 특징은 사라졌다. '유튜브 오리지널'은 유튜브의 변화를 보여주는 가장 최근의 사건이었다. 하지만 이보다 더 극단적이고 더 격렬한 반발을 불러온 사건은 따로 있었다. 유튜브가 자체 제작 동영상 계획을 발표한 지 7개월 후에 벌어진 사건으로 여기에도 윌 스미스가 연관돼 있다.

　　사건의 발단은 유튜브가 지난 12개월 중 유튜브에서 가장 중요한 순간을 골라 편집한 동영상인 〈유튜브 2018 리와인드Rewind〉에 정상급 유명인들을 참여시킨 것이었다. '너 자신을 방송하라Broadcast yourself'라는 애초의 정신을 외면한 결과는 처참했다. 시청자들의 비난이 쏟아졌다. 2018년 12월에 올라온 그 동영상은 1,000만 회 이상의 '싫어요'로 뭇매를 맞으며 유튜브 역사상 시청자들이 가장 혐오하는 동영상으로 등극했다.[80]

유튜브, 〈유튜브 2018 리와인드〉.
**유튜브의 자화자찬이 이어지는 이 동영상을 유튜브 시청자들은 대놓고 싫어한다.**

월 스미스, 〈채널 트레일러〉.
**유튜브 시청자들은 왜 월 스미스를 곱게 보지 않을까?
그는 일단 유튜브 원주민이 아니다. 질적으로 다른 세계에
있는 존재다.**

사람들이 〈유튜브 리와인드 2018〉을 그토록 싫어한 이유는 다양하다. 그 동영상에 출연한 거물 중 한 사람은 유튜브가 아니라 트위치Twitch에서 명성을 얻은 타일러 블레빈스Tyler Blevins로 '닌자Ninja'라는 이름으로 널리 알려진 게이머였다. 트위치는 유튜브의 주요 경쟁자 중 하나로 게임 동영상을 실시간으로 내보내는 웹 사이트다. 블레빈스가 〈유튜브 리와인드 2018〉에 포함될 자격을 얻은 이유는 (그 동영상에 등장하지 않은 퓨디파이와 맞먹는) 엄청난 청중 동원력 덕분이기도 했지만, 일정 규모 이상의 구독자를 확보한 유튜버에게 기회를 준다는 세부 규정 때문이기도 했다. 블레빈스는 유튜브의 여러 채널에 자신의 트위치 동영상 중 주요 장면을 편집해 올려서 총 2,100만 명의 구독자를 확보하고 있었다. 하지만 유튜브는 그의 명성을 끌어들이지 말아야 했다. 유튜브 순혈주의자들이 보기에 블레빈스는 일종의 침입자였기 때문이다.

그 비디오는 정지 화면이 많았으며 잘 짜인 각본대로 정말 연기하듯이 유튜브에서 불거진 수많은 쟁점과 논란은 못 본 체하면서 유튜브라는 기업의 사회적 책임과 다양성을 칭송했다. 초대된 크리에이터들은 모닥불가에 모여앉아 유튜브가 얼마나 위대한지에 관한 두

서없는 이야기를 이어갔다.

하지만 이 책을 쓰고 있는 시점에 〈유튜브 리와인드 2018〉가 1,500만 명의 분노를 사게 된 주된 이유는 어느 댓글처럼 이렇게 비꼬는 말로 요약할 수 있다. "유튜버 윌 스미스. 잘났어, 정말." 동영상의 첫 번째 장면과 마지막 장면에서 활짝 웃는 사람은 윌 스미스였다. 스미스는 나쁜 사람도 아니고 나쁜 유튜버는 더더구나 아니지만(그의 동영상은 좀 민망한 구석은 있으나 그런대로 괜찮음), 유튜브의 태도 변화에 대한 대중들의 항의는 그에게 쏟아졌다. 유튜브 시청자는 유튜브 내부에서 성장한 원주민 스타를 좋아한다. 하지만 윌 스미스는 어떻게 봐도 원주민 스타는 아니다. 원주민 스타 여부는 전적으로 크리에이터와 시청자의 관계 및 그 뒤에 있는 준사회적 요소에 달려 있다. 제이크 폴이 수십억 원짜리 대저택에 살고, KSI가 람보르기니를 탈 수 있도록 도와준 것에 대해 유튜브 시청자들은 적지 않은 자부심을 느낀다. 자신들이 '좋아요'를 누르고 조회수를 올려준 덕분에 그 젊은 친구들이 성공할 수 있었다고 생각하기 때문이다.

하지만 윌 스미스는 유튜브에 합류하기 전에 이미 백만장자였다. 어떤 식으로 규정해도 그는 30년 전성기 동안 '보통' 사람이었던 적이 없다. 그는 평범한 사람들이 유튜브에 올리는 미숙하고 소박한 동영상과는 질적으로 다른 세계에 있는 존재다. 윌 스미스가 숨겨놓은 어떤 비밀도 (만약 있다면) 이제껏 밝혀진 적이 없다. 그는 길이 잘 든 옷처럼 사람들 몸에 꼭 맞았다. 유튜브 시청자들은 그걸 싫어한다. 하지만 정작 유튜브는 그걸 좋아했다. 연속된 스캔들에 휘둘린 후,

2019년 초 두 번째 광고 대참사 위기를 마주하고 나서 필사적으로 안정성을 추구하고 있는 탓이다.

460만 명의 구독자를 보유한 윌 스미스가 유튜브에 모습을 드러낸 유일한 할리우드 스타는 아니다. '더 록The Rock'이라는 이름으로 활동하는 미국 배우 드웨인 존슨은 350만 명이 넘는 구독자를 위해 정기적으로 동영상을 올린다. 그의 동영상은 배우로서의 활약 이면을 보여주는 브이로그였던 적도 있었지만, 지금은 영화 출연 계획을 홍보하는 평범한 내용으로 채워지고 있다. 할리우드의 주연급 남자 배우 라이언 레이놀즈는 2015년 유튜브 채널을 개설한 이래 75만 명의 구독자를 확보했고, 이후에는 다소 소극적으로 채널을 운영하고 있다. 뜸하게 올리는 동영상에서 진정성을 살리려는 노력도 약간 보여주기는 하지만, '더 록'처럼 주로 다음 출연작을 홍보한다.

할리우드 스타로서 유튜브를 자신의 홍보 수단으로 활용하는 데 그친 레이놀즈나 존슨과 달리, 윌 스미스는 유튜브 활동에 대한 대중들의 비난에도 아랑곳하지 않고 할리우드의 전통적인 유명인 집단과 유튜브의 새로운 유명인 집단 사이의 경계에 서서 절묘한 줄타기를 해왔다. 스미스는 여전히 유튜브 동영상에 지나친 감상을 담고 있으며, 후원 콘텐츠나 개봉 예정 영화 홍보 관련 동영상을 주로 게시하지만 시청자들에게 유튜브 활동에 자부심과 애정을 가지고 있다는 인상을 준다. 그가 유튜브에 발을 들인 다른 유명인과 달리 성공할 수 있었던 이유는 (일종의 진정성으로 나타나는) 바로 그 열정 때문이었다.

대중의 비난을 받은 〈유튜브 리와인드 2018〉 동영상에는 TV

의 몇몇 거물급 스타들이 어떻게 유튜브에 둥지를 틀었는지 알려주는 짧은 장면들이 들어 있다. 제임스 코든 James Corden, 지미 팰런 Jimmy Fallon, 엘런 디제너러스 Ellen DeGeneres 등 미국의 심야 토크쇼 진행자들은 자신들이 진행하는 프로그램 이름을 내세운 공식 채널을 통해 유튜브에서도 높은 존재감을 과시하고 있다. 코든의 〈카풀 가라오케 Carpool Karaoke〉 동영상 시리즈는 미국 TV 방송의 여왕 엘런 디제너러스가 올리는 동영상과 함께 늘 유튜브 조회수의 상위권을 유지한다. 디제너러스는 유튜브 채널에 자신의 TV 토크쇼 하이라이트 영상을 올려서 3,000만 명 이상의 구독자를 확보했다.

　이런 인물들이 유튜브의 얼굴이 된 사정을 이해하지 못할 바는 아니다. 유튜브에서만 활동해온 전업 유튜버들과는 달리 어리석은 언행을 삼가하는 법을 훈련받은 그 TV 스타들의 태도는 유튜브가 크리에이터를 위한 플랫폼에서 벗어나 대기업으로 성장함에 따라 그 어느 때보다 중요해졌다. 마침내 유튜버들은 윌 스미스를 비롯한 TV 스타들과의 경쟁에서 뒤처지지 않기 위해 기업 논리로 자신들을 무장하게 됐다. 혼자 활동하는 전문가라는 허울을 벗어던지고 소속사의 관리를 받으며 뭉치기 시작했다.

　하지만 이렇게 유튜브가 윌 스미스 등 전통 미디어 스타들을 대대적으로 영입하는 데는 더 큰 이유가 있다. 2018년 5월, 당시 세계적인 광고 대행사 오길비 Ogilivy에서 일하던 광고 및 브랜드 전문가 제임스 와틀리는 TV 스타들을 끌어들이게 되면 유튜브는 이미 확보한 수십만 명의 젊은 세대뿐만 아니라 구세대까지 시청자층을 확장할

285

수 있다며 이렇게 자문자답했다. "할리우드 대스타들과 함께 성장한 45세 이상 성인 시청자는 왜 유튜브보다 넷플릭스를 선호할까요? 넷플릭스의 프리미엄 콘텐츠에 그들이 아는 스타들이 나오기 때문입니다." 그래서 할리우드 스타를 유튜브에 모셔오면 성인 시청자를 흡수할 수 있다는 것이다.

그런데 유명인과 스타들이 유튜브에 거리낌 없이 등장하는 걸 막는 걸림돌이 하나 있었다. 외모에 관한 문제였다. 당대 최고의 출연료를 받았던 독일 출신의 여배우 마를레네 디트리히(1901~1992)는 글래머가 자신의 장사 밑천이었다는 유명한 말을 남겼다. 하지만 현재 할리우드 시스템에서 가장 유명한 여배우 제니퍼 로렌스는 전혀 다른 얘기를 한다. "할리우드 기준으로 난 비만에 속해요. 그래서 원시인처럼 적게 먹어요."

유명인의 라이프스타일을 숨겨놓은 비밀 상자가 열리면서 우리는 할리우드 거물들의 완벽에 가까운 외모 뒤에는 보톡스며 실리콘이며 몸매 보정 속옷 따위가 있음을 알게 됐다. 이는 유튜브 인플루언서들이 걱정거리와 약점까지 기꺼이 공개하는 '진정성'이라는 새로운 흐름 덕분이기도 하다. 완벽한 외모를 갖춘 듯 대중을 속여온 유명인들의 방식이 유튜브와 전통적인 스타 시스템 간의 상호 교류를 막을 수는 없을 것이다.

어쨌든 과거의 미디어를 통해 거물이 된 스타들이 신종 미디어 공간을 잠식하기 시작했다. 그중에는 슈퍼스타 래퍼인 위즈 칼리파Wiz Khalifa도 있는데, 그는 데이투데이DayToday라는 자신의 채널에 브이로

그 동영상을 거의 정기적으로 올린다. 그는 애당초 자신의 트위터 팔로워를 늘릴 목적으로 2009년 3월 유튜브에 처음 동영상 시리즈를 올렸는데, 10년이 지난 지금도 꾸준히 자신의 사는 모습을 보여주고 있다. 그의 집에서 촬영된 여러 장면 중 사례를 하나 들자면, 대마초 잎사귀 아래 '고품격 인생High Life'이라는 글자가 박힌 녹색 네온사인의 불빛을 받으며 수영장 테이블 옆에서 친구들과 함께 노닥거리는 장면이 있다. (대마초는 칼리파의 동영상에서 중요한 역할을 한다. 큼지막한 쓰레기통 크기의 분쇄기 안에 있는 대마초 싹을 오랫동안 근접 촬영한 장면과 정교하게 만들어진 물파이프가 흔하게 등장한다.) 그는 구독자 수 기준, 100대 채널에 꾸준히 오르며 영국의 동요 애니메이션 채널 '리틀 빅 범Little Big Bum', 전설의 유튜버 리자 코시Lisa Koshy, 초대형 인플루언서 제이크 폴과 어깨를 나란히 하고 있다.

　칼리파의 데이투데이 브이로그는 1,700만 명의 구독자가 보는 공식 뮤직 비디오와 거의 비슷한 인기를 누리고 있다. 칼리파는 팬들에게 현란하고 화려한 래퍼의 삶 뒤에 감춰진 진솔한 모습을 보여주면서 자신의 유튜브 채널을 팬층과의 교류를 확대하는 통로로 활용한다. 이는 팬들과의 장벽을 없애고 인간적으로 좀 더 가까워지려는 의식적인 노력이다. 그 결과 칼리파는 가식적인 존재가 아니라, 적어도 우리와 똑같은 사람으로 여겨지면서 충성스러운 팬들이 갈수록 늘어나고 있다. 하지만 그가 애용하는 금목걸이와 초고속 슈퍼카는 이런 메시지 전달을 다소 방해한다.

　전통 미디어에서 보여준 페르소나를 표출하는 또 다른 수단으로 유튜브를 활용하는 사람들도 있다. 유명 요리사 고든 램지와 제이미 올리버는 잠시 유튜브 채널을 운영한 적이 있다. 올리버는 유튜버로 제대로 자리매김하기 위해 알피 다이즈, 한나 하트, 그레이스 헬빅 같은 거물 유튜버들과 공동으로 동영상을 제작하며 처음부터 유튜브를 적극적으로 활용했다. 하지만 그가 만든 동영상은 대체로 전통적인 일방향 TV의 연장으로, 옛 시청자를 대상으로 한 것이었다.

총 1,200만 명의 구독자를 보유한 올리버와 램지의 유튜브 채널은 TV와 너무 비슷해서 정직한 날것의 미학에 익숙해진 유튜브 시청자들에게 감동을 주기 어려웠다. 그들이 너무 닳고 닳은 탓에 사람들에게 다가갔다가 자신들의 삶이 있는 그대로 다 까발려질까 봐 지나치게 조심하는 것도 문제다. 결과적으로 그들의 채널은 여전히 인기를 누리고 있지만, 상대적으로 나이 든 사용자에게 더 먹힌다. 그 채널은 그들의 활동 중 허접한 부분을 핵심 내용인 듯 포장해서 제시하는 공간이 됐다. 그래서 유튜브 문화에 정통한 젊은이들은 조회수를 늘려 향후 수입을 약속해주는 대신 뭔가 이상하다고 느끼고 피하는 것이다.

이것이 바로 유튜브로 넘어오는 정상급 유명인들이 해결해야 할 주된 과제다. 젊은 시청자들은 진정성에 대한 분명한 태도를 갖고 있으며, 전통적인 유명인들이 그저 자신들을 홍보하는 데만 신경 쓰고 있다는 사실을 곧장 간파한다. 유명인들(더 정확히 말하면 그들의 소속사)이 유튜브 채널을 구축한 후 진정성이 있는 듯 위장하고 시청자를 '아이처럼 취급하는' 성의 없는 태도를 보일 때, 똑똑한 시청자들은 그들의 속셈을 정확히 꿰뚫어 본다. 그런데 그 기만적인 계획이 유튜브 자체 제작물이라는 이름하에 마돈나와 로케츠의 공연이 이뤄진 무대인 '라디오 시티 뮤직홀'에서 발표된 것이다. 결국 최신 자체 제작 동영상을 떠들썩하게 공개한 지 불과 두서너 달 만에 유튜브는 이를 모든 사람이 볼 수 있게끔 개방하겠다고 조용히 발표했다. 단, 유튜브 오리지널의 한 달 가입비 11.99달러를 내지 않는 사람이 보는 동영상에는 광고를 싣겠다는 조건을 달았다.

## 과연 누가 더 불리한가
### 유튜브와 TV의 전투

약 3년 전, 40대 부부 데릭 홀더와 캐니스 홀더는 소니 TV를 새로 샀다. 리모콘에는 표준 음량과 채널 조절 버튼과 나란히 '넷플릭스'라는 단어가 선명히 새겨진 진홍색 버튼이 있었다. 남편인 데릭 홀더는 이렇게 말했다. "머지않아 유튜브 버튼도 생길 것 같아요. 그렇게 되는 순간 TV는 끝나는 거죠."

그는 확신을 가지고 그렇게 예상했다. 홀더 부부는 유튜브 사업체 엘 베베 프로덕션El Bebe Production을 운영하고 있다. 리틀베이비범Little Baby Bum이라는 브랜드로 3D 애니메이션 형태의 교육용 동영상을 만들어 올리는 사업이었다. 자녀가 있는 사람은 다 알 만한 브랜드고, 모른다면 곧 알게 될 브랜드다. 유튜브 전체를 통틀어 조회수가 13번째로 많은 채널이기도 하다[81](이 책을 쓰는 시점에 총 조회수는

180억 뷰이며 여기에 매달 2억이 더해진다).

홀더 부부의 사례는 유튜브의 고속 성장을 어떤 통계보다도 더 상징적으로 보여준다. 2011년까지 그들은 미디어와 전혀 관계없이 살았다. 그들은 그저 자기 아이들에게 동요나 들려주는 부모였을 뿐이었다. 48세 데렉 홀더는 이렇게 회상했다. "나는 당시 한 살이었던 우리 아이를 위해 동요 영상을 찾고 있었는데, 좋은 동요가 그리 많지 않았어요. 시비비스CBeebies(영국 BBC의 아동 전용 채널 — 옮긴이) 정도 되는 채널과 비교했을 때 온라인에 있는 것들은 하나같이 수준 이하였습니다." 그런데 그렇게 엉성한 유튜브 영상물들도 조회수는 대부분 수천만이었다.

홀더는 IT와 화상회의 분야에 종사했었는데, 거기서 검색 엔진 최적화의 원리를 깨우쳤다. "이 조회수를 바라보면서 그 조회수가 수익으로 환산된다는 걸 알았습니다." 그는 어느 날 함께 식사하던 친구에게 유튜브 채널에 관한 계획을 털어놓고는 이렇게 말했다. "내 생각대로 하면 실패할 리가 없어." 그보다 세 살 어린 아내는 기업의 브랜드 재구축 업무에 종사하던 그래픽 디자이너였다. 그들은 꿈과 희망을 안고 엘 베베를 설립한 후 우크라이나 애니메이션 제작자에게 일을 맡기고 개인 신용카드로 제작비를 결제했다.

그 애니메이션 제작자는 지금은 유튜브 공간에 거대한 시장이 형성되어 있는 동영상 편집자, 그래픽 디자이너, 비디오그래퍼 등 프리랜서의 선구자였던 셈이다. 현재 프리랜서들의 구인 구직 플랫폼인 파이버Fiverr에는 유튜브 동영상 편집 업무를 하는 프리랜서가

6,000명 넘게 등록되어 있는데, 거물 유튜버와 계약한 정상급 비디오 그래퍼는 1년에 수십만 달러를, 이름만 대면 누구나 알 만한 채널과 계약한 동영상 편집자는 일주일에 수천 달러를 벌어들인다.

그 우크라이나 제작자에게 처음 맡긴 업무는 〈반짝반짝 작은 별〉의 29초 버전에 수작업으로 그림을 넣는 일이었다. 2011년 8월 29일에 올라간 그 동영상은 한 달도 채 안 돼서, 조회수 1만 7,000을 기록했다. "조회수는 많지 않았지만, 여기 뭔가 있다는 느낌이 왔어요." 홀더가 말했다. 그의 욕심은 더 커졌다. 만일 10편, 50편, 아니 100편의 동영상이 각각 매달 1만 7,000의 조회수를 찍으면 광고 수익금은 그만큼 늘어나지 않겠는가. "솔직히 말해서 시작할 때 우리 포부는 꽤 소박했어요. 그저 그 돈으로 일 년에 한 번 휴가나 만끽하고 싶은 게 고작이었으니까요. 그저 여유 자금 확보를 위해 동영상을 만들었던 거죠."

홀더는 그 우크라이나 애니메이션 제작자를 찾아가서 동영상 몇 편을 더 만들어달라고 부탁했다. 그 제작자는 얼마 전 로레알과 큰 계약을 성사시켜 배가 불렀는지, 처음 계약했던 비용의 네 배를 요구했다. 홀더는 어쩔 수 없이 다른 회사와 접촉했다. 애니메이션을 시장 가격 이하로 만들어주면 자신의 검색 엔진 전문 기술을 활용해서 그 회사의 웹 사이트를 구글의 첫 화면에 올려주겠다고 제안했다. 홀더는 이렇게 털어놓았다. "그때를 돌아보면, 어떻게 그런 비용에 계약할 수 있었는지 모르겠어요. 하지만 우리는 그 회사를 구글의 첫 화면에 올려놓았어요. 그래서 그들도 이득을 보았고 우리도 이득을 보았죠. 결국에는 뭔가를 구축할 기회를 얻게 됐어요." 헐값으로 체결한 계약이 끝날 시점에 엘 베베는 10여 편의 동영상을 만들어 올렸다.

엘 베베는 지금 영어, 스페인어, 포르투갈어, 독일어, 러시아어 이렇게 다섯 가지 언어로 동영상을 만든다. 2017년이 되자 자본금이 800만 파운드로 불어났다. "우리는 수익을 다시 투자하는 식으로 수익과 투자의 순환고리를 만들어 계속해서 재투자하고 있어요." 홀더가 설명했다. "한 편의 동영상은 다음 동영상을 만들기 위한 연료인 셈이지요. 사업은 쭉쭉 뻗어 나갔어요. 조회수도 치솟았고요." 2018년 7월, 엘 베베는 미디어 대행사 문버그Moonbug에게 거액에 매각됐다. 홀더에 따르면, 문버그는 다섯 개 응찰 업체 중 하나였다. 문버그의 투자는 현명했다. 리틀베이비범은 지금 유튜브를 대표하는 채널 중 하나로 자리 잡았다. 리틀베이비범의 가장 인기 있는 동영상은 2014년에 올린 54분짜리 메들리로 가장 유명한 동요 몇 곡을 이어서 만든 애니메이션이다. 조회수는 20억에 달하는데, 이는 공전의 히트를 기록한 저스틴 비버의 〈베이비Baby〉보다 5억이나 더 많은 수치다. 초등학생과 10대가 TV보다 유튜브를 더 많이 시청한다는 사실을 고려하면, 그리 놀랄 일도 아니다.

리틀베이비범, '애니메이션 메들리'.
**조회수가 20억을 넘었다. 시청자의 10%는 앱을 통해 TV로 본다.**

2016년에는 대여섯 살짜리 아동 중 75%가 유튜브를 보았는데, 2018년에는 89%로 늘어났다.[82] 이 아이들은 유튜브를 보기 위해 하루에 약 80분을 쓴다. 이는 성인 시청자들이 TV 낮 시간대 방송을 보는 시간과 거의 일치한다.

앱을 통해 TV로 유튜브를 시청하는 사람들도 갈수록 늘어나고 있다. 스마트 TV 앱을 통해 리틀베이비범 동영상을 보는 시청자 비율이 2016년에는 한 자리 숫자였지만 2018년에는 10% 이상으로 늘어났다.[83] 하지만 더 중요한 것은 시청자 수가 아니라 시청 시간이다. 데렉 홀더도 이렇게 말했다. "시청 시간을 기준으로 TV는 현재 우리 동영상 시청자들에게 두 번째로 인기 있는 시청 수단이에요. 1년 전만 해도 TV는 아예 목록에 없었는데, 굉장하죠."

TV가 우리의 안방에 처음 들어온 이후, 전 세계의 가정에서 벌어졌다가 시들해진 일이 지금 눈앞에서 다시 펼쳐지고 있다. 사람들은 TV를 켜서 항상 뭔가 새로운 볼거리를 찾아냈는데, 그게 요즘은 유튜브 동영상이 됐다. 또한 알고리즘을 통해 끊임없이 새로운 동영상을 추천받으면서 시청 시간도 늘어났다. 유튜브의 가장 중요한 목표가 달성된 것이다. 시청자들이 버스에서 휴대전화로 최신 유튜브 동영상을 볼 때는 문자메시지가 올까 봐 늘 긴장하기도 하고, 인스타그램 타임라인의 유혹에 빠져 피로에 지친 상태에서 별생각 없이 뭔가를 사기도 한다. 하지만 안방에서 TV로 보는 유튜브는 이동 중에 보는 유튜브와 다를뿐더러 전통적인 TV 방송과도 다르다. 유튜브는 개인을 위한 TV 채널처럼 작용한다. 사람들의 흥미를 돋울 수 있도록 알고리즘으로 최적화되었을 뿐만 아니라, 고를 수 있는 동영상이 무궁무진하기 때문이다. 우리는 유튜브 생태계가 얼마나 방대한지 모른다. 유튜브가 숫자를 알려주지 않기 때문이다. 하지만 지금까지의 성장률을 기준으로 어림잡아 보면, 대략 1,200만 편의 동영상이 매일 올라온다.[84]

유튜브는 유명인과 자체 제작 동영상을 묶어서 TV를 시청하듯 유튜브 동영상을 보도록 유도하는 계획을 추진했다. '유튜브 키즈'는 아이들이 부적절한 동영상에 우연히라도 접근할 수 없다는 점에서 부모들에게 안심을 주고, 한편으로는 아이들의 마음속에 오락과 유튜브를 잇는 연결고리를 만들어 중요한 고객이 될 어린 층에 눈독을 들이고 있다. 유튜브 키즈는 적어도 전 세계 37개국에서 운영되고 있다.

또 다른 서비스로는 '유튜브 TV'가 있다. 이는 스마트 TV, 스마트폰, 태블릿 PC, 로쿠 플레이어Roku Player(미국 로쿠사가 만든 온라인 미디어 플레이어 — 옮긴이), 크롬캐스트Chromecast(스마트폰 콘텐츠를 TV에서도 볼 수 있게 해주는 기기 — 옮긴이) 동글을 통해 볼 수 있다. 2017년 여름에 출시한 유튜브 TV는 유튜브 자체 동영상과 함께 미국 ABC, NBC, CBS, 폭스TV의 방송 프로그램을 한 달에 35달러를 받고 서비스한다. 2019년 1월 기준, 미국의 98% 가정에서 유튜브 TV를 이용할 수 있다.[85] 그 서비스를 출시하기 전에 유튜브는 500명을 대상으로 가정 내 시청 습관을 관찰했다. 채널 버튼을 어떤 식으로 누르는지, 어디에 앉아서 어떤 자세로 보는지, 보고 싶은 콘텐츠의 종류가 무엇인지 등을 조사했다.

2017년에 나온 온라인 동영상에 관한 한 보고서에서 바클리스 캐피털Barclays Capital(영국 런던에 있는 다국적 투자 은행 — 옮긴이)의 분석가들은 사람들이 거실에서 TV를 시청할 때 좀 더 색다른 콘텐츠를 보고 싶어 하는 경향이 있다고 설명했다. 흥미로운 것은 대다수가 프로그램의 품질 면에서 온라인 동영상과 TV 프로그램의 차이를 느끼지 못했다는 점이다. 즉, 54%는 질적 차이를 느끼지 못했으며, 22%는 온라인으로 방송되는 동영상이 TV 프로그램보다 오히려 더 낫다고 생각했다. 보고서는 "TV가 이제 거실에 놓여 있는 대형 화면이나 생방송 프로그램 편성만을 연상시키지 않는다"라고 평가하면서 대략 3,100만 미국 가정이 10년 안에 TV 시청을 중단할 수도 있다고 (또는 유료 TV 채널을 과감히 축소할 수도 있다고) 판단했다.

TV는 죽어가고 있다. 프로듀서가 지휘해서 만든 프로그램을 약속된 시간에 일방적으로 내보내는 방송의 시대가 끝나고 있다는 것이다. 대신에 (본방송 시청이 아닌) 시간 이동형 시청이 오늘날 우리가 동영상을 소비하는 지배적인 방식이 되고 있다. 동영상을 시청하는 밀레니얼 세대의 70%는 시간 이동형 시청을 택했다. 2015년에는 매일 커넥티드 TV(인터넷 기반 서비스가 가능한 TV — 옮긴이)를 이용하는 사람이 3분의 1 정도인 32%였지만, 2017년에는 46%로 늘어났다.[86] 커넥티드 TV 역할을 하는 스마트폰과 태블릿 PC는 갈수록 흔해지고 있으며 앞으로 더 널리 보급될 것이다.

오랫동안 TV 방송국 임원으로 일했던 바스티앙 마인트벨트는 사람들의 시청 습관에 이토록 큰 변화가 일어났던 건 1980년대가 마지막이었다고 기억했다. 당시 세계는 아날로그 지상파에서 디지털 TV

로 옮겨가기 시작했다. "모든 가정이 채널 두세 개만 볼 수 있었죠. 그러다가 갑자기 아날로그 케이블 TV가 들어왔지만, 처음에는 볼 만한 채널이 별로 없었어요. 그 무렵에 HBO니 MTV니 바이어컴<sup>Viacom</sup>이니 하는 유료 케이블 네트워크가 만들어지더군요. 모두 그때 생겼어요. 그 콘텐츠를 담을 수 있는 공간이 더 많아졌기 때문이죠." 그와 비슷한 변화가 점점 더 자극적인 세상에서 점점 더 빠른 속도로 지금 벌어지고 있다는 것이다.

"유튜브에서 벌어진 일은 두 가지입니다." 그가 말을 이었다. "첫째는 새로운 콘텐츠를 담을 공간의 크기가 무한해졌다는 거죠. 둘째는 크리에이터와 시청자 간에 완전한 민주화가 이루어졌다는 거예요. 스마트폰을 들고 뭔가를 찍어서 올리면, 멀리 호주에서도 즉시 볼 수 있잖아요. 시청자를 사로잡기 위해 우리가 해결해야 할 유일한 과제는 그들이 보고 싶어 하는 콘텐츠를 만드는 겁니다. 생각해보면 TV 업계에 엄청난 위협이 되는 일이죠."

수십억 원의 제작비를 들여 전문적으로 만들어 올리는 넷플릭스 콘텐츠와 달리, 유튜브에는 누구나 돈이나 기본 장비 없이 자신이 만든 콘텐츠를 올릴 수 있다. 거물급 유튜버들이 대체로 대행사의 지원을 받으며 첨단 기술을 활용해 엄청난 수익을 낸다고는 하지만, 그들의 콘텐츠는 열성적인 아마추어들이 만든 콘텐츠와 똑같이 제공된다.

더욱이 유튜브 특유의 친밀성이 시청자들에게 먹히고 있다. 크리에이터가 수백 수천 명, 아니 때로는 수백만 명의 시청자에게 동시에 방송하고 있다고 해도 그 동영상은 개별적인 개념이다. 마치 시청자 한 사람만을 중요한 대화에 초대한 것처럼 말이다. 시청자 입장에서 신나는 일이 아닐 수 없다. 유튜브 동영상은 부모가 듣지 못하도록 침실 문을 걸어 잠근 채 이루어지는 10대들만의 심각한 대화다. 나이트클럽에서 짬을 내 화장실에서 나누는 잡담이며, 사제가 되어 고해성사실에 앉아 반대편에 있는 사람이 마음과 영혼에서 쏟아내는 소리를 듣는 일이다.

몇몇 대형 유튜버들은 유튜브의 미래를 낙관한다. "동생 행크와 나는 이런 호황이 계속될 수는 없다고 지난 8, 9년 동안 꾸준히 말해왔어요. 이런 급격한 성장세는 잦아들 것이고, 이제 움츠려야 할 때라고 말이에요. 하지만 아닐 수도 있겠다 싶어요. TV의 위상과 온라인 동영상의 위상을 비교해보면, 우리보다 저쪽 사람들이 훨씬 더 불안할 수도 있습니다."

데렉 홀더가 말했다. "젊은 세대는 기본적으로 TV를 전혀 안 보잖아요. 그 이유는 두말하면 잔소리죠." 그는 유튜브가 곧 TV의 자리를 차지하리라는 전망을 티끌만큼도 의심하지 않는다. "어떤 장치로든, 어디서든, 언제든 한 번만 클릭하면 다 얻을 수 있는데 왜 TV를 보겠어요?"

이처럼 최근 일각에서 TV의 쇠퇴를 지적하고 있지만 바스티앙 마인트벨트는 이에 동의하지 않는다. 그가 운전하는 BMW를 타고 스페인 마드리드 근방 고속도로를 달리면서 나는 TV가 사라지고 유튜브가 그 자리를 차지할 시점이 언제인지 그에게 물었다. 그는 순식간에 지나치는 도로 표지판을 훑어보면서 잠깐 생각하더니, 고속도로를 빠져나와 캠프가 열리는 대학 캠퍼스로 가는 구불구불한 길로 들어섰다. 그의 대답은 놀라웠다. "그럴 일은 없을 겁니다."

"결국에는 플랫폼과 크리에이터는 분리되어야 한다고 생각합니다. 그리고 아시다시피 재능 있는 사람은 자신을 가장 좋은 방법으로 표현할 수 있는 곳이면 어디든 가서 돈을 벌 수 있을 만큼 벌게 될거예요. 그래서 TV가 사라지리라고 생각하지 않아요. 유튜브 스타 가운데 몇몇은 TV로 갈아타겠죠. TV는 현실보다 이미지에 더 가까운 미디어니까요."

마인트벨트의 마음속에는 TV가 자리 잡고 있다. 그는 TV에 종사하는 사람들에게 상당한 애정을 느낀다. "그들은 시청자들로 돈을 버는 데는 1등이에요. 온라인이나 디지털 세계에서보다 더 뛰어나요. 내가 보기에 TV 방송국의 매력은 프로그램을 만들고, 발상하고, 총괄해서, 이를 통해 세상 누구보다도 돈을 더 잘 벌어들이는 능력에 있어요." 그는 앞만 보고 운전하며 말을 이어갔다. "페이스북이니 유튜브니 트위터니 스냅챗이니 하는 디지털 플랫폼이 TV처럼 돈을 벌 수 있는 지점에 도착하면서 도전이 시작된 거죠."

온라인 플랫폼들은 지금 TV와도, 그리고 상호 간에도 전투를 벌이고 있다.

## 유튜브를 추격하다
### 페이스북, 인스타그램, 트위치, 틱톡

유튜브는 시청 시간에서 주류 미디어인 TV를 추월하기 직전이지만, 21세기 들어 점점 과열되고 있는 미디어 환경을 고려하면 안주할 여유는 없다. 유튜브가 설립된 지 10년도 더 지났고 실질적인 온라인 동영상 경쟁자가 없는 상태로 수년이 흐른 지금, 유튜브는 대단히 중대한 경쟁을 마주하고 있다. 일부의 주장이지만 변덕이 죽 끓듯 하는 길을 잃은 한 웹 사이트(유튜브를 뜻함) 탓에 크리에이터들이 불안해하고 불만을 가지면서 유튜브는 큰 과제를 떠안게 됐다.

　페이스북은 사용자 수(23억 명)에서 유튜브를 능가하는 유일한 웹 사이트다. 이 사이트는 도널드 트럼프가 당선된 미국 대통령 선거와 영국의 EU 탈퇴를 위한 국민 투표 과정에서 개인정보를 유출했다는 논란에 휘말리고도 여전히 성장하고 있다. 더욱이 페이스북은 자신의 미래에 동영상이 매우 중요하다고 판단했다. 그래서 페이스북은 전략을 과감하게 틀었다. 페이스북 CEO 마크 저커버그는 2017년 7월에 개최된 컨퍼런스에서 이를 노골적으로 표명했다. 그때 그는 투자자들에게 이런 말을 했다. "우리는 새로운 투자처로 왜 동영상을 계속해서 크게 주목해야 하는지 이야기했습니다…… 소비자 행동에 나타난 가장 중요한 동향은 단연코 동영상이라고 생각합니다."

유튜브에게 걱정스러운 것은 일부 유튜버들이 기꺼이 페이스북으로 옮겨가리라는 점이다. 2017년 8월 런던에서 열린 '도시의 여름' 컨퍼런스에 참석한 47명의 페이스북 크리에이터들과 토론을 벌인 패널들 가운데 구글 임원이 단 한 명이라도 있었다면, 유튜브에 환멸을 느낀다는 목소리를 크고 분명하게 들었을 것이다.

유튜브를 떠난 베카 라민Becca Lammin은 페이스북에서 팬층을 구축하는 편이 더 쉽다고 한다. "유튜브에서 구독자를 얻기가 더 어렵습니다. 사람들이 일단 동영상을 보고 나서 가입하니까요. 반면에 페이스북에서는 '좋아요' 버튼만 클릭하면 됩니다."

팬들이 동영상을 보는 것도 페이스북이 더 쉽다. 페이스북에는 팬들이 다른 일을 하면서도 볼 수 있게끔 짧은 동영상이 많이 올라와 있기 때문이다. 이에 반해, 라민의 유튜브 동영상은 시청자가 처음부터 끝까지 중단하지 않고 계속 주목해서 보게끔 구성되었으며, 대개는 10분에서 15분 사이이다.

코미디언으로 '도시의 여름'에 패널로 함께 참석했던 구브란 바우(유튜브 닉네임은 굽튜브Goubtube, '좋아요' 160만)와 역시 코미디언인 베카 라민의 여자 친구 자한나 제임스('좋아요' 수백만 보유)도 베카 라민의 말에 동의했다. 바우도 자신의 경험을 얘기했다. 패널 토론이 있기 1년 전만 해도, 그의 페이스북 페이지에는 2만 개의 '좋아요'만 있었다. "밖에서 누가 알아봐 준 적이 딱 한 번 있을 뿐 보는 사람이 거의 없었어요." 하지만 코미디 동영상이 퍼져가면서 인기가 치솟았다. "페이스북은 최근 이게 사실인가 싶을 정도로 극적으로 변했어요. 1년 전이라면 우리는 페이스북에서 가족과 친구들이 올린 이런저런 글이나 사진만을 쭉 훑어봤을 거예요. 근데 지금은 동영상이라는 볼거리가 생겼어요."

　　반면에 유튜브는 '엄청나게 힘든' 사이트라며 그는 이렇게 말했다. "유튜브에서는 누군가의 채널을 좋아하기만 해서는 안 돼요. '구독하기'를 눌러야 하니까요. 페이스북 팔로워 100만 명과 유튜브 구독자 100만 명을 비교해보면 유튜브 쪽이 더 돈벌이가 되지만, 우리가 같은 동영상을 두 곳에 다 올렸더니 페이스북에서 조회수도 더 많았고 노출량도 더 많았어요. 광고와 노출 면에서는 페이스북이 확실히 잘하고 있어요." 자한나 제임스의 생각도 남자 친구인 라민과 거의 같았다. "현재 페이스북은 3년 전의 유튜브와 비슷하다는 느낌이 들어요. 동영상 플랫폼이 되려고 하기 때문이죠. 지금 그 일이 벌어지고 있는 거예요. 페이스북이 동영상 경쟁에 뛰어들고 있어요."

　　자한나 제임스가 그렇게 예측한 지 1주일도 안 되어 실제로 그런 일이 벌어졌다. 2017년 8월 9일, 페이스북의 제품 개발 책임자 다니엘 댄커는 주문형 동영상 서비스 플랫폼 '페이스북 워치Facebook

Watch' 계획을 발표했다. 사람들이 자신의 뉴스 피드에서 동영상을 우연히 발견하는 행운을 반기긴 해도, 여전히 동영상을 시청하는 별도의 공간을 원한다는 것을 알게 되었다고 댄커는 말한다.

페이스북은 '페이스북 워치'에 여행 브이로거 나스 데일리<sup>Nas</sup> <sup>Daily</sup> 같은 개별 크리에이터들의 동영상과 함께, 허스트, A&E 네트워크, 메이저리그 베이스볼<sup>MLB</sup>과 같은 전통적인 콘텐츠 공급업체들로부터도 동영상을 제공받아 올리겠다고 발표했다.

MLB와 같은 전통적인 콘텐츠 공급업체와 거래를 간단히 성사시키면서 '페이스북 워치'는 마치 유튜브가 된 듯하다. 다만 유튜브는 (성공할 경우 대중 매체로부터 주목을 받는) 수백만 명의 개별 콘텐츠 크리에이터를 먼저 유치했지만, 페이스북은 독립 동영상 크리에이터를 불러들이기 전에 거대한 시청자 집단을 먼저 구축하는 것을 목표로 삼았다. 2019년 3월, 페이스북은 이를 위한 첫걸음으로 바이어컴 같은 대형 브랜드와 독립 크리에이터를 짝지어 주는 '페이스북 매치<sup>Face-</sup> <sup>book Match</sup>' 계획을 발표했다. '페이스북 워치'에 올릴 동영상을 만드는 데 들어갈 개별 프로젝트 비용은 많게는 20만 달러에 달한다.[87]

페이스북의 목표는 원대하다. '페이스북 매치' 기금으로 발표한 첫 번째 프로젝트 중 하나는 버즈피드와 한나 하트 간의 제휴였다. 한나 하트는 유튜브에서 유명해진 인물로, 앞에서 유튜브에 자신이 영화를 만든다고 말하길 망설였던 인물로 소개한 바 있다.

페이스북의 동영상 환경은 아직 유튜브보다 상당히 뒤떨어져 있다. '페이스북 워치' 동영상을 한 달에 1분 이상 보는 사용자는 4억 명이고, 하루에 1분 이상 보는 사용자는 7,500만 명이다.[88] 하지만 페이스북은 단순히 시청자 수를 늘리는 것보다 더 중요한 일을 해야 한다. 현재 크리에이터들이 기대하는 막후 지원 네트워크를 구축하는 일이다. '도시의 여름' 패널들은 페이스북이 시청자 구축 방식에서는 앞서 있지만, 크리에이터를 지원하는 방식에서는 유튜브보다 뒤떨어진다고 밝혔다. 유튜브의 경우, 헌신적인 담당 직원이 10만 명 이상의 구독자를 보유한 크리에이터들에게 지적소유권 문제를 자문해주고 심층 분석 정보를 제공할 뿐만 아니라, 결정적으로 광고 수익금이라는 명목으로 상당액의 돈까지 안겨준다. 초창기 페이스북 크리에이터는 자신의 동영상으로 돈을 벌 수 없어서 동영상 속 PPL과 페이스북과는 별도로 이뤄지는 상품 판매 등 파생 상품에 의존했다. 하지만 이제 사정이 바뀌었다. 페이스북은 동영상 속에 15초 이상 방영되는 신규 광고로부터 수입을 공유하는 프로그램을 도입했다. 3분 이상 지속하는 동영상에서 분당 조회수 3만 이상을 창출하는 1만 이상의 팔로워를 보유한 크리에이터는 이 중간 광고에서 나오는 수익금의 45%를 요구할 수 있다.

아울러 페이스북이 직접 법적 승인을 받은 음악을 동영상의 배경에 넣을 수 있도록 허용하고 있다. 게다가 저작권 확인 플랫폼인 '소스3 Source3'를 사들이기까지 했다. '페이스북 워치'에 해적판 동영상이 하나라도 올라오면 추적해서 제거하겠다는 사실을 알려줌으로써 여기에 들어오는 브랜드는 안전하다고 홍보하기 위해서였다. 이는 유튜브가 자체 콘텐츠ID ContentID 시스템(저작권 보호를 위한 디지털 지문 인식 시스템 — 옮긴이)을 활용하는 방식과 거의 비슷하다.

　　동영상을 미래 성장 전략의 중심에 놓으면서 페이스북은 인터넷의 실질적 기반을 바꾸었다. 시청자가 동영상을 시청하기 위해서는 인터넷을 통해 데이터 패킷(통신망을 통해 전송하기 쉽도록 세분화한 데이터의 전송 단위 — 옮긴이)을 각 시청자의 기기로 보내줘야 한다. 2012년만 해도, 북미의 휴대용 인터넷 소비자에게 가는 모든 동영상 통신량의 약 3분의 1을 유튜브가 차지했으며, 페이스북은 단 7%만을 차지했다. 그러나 2016년이 되자 유튜브 점유율은 약 5분의 1로 떨어졌고, 페이스북의 점유율은 두 배로 늘어났다.

　　페이스북은 자신이 소유한 또 하나의 플랫폼인 인스타그램을 통해서도 공격적으로 접근했다. 2016년 8월, '인스타그램 스토리'(소소한 일상을 24시간만 공유하는 인스타그램의 한 기능 — 옮긴이)가 출시되었을 때, 기술 전문 기자를 비롯한 분석가와 전 세계 모든 10대는 '스냅챗 스토리' 기능을 그대로 베낀 거라며 곱지 않은 눈길을 보냈다. 하지만 7개월 만에 하루 2억 명의 사용자가 인스타그램의 스토리 기능을 사용하면서 당시 구독자가 1억 5,800만 명이었던 스냅챗을 제쳤다.[89]

　　이는 페이스북만의 돌출 행동이 아니다. 모든 대형 소셜미디어 플랫폼의 구성 방식은 각자의 혁신을 자유로이 주고받으면서 서로 닮아가고 있다. 이들 플랫폼은 모두 단순한 해법을 찾고 있다. 바로 트래픽과 체류 시간을 어떻게 늘릴까 하는 것이다. 페이스북이든 인스타그램이든 스냅챗이든 유튜브든 동영상과 사진을 공유하는 대형 플랫폼을 한번 꼼꼼히 들여다보라. 그들은 갈수록 비슷해지고 있다.

미국 캘리포니아주 애너하임에서 비드콘 2018이 열리기 몇 주 전부터 행사가 끝날 때까지 모든 소셜 네트워크는 자신의 경쟁자가 이미 발표했던 것과 비슷해 보이는 계획을 포장만 달리 해서 발표했다. 페이스북은 크리에이터들(막 시작했든 수백만 명의 팬을 보유하고 있든 관계없이)을 지원하는 계획을 발표했다. 인스타그램은 계속 변하는 알고리즘과 커뮤니티 지침에 질린 유튜버들을 끌어들일 수 있다는 판단으로 IGTV를 출시했다. IGTV는 한 시간짜리 세로형 장편 동영상을 올리는 데 사용될 수 있는 독립형 동영상 앱이다. 이는 인스타그램에서도 이미 상당한 존재감이 있는 일부 불만스러운 유튜버들을 가로채려는 시도인 동시에, 동영상에 더 많이 투자하겠다고 선언한 스냅챗을 경쟁 선상에서 제거하려는 움직임이기도 하다.

비슷한 시기에 유튜브는 자신의 집토끼를 지키려는 태도를 보였다. 여러 해 동안 부정적인 여론에 시달리다가 결국에는 점점 커지는 크리에이터들의 불만에 대응하기 위해, 크리에이터의 일상생활을 짧은 시간 동안만 재생하는 '유튜브 스토리'를 출시한 것이다. 스냅챗과 인스타그램에서 만들어 낸 개념뿐만 아니라 이름까지 대놓고 도용한 것이다. 이어서 '유튜브 프리미어Premieres'도 출시했다. 이는 '페이스북 프리미어'처럼 사전에 녹화된 동영상 방송 기능과 실시간 채팅 기능을 결합한 서비스로 대형 크리에이터들에게 추가로 제공하는 특별 상품이다. 유튜브의 제품 개발 최고책임자 닐 모한은 "크리에이터들은 돈 버는 방법과 기회를 가능한 한 더 많이 확보해야 한다"라고 말하면서, 소형 크리에이터일수록 기존 채널 멤버십 프로그램(페이트리언의 유튜브 버전)을 더 많이 활용해야 한다고 강조했다.

인터넷 크리에이터 길드의 상임이사 앤서니 댄젤로는 이렇게 말했다. "유튜브가 그동안 트위치, 페이트리언, 페이스북, 아마존 같은 제3세력에 주목해온 건 분명합니다. 기본적으로 크리에이터들을 그 플랫폼으로 끌어들인 프로그램을 다 베껴서 뭔가를 뚝딱하고 만들어왔거든요."

리틀몬스터 미디어사의 매트 길렌은 "유튜브는 경쟁이 거의 없는 환경 속에서 근 3, 4년 동안 의미 있는 혁신은 눈곱만큼도 하지 않았습니다. 하지만 페이스북과 아마존을 비롯한 가능성 있는 사이트들이 유튜브의 혁신을 재촉하고 있어요"라고 말한다.

아마존은 가장 큰 미지의 세계다. 트위치의 실소유주지만, 사이트 운영에는 손을 대지 않는다. 트위치는 최근에는 영화나 게임이 아닌 방송의 비중을 늘렸다. 그래서 유튜브와 다소 비슷하게 보일 수밖에 없었다. 절대적인 숫자를 놓고 보면 트위치는 유튜브 근처에도 가지 못한다. 트위치에 게시된 동영상의 한 달간 총 시청 시간(2019년 2월 기준 8억 8,000만 시간)은 유튜브 하루 시청 시간에도 못 미친다.[90] 그래도 트위치는 유튜브에 위협적인 존재다.

우리 코앞에 다가온 또 하나의 존재는 틱톡TikTok이다. 이는 중국에서는 도우인抖音으로도 알려진 짧은 동영상 공유 앱으로 전 세계에서 8억 명의 실사용자(유튜브는 19억 명)를 보유하고 있다.[91] 틱톡의 상승 기세는 경이롭다. 8억 명 중 6억 6,000만 명이 2018년 한 해에 가입했다.[92] 그리고 아직 상대적으로 젊은 앱이지만, 2019년 초에는 사용자들에게 상세한 마케팅 분석 자료를 모두 보내주었다. 사용자들은 이를 통해 시청자 특성이나 예상되는 광고 효과 등을 기업에 홍보하여 브랜드 거래를 확보하는 데 도움을 받았다.

틱톡이 호감을 주는 요인은 또 하나 있다. 바로 인구 통계에 나타난 성장 가능성이다. 사용자의 4분의 1이 인도에 있는 틱톡[93]은 새로운 플랫폼에 아무런 저항감이 없는 인도의 대규모 소비자 시장에서 성장할 수 있는 길이 활짝 열려 있다. 게다가 사용자들이 젊다. 유튜브보다 더 젊은 팬층의 신뢰를 얻고 있어서 유튜브가 TV 시청자를 빼앗아온 것과 똑같이 유튜브 시청자를 빼앗아올지도 모른다.

타일러 오클리와 한나 하트 등 몇몇 거물 유튜버들은 유튜브가 시들해지더라도 오랫동안 자신의 명성을 유지할 수 있도록 유튜브 외부에 작은 미디어 제국을 구축했다. 로라 체르니코프는 이렇게 말한다. "10년을 못 버티는 크리에이터가 부지기수예요. 처음에는 신나게 하다가도 지쳐서 뭔가 다른 방식을 취하고 싶어 해요. 그래서 혹 유튜브 채널이 죽더라도 아무런 문제가 없게끔 유튜브 밖에서도 성장 기반을 갖추고 싶어 하는 거예요. 이미 그쪽으로 넘어가도 충분할 만큼 새로운 기반을 확보해 놓은 크리에이터도 있어요."

로스앤젤레스에서 활동하는 정상급 스타 매니저 새러 와이클은 유튜브가 장래에는 (프리미엄, 오리지널, 밀레니얼 세대용 자체 제작 콘텐츠를 제공하는) 넷플릭스와 (자체 제작한 TV식 정품 드라마를 주로 제공하는) 훌루와 같이 자체 제작한 콘텐츠로 브랜드를 구축할 것이라고 전망한다. 그녀는 그게 바람직한 결과인지는 아직 확신하지 못한다. "유튜브는 매우 특별한 종류의 콘텐츠를 보유한 플랫폼으로 알려질 텐데, 알고리즘이 그걸 좌지우지할까 봐 생각만 해도 오싹해요." 그녀는 일상 브이로그, 즉 리얼리티형 콘텐츠(제이크 폴과 수백만 명의 팬에다가 유튜브에 대한 통념까지 만들어낸 동영상)가 유튜브의 얼굴이 될까 봐 걱정하는 것이다. 와이클은 "그것은 장기적으로 내가 관리하는 스타들의 플랫폼으로서 바람직한 모습이 아니에요"라고 말했다.

와이클은 자신이 맡은 스타들을 대신해서 빨리 판단해야 한다. 일상 브이로그를 계획하고, 촬영하고, 편집하는 데 시간을 쓰라고 권해야 할지(번아웃의 위험까지 안고), 아니면 수요는 적지만 유익한 콘텐츠를 권장하는 미디어에 그 시간을 쏟으라고 해야 할지 결정해야 하는 것이다. 그녀의 의뢰인들이 TV를 포함한 다른 미디어나 경쟁 웹 사이트에 자신들의 시간 중 10%를 사용하면서 똑같은 액수의 돈을 벌 수 있다면, 그녀는 그렇게 하라고 권했을 것이다.

와이클은 알고리즘의 장난으로 성공할 수도 있고 실패할 수도 있다는 사실을 알면서도, 그러한 위험을 감수할 크리에이터는 거의 없으리라고 믿는다. 유튜브에서는 더 빠르고 덜 도전적인 콘텐츠가 우선권을 갖는다. 와이클은 말했다. "유튜브 측에서든 크리에이터 편에서든, 아니면 이러한 저비용 리얼리티형 콘텐츠에 그렇게 많은 돈을 퍼붓고 있는 기업 입장에서든, 어떻게 보더라도 유튜브는 이대로 지속할 수 없는 플랫폼이에요. 그래서 우리는 알고리즘의 변화를 간절히 바랍니다."

309

## 나가며

## 약점 많은 승자

유튜브는 창의성의 분화구다. 15년 전, 유튜브의 출현은 독창성의 자유분방한 분출로 이어지면서 20억 인구에게 즐거움과 정보, 위안을 안겨주었다. 유튜브는 누구나 마음껏 생생하고 유익한 콘텐츠를 보는 곳이며, 이전에는 무시당했던 소수자들이 목소리를 내는 곳이다. 수직적인 하향식의 낡은 미디어가 아니라 수평적인 개인 간의 TV다. 그렇지 않을 때도 있지만, 취지상으로는 민주적인 미디어가 틀림없다.

'도시의 여름'이나 비드콘과 같은 행사에 가보면, 유튜브가 실질적이고 구체적인 이득을 준다는 사실을 알게 된다. 좋아하는 크리에이터를 먼발치에서 잠깐 보고도 좋아서 어쩔 줄 모르는 아이들에게도, 패널 토론장에 넋을 잃고 앉아 있는 어른들에게도, 의욕이 넘치는 예비 유튜버들에게도, 자발적으로 모여 최근의 성공 사례와 위기 대처법을 토론하는 기업인들에게도 그 이득은 돌아간다. 유튜브에서는 이전에는 한 번도 교류하지 않았을 사람들이 서로 연결되며, 전통적인 직업보다 창의성이 필요한 산업에서 실력을 발휘할 기회가 더 많아진다. 긱 이코노미가 전통적인 일자리를 파괴하고 있고 고용의 불안정성이 뉴노멀New Normal이 되고 있지만, 적어도 유튜버들은 자신을 표현하는 즐거움을 만끽하며 미래에도 안정되게 일할 수 있다.

그러나 모든 긍정적인 평가 뒤에는 골치 아프지만 피하기 힘든 문제가 있기 마련이다. 유튜브의 짧은 이력에서 우리는 충격, 자살, 성추문, 유명인의 추태, 광고 사기 같은 흑역사를 이따금 목격해왔다. 핸들에서 손을 떼는 순간, 위험천만하게도 유튜브의 알고리즘은 방향을 바꿔 사실이 아닌 극단적인 음모론의 구역으로 돌진한다. 유튜브는 뻔뻔하고 환경 파괴적이며 소비 지상주의를 따르는 엔진이다. 일부 댓글난에는 얼마 전까지도 아동 학대로 전자 발찌를 채워야 할 만큼 위험한 발언들이 올라오기도 했다.

단언하건대 유튜브는 최악의 아동 학대 사건에 제대로 대처하지 못했다는 점에서 무책임했다. 2005년 홈비디오를 올릴 플랫폼을 만들고자 유튜브를 창업한 세 사람 중 그 누구도 10년 후 유튜브가 극단주의자의 망상과 불미스러운 행태가 우글거리는 독사의 소굴로 변하리라 생각하지 못했겠지만, 유튜브가 감시자로서 자신의 역할을 충실히 해내지 못한 건 분명하다. 유튜브가 누리는 세계적인 영향력과 무한 권력을 구체적으로 살펴보자는 것이 이 책을 쓰게 된 주요 동기다. 나 같은 제3의 감시자도 수년 전부터 이런 문제들을 감지했다면,

미국 캘리포니아주 본사에서 근무하는 유튜브 직원들은 틀림없이 더 오래전부터 알고 있었을 것이다. 그들은 우리가 무엇을 얼마나 오래 시청하고, 어떻게 사실이 아닌 극단론을 신봉하며 썩은 웅덩이 속으로 휩쓸려가는지에 관한 데이터를 알고 있는 사람들이 아닌가.

유튜브는 다른 사람들이 밝혀내기 전까지는 유튜브에서 불거진 문제들을 외면하는 경향이 있다. 유튜브의 인사팀이나 알고리즘 관리자 대신, 기자들이 불미스러운 콘텐츠를 포착하고 유튜브의 책임자들에게 경보를 울리는 일이 갈수록 늘어나고 있다. 기자로서 나 또한 위험한 장난을 담은 동영상, 유튜브 알고리즘의 트랜스젠더 혐오, 수백만 명의 시청자에게 무허가 약을 만드는 법을 알려주는 동영상에 대한 경각심을 일깨운 바 있다. 아동 포르노물, 수간獸姦 및 음란 동영상을 집어낸 기자들도 있었다. 기자들이 공적 광장인 유튜브의 책임과 한계와 도달 범위를 캐묻지 않았다면, 우리는 이런 추문들을 알지 못했을 것이다. 외부인이 쉽게 알 수 없어서 그렇지, 그보다 더 독성이 강하고 뿌리 깊은 문제들이 아직 남아 있을 것이다. 유튜브는 도덕적 책임감보다는 부정적인 여론이 형성되고 대형 광고주가 이탈하는 위험을 감수한 후에야 문제 해결에 나서는 것 같다. 그런데 정작 유튜브가 문제 해결에 나서더라도(실은 떠밀리는 거지만), 문제의 근본 원인을 제거하기보다 대개는 선언문 발표에 그칠 뿐 아니라 대개 과민 반응을 보인다.

개별 사용자가 만드는 콘텐츠라 유튜브가 통제하기 어려워 많은 문제가 불거진다는 지적도 딱히 틀린 얘기는 아니다. 하지만 유튜브는 유력한 미디어 플랫폼으로서 광고주뿐만 아니라 사용자에게도 (크게는 사회 전체에) 책임감을 지녀야 한다. 그렇게 생각하는 사람은 나뿐만이 아니다. 이 책의 출판을 위해 수행된 여론 조사에 따르면, 게시된 동영상에 대해 유튜브가 부분적으로 혹은 전체적으로 책임을 져야 한다고 여기는 사람이 조사 대상 중 4분의 3이나 되었다.

유튜브의 대응은 아직 불충분하다. 우리가 거론하는 것이 첫 번째 광고 대참사든, 두 번째 광고 대참사든, 엘사게이트든, 테러에 관한 내용이든, 극단적인 내용이든, 장난이든, 음모론이든 나아가 유튜브로 인해 벌어진 수많은 추문 중 그 어떤 것이든 유튜브의 대응 태도는 하나의 문장으로 요약될 수 있다. "유튜브는 언제나 너무 소극적으로, 그것도 너무 늦게 행동한다"는 것이다.

무엇보다 가장 큰 문제는 유튜브로 인해 사회적 통념을 불신하는 세대가 등장해서 그 세력을 넓혀가고 있으며, 그것을 막기에는 이미 너무 늦었다는 점이다. 유튜브의 알고리즘은 정상적인 사회 구성원을 은둔형 외톨이로 손쉽게 바꿀 수 있다. 알고리즘은 아이 세대가 유튜브 생방송을 보지 않으면 삶의 의미가 없고, 다른 세대보다 더 대담하며, 더 독립적이고, 더 극단적이어야 한다고 생각하도록 길들여 왔다. 또한 사실과 광고 사이의 경계선을 흐려놓았으며, 대형 브랜드의 수요가 많을 것 같은 유튜버를 브랜드로부터 광고 제안을 받을 때까지 집중적으로 키워주었다. 이미 엎질러진 물이다. 다시 주워 담으려면 여러 해가 걸릴 것이며, 어쩌면 영영 주워 담을 수 없을지도 모른다.

유튜브가 통제할 수 없는 부분도 있다. 이로 인해 우리도 모르는 사이에 우리의 삶과 문화가 바뀔까 봐 사뭇 걱정스럽다. 우리는 유튜브 시청자나 전업 유튜버로 살아가는 것이 장기적으로 바람직한지 여전히 확신하지 못한다. 이는 유튜브가 만들어진 지 그리 오래되지 않았기 때문이다. 사람으로 치면 아직 사춘기를 지나고 있다고 볼 수 있다. 하지만 초창기 연구들(상당수가 입증되지는 않았지만)에 따르면 시청자는 어느 정도 유튜브의 영향을 받게 될 것이라고 한다.

기술 칼럼니스트 제임스 브리들이 유튜브의 아동용 콘텐츠에 관한 논평에서 "어린이들이 이 콘텐츠에 노출되는 것 자체가 학대다"라며 격한 반응을 보였다는 사실은 너무나 유명하다.

마윅 교수는 '소셜미디어의 환상'이라고 자신이 명명한 현상에 관해 걱정한다. 소셜미디어의 환상이란 카메라 앞에서는 완벽한 생활 방식을 추구하지만, 실제로는 줄줄이 이어지는 무대 뒤 스트레스에 시달리는 현상을 말한다. "우리는 어린이 스타들이 매우 힘들게 산다는 사실을 뒤늦게 알게 됐습니다. 이 어린 친구들에게는 스트레스가 두 배라고 생각해요. 방송계 유명인과 달리 재정적으로 열악한 미디어에서 스타가 되고 있기 때문이죠."

유튜브에서 크리에이터가 명성을 드높였다고 해도 그 효과는 오래가지 않는다. 스타에게 번아웃의 위험은 할리우드의 전성기 이래 늘 존재해왔지만, 삶의 속도가 무자비하게 빨라지고 기술이 끝없이 향상되는 탓에 스타의 명성이 꼭대기까지 올라갔다가 한순간에 나락으로 떨어지는 현상이 더욱 확연해졌다.

그렇다면 유튜브 그 자체는 어떻게 될 것인가? 당분간 TV와 공존하겠지만, 궁극적으로 TV를 대체할 가능성도 있는 것 같다. 넷플릭스가 주문형으로 고예산의 화려한 전문 영상물을 제공하여 전통적인 TV에 큰 충격을 주었듯이, (문제는 많지만) 더 준비된 동영상 플랫폼인 유튜브에 대한 수요는 분명 있을 것이다. 물론 아마존, 틱톡, 페이스북, 스포티파이 같은 플랫폼들도 현 상태를 개선해가겠지만 말이다.

유튜브는 10년 이상 앞서 출발한 데다가 기업 가치와 정보화 수준이 세계에서 가장 높은 회사의 지원을 받고 있다. 우리가 유명인으로 치켜세우는 다양한 스타들을 새로 만들어내기도 했다. 우리는 그들이 하는 한마디 한마디에 귀를 쫑긋한다. 그들을 보느라 은행 잔고를 비우고 일상생활에 들여야 할 많은 시간을 빼앗기기도 한다. 그 현상은 우리 삶 속에 너무 깊숙이 들어와 있어서 잠시 지나가는 유행처럼 쉽게 사라지지 않을 것 같다. 비록 소셜미디어 거인들이 턱밑까지 쫓아와 있지만, 유튜브는 아직 건재하다.

우리는 한 시대의 끝무렵이 아닌 출발점에 와 있다. 내가 이 책을 쓰기 시작했을 때만 해도, 유튜브는 어쩌다 떠올린, 갑자기 다락방에서 찾아낸 진귀한 물건 같은 것이었다. 하지만 책을 마무리할 즈음에는 국내외를 막론하고 거의 모든 언론에서 뭐가 됐든 유튜브를 거론하지 않는 날이 하루도 없게 됐다. 모든 정보가 순식간에 퍼져가는 세상에서 우리 앞에는 여전히 거대한 파도가 밀려오고 있다. 유튜브가 어떤 길을 걸을지 아무도 알 수 없지만, 하나는 분명하다. 앞으로 유튜브는 대다수 사람이 알고 있는 것보다 훨씬 더 큰 영향력을 가졌고, 훨씬 더 강력하며, 훨씬 더 풍부하다는 점이다. 유튜브의 문화 및 트렌드 담당 책임자 케빈 앨로카의 말마따나 유튜브는 "인간처럼 풍부하고 창의적인 데다가 개별적이고 종잡을 수도 없는 최초의 글로벌 미디어"다.

최근에 유튜브는 인간적인 알고리즘을 일부 활용해서 우리가 무엇을 생각하고, 무엇을 기뻐하고, 무엇을 욕망하는지를 반영하고 있다. 인간적인 알고리즘은 우리의 가장 좋은 상태와 가장 나쁜 상태에 영향을 미치는 동시에 이를 증폭시킨다. 이를 통해 우리는 웃기도 하고 울기도 하며, 화가 치밀어오르기도 하고 기뻐 날뛰기도 한다. 유튜브YouTube는 '너를 위한 튜브'일 뿐 아니라, '나를 위한 튜브MeTube'이기도 하고 '우리를 위한 튜브UsTube'이기도 하다. 물론 우리는 유튜브 없이도 숨을 쉴 수 있다. 하지만 이제 유튜브 없는 삶은 상상하기 어렵다. 유튜브는 언제나 켜져 있고, 늘 무언가 올라온다.

# 용어 해설

## 광팬

미국의 래퍼 에미넴Eminem의 2000년 히트곡 〈스탠Stan〉의 가사에도 나오지만, 광팬stanning이란 자신이 좋아하는 크리에이터를 대상으로 극단적인 망상에 사로잡힌 팬층을 지칭하기 위한 용어다.

## 구독자

유튜브 채널에 가입한 사람들은 유튜브에 유튜버가 언제 새로운 동영상을 올리는지 알려달라고 요청해왔다. 최근 수년간 한물간 유튜버들에 대한 대량 가입 해지 사태를 겪으며 구독자 측정 방식이 얼마나 믿을 만한지 의문이 불거지기도 했지만, 크리에이터는 여전히 구독자를 원한다. 크리에이터는 동영상이 끝날 무렵 대개 시청자에게 구독하기 버튼을 눌러 달라고 요청한다. 유튜브는 크

317

리에이터가 새로운 동영상을 올렸다는 사실을 시청자에게 알리는 방법을 바꿨는데, 이는 많은 사람이 새로운 콘텐츠가 언제 서비스되는지 모른다는 뜻이다.

## 굿즈

티셔츠(대개는 팬조이Fanjoy 같은 전자상거래 사이트를 통해 판매됨)나 후드 티셔츠, 모자나 자질구레한 장신구 등이 주로 포함된다. 시청자가 자신이 좋아하는 크리에이터에게 마음을 표현하는 가장 좋은 방법 중 하나는 그들의 상품을 사주는 일이다.

## 드라마

아이들 싸움이 어른들 진흙탕 싸움으로 커지는 것처럼, 유튜브에서도 그런 드라마가 펼쳐지고 있다. 지난 수년간 드라마는 유튜브의 가장 큰 상품이었다. 크리에이터들 간에 충돌이 벌어지면 당사자들은 자신을 홍보하는 효과를 얻는다. 이때 자신의 채널에 최근의 상황을 열심히 알리면서 그 충돌을 부채질하는 유명 크리에이터들이 있다. 그 대표적인 인물이 드라마얼러트DramaAlert 채널을 운영하는 대니얼 킴스Daniel Keem's(유튜브 닉네임 '킴스타Keemstar')다. 2019년 1월, 하루에 '고작' 4,000달러를 벌었다고 투덜댄 인물이다.

## 바인

6초짜리 동영상 공유 앱으로 트위터가 운영하다가 2017년 1월 폐쇄했다. 바인은 제이크 폴과 로건 폴 형제 등 유튜브의 몇몇 거물들이 동영상 세계로 진출할 수 있게 해준 최초의 발판이었다. 바인 폐쇄 후에 벌어진 '바인 침공'으로 유튜브는 새로운 시대의 개막을 알렸다.

## 스냅챗

일시적으로 사진과 동영상을 공유할 수 있는 소셜 네트워크다.

## 스트리머

시청자들에게 동영상(대개는 동영상 게임)을 실시간으로 방송하는 형태의 콘텐츠 크리에이터다. 사전에 녹화된 콘텐츠와 비교하면 그들의 동영상은 여과되지 않고 생생하게 전달된다. 트위치는 대표적인 실시간 방송 서비스로 주로 동영상 게임을 즐기는 사람들이 찾는 플랫폼이다.

## 알고리즘

유튜브 사용자들의 동영상 시청을 촉진하는 데 도움이 되는 코드를 모아놓은 것이며 불투명하기로 악명이 높다. 기욤 샬로Guillaume Chaslot는 이토록 강력한 시스템을 만든 것을 후회한다고 말한 바 있다(그는 유튜브에서 3년 동안 알고리즘의 추천 시스템을 관리했던 엔지니어로 "체류 시간에만 집중된 유튜브 추천 시스템은 필터 버블과 가짜 뉴스를 양산할 수밖에 없었다"라고 폭로한 바 있다 — 옮긴이). 유튜브의 요구를 들어주면서 자신의 목적을 실현하려는 유튜버들에게 알고리즘은 절반쯤 신적인 존재다. 하지만 신비에 싸여 있다는 점에서는 고대의 신이나 진배없다.

## 언박싱

원래는 상자에서 물건을 꺼내는 행위라는 뜻이지만, 그런 사람이 등장하는 동영상을 뜻하기도 한다. 구매한 상품의 개봉 과정을 보여주는 콘텐츠를 뜻한다.

## 인스타그램

대다수 유튜버는 인스타그램에서도 유튜브와 비슷한 수의 고객을 확보하고 있으며, 다른 소셜 네트워크에서도 상당한 인지도를 유지하고 있다. 이들 모두가 콘텐츠의 도달 범위를 넓히고 다양화하는 데 도움을 주기 때문이다. 흥미로운 것은 제이크 폴과 로건 폴 형제 같은 대형 유튜버들이 자신들의 명성을 모든 플랫폼에서 따로따로 관리한다는 점이다. 그래서 가령 뭔가 크게 실수했을 때, 광고를 대규모로 유치한 자신의 주무대인 유튜브 채널을 더럽히지 않으려고 인스타그램에서 어물쩍 사과하고 넘어가기도 한다.

## 인플루언서

불분명한 측면은 있지만, 전통적인 유명인과 소셜미디어에 등장하는 새로운 유형의 콘텐츠 크리에이터를 구분할 때 유용한 용어다. 팬들(또는 시청자들)에게 무시무시한 영향력influence을 행사한다고 해서 인플루언서influencer라는 이름이 붙었다. 영향력에 관해서는 '준사회적 관계' 항목에서 자세히 설명한다.

## 준사회적 관계

드라마 이외에 유튜브 크리에이터의 가장 중요한 성공 요인이다. 이 용어는 과도한 망상에 사로잡힌 팬들이 자신이 좋아하는 TV 스타나 할리우드 유명인을 맹목적으로 추종하는 현상을 설명하기 위해 1950년대에 처음 만들어졌지만, 유튜브 세대를 설명하기에 더 적합하다. 팬들(혹은 시청자들)은 자신들이 좋아하는 유튜버에 관해 모든 것을 알고 있으며, 굿즈(앞의 항목 참조)를 사거나, 페이트 리언(뒤의 항목 참조)에 가입하거나, 간단히 광팬(앞의 항목 참조)이 됨으로써 그들을 재정적으로 후원하고는 한다. 하지만 깊은 개인적 친분이 없다면 이는 일방적인 관계일 수밖에 없다. 유튜버는 렌즈를 (결과적으로 당신의 눈을) 빤히 쳐다보며 말하지만, 그는 당신을 당연히 모른다.

## 진정성

진정성의 사전적 정의는 '진짜'라는 것이다. 유튜버들은 자신들의 진정성으로 인기를 얻었지만, 이 책에서 두루 살펴본 것처럼 따지고 보면 그들은 하나의 캐릭터를 연기하고 있다. 연기의 범위가 어디까지인지는 토론 대상이다. '준사회적 관계' 항목을 참조하라.

## 콘텐츠

인터넷에서 만들어지고 게시되는 모든 것을 뜻하는 다소 모호한 용어다. 이전에는 마케팅 담당자들의 전유물로 활용되던 불쾌한 비즈니스 용어 중 하나였지만, 콘텐츠를 만든다는 말을 들어도 사람들은 대개 무덤덤했다. 디지털 저널리스트가 쓰는 것은 기사라고 하기보다 콘텐츠라고 한다(그는 자신이 놓여 있는 열악한 조건을 반영하여 대개 자조적으로 '콘텐츠 광산'에서 일한다고 말한다). 마찬가지로 인플루언서와 크리에이터가 만드는 것은 동영상이라기보다 콘텐츠라고 표현한다.

## 크리에이터

유튜브에 동영상을 올리는 (또는 인스타그램, 틱톡, 스냅챗, 트위터 등 소셜미디어 플랫폼에 다양한 형태의 콘텐츠를 올리는) 사람들을 지칭하는 포괄적인 용어이며, '콘텐츠 크리에이터'의 약칭이다. 유튜브에 동영상을 올리는 대다수 사람은 브이로거나 유튜버보다 크리에이터라는 표현을 선호한다. 이 용어가 자신들이 만든 작품의 창의적인 측면을 더 잘 전달한다고 믿기 때문이다.

## 틱톡

어린이와 10대에게 인기 있는 '바인'(앞의 항목 참조)의 정신적인 계승자인 틱톡은 밈memes(한 커뮤니티 안에서 공유되는 행동이나 동영상의 비유적 표현)에 참여하는 사용자에 의해 운영된다.

팬 유튜브 세계에서 이론이 분분한 용어다. 일각에서는 특정 크리에이터의 구독자나 시청자를 '팬'이라고 부르는 것이 카메라 앞에 선 사람과 카메라 뒤에 있는 사람을 우리 대 그들이라는 낡은 방식으로 구분하는 일이라고 생각한다. 유튜브 초창기에 선호된 용어는 '크리에이터'와 '시청자'로, 둘 다 하나의 '관계' 속에 들어와 있었다. 하지만 플랫폼이 성숙해지고 새로운 유명인이 기존 유명인과 비슷한 수입을 올리면서 유명인들과 팬들 간의 장벽은 다시 한 번 높아졌다.

## 팬

유튜브 세계에서 이론이 분분한 용어다. 일각에서는 특정 크리에이터의 구독자나 시청자를 '팬'이라고 부르는 것이 카메라 앞에 선 사람과 카메라 뒤에 있는 사람을 우리 대 그들이라는 낡은 방식으로 구분하는 일이라고 생각한다. 유튜브 초창기에 선호된 용어는 '크리에이터'와 '시청자'로, 둘 다 하나의 '관계' 속에 들어와 있었다. 하지만 플랫폼이 성숙해지고 새로운 유명인이 기존 유명인과 비슷한 수입을 올리면서 유명인들과 팬들 간의 장벽은 다시 한 번 높아졌다.

## 페이트리언

일반적으로 콘텐츠에 접근할 수 있는 특권을 가진 사용자(즉 후원자)가 정기적으로 자신이 좋아하는 크리에이터를 후원할 수 있는 플랫폼이다.

## 하울

뷰티와 쇼핑 브이로거들이 애용하는 '하울'은 시청자들에게 쇼핑한 물건을 보여주는 동영상이라는 뜻이다. 대개는 침실에서 촬영되며, 유튜버가 물건을 하나하나 가방에서 꺼내며, 그걸 왜 샀으며 가격이 얼마인지 밝히고 물건에 대한 의견을 말한다. 하울을 진행하려면 비용이 많이 들 수 있다. 언박싱(아래 참조) 동영상과 유사한 부분이 있다.

# 감사의 말

---

책 쓰기는 결코 쉬운 일이 아니다. 완성품을 만들기 위해서는 저자 한 사람만이 아니라 많은 사람이 함께 노력해야 하기 때문이다. 캔버리 출판사의 담당 편집자인 마틴 히크맨은 내게 저자로 데뷔할 기회를 주겠다는 어려운 결정을 내리고, 컨퍼런스에서 돌아오는 기차에서 출판 제안서를 작성해 보내주었다. 그는 내 원고가 책으로 완성되도록 도와주었다. 캔버리의 홍보 담당자 니콜라 버튼은 마지막 단계에 합류해서 이 책의 중요성을 미디어에 전파하는 데 도움을 주었다. 이 두 분께 고마움을 전한다.

유튜브와 그 사회적 영향에 관해 이야기를 나눌 사람을 막상 찾기는 쉽지 않다. 이런 이유로 오랜 시간을 들여 나에게 공식적으로든 비공식적으로든 자기 생각을 밝혀준 몇몇 분들께 특별히 감사의 인사를 드린다. 작업의 초기 단계에서 로라 체르니코프는 나의 별난 예언을 듣고 자신의 값진 의견을 전하는 데 예상보다 훨씬 많은 시간을 냈다. 나와 토론하는 데 시간을 아끼지 않은 건 인터넷 크리에이터 길드의 또 다른 실세인 앤서니 댄젤로도 마찬가지였다. 하지만 내가 이 세계에 더 깊이 파고 들어가기 시작하면서 기꺼이 내 질문과 의견을 받아준 사람은 더 많아졌다. 그중에서도 조이 글랏, 해리 휴고, 매트 길런을 특별히 꼽고 싶다.

내가 전 세계에 걸친 유튜브의 광범위한 영향력에 대해 반복해서 보도할 수 없었다면 이 책은 나오지 못했을 것이다. 그렉 윌리엄스가 부편집장으로 있는 《와이어드 UK》의 편집자들은 단연코 무소불위의 유튜브 권력를 다룬 나의 보도를 가장 열렬하게 그리고 가장 오랫동안 지원해주었다. 그들이 의뢰한 기사로 인해 나는 바스티앙 마인트벨트와 접촉했는데, 결과적으로 그는 영어권 밖에 있는 유튜브 세계를 이해하는 데 매우 유용한 연결 고리가 됐다. 하지만 최근엔 블룸버그 통신과 《뉴사이언티스트》 등에 소속된 편집자들도 본격적으로 지원해주었다. 이를 통해 대중 매체에서 유튜브에 관한 보도 분위기가 바뀌었다고 말할 수 있어 기쁘다.

이 책의 초고를 검토해준 톰 롤리에게도 감사의 인사를 전한다. 그는 방대한 텍스트의 페이지마다 보통 독자들이 알고 있는 유튜브 관련 인물과 정보를 빼곡히 적어 보내줌으로써 이 책의 내용이 풍성해지는 데 일조했다. 그가 전해준 정보가 이 책의 한 내용으로 완성된 엄청난 변화가 그에게 기쁨이 되기를 바란다. 그리고 출간일이 마침 그의 생일이라 축하의 인사도 함께 전한다.

아울러 올리버 프랭클린과 월리스, 샘 파커와 톰 배넘, 그리고 조 스타시코(더 큐The Quene의 공동 설립자들)는 유튜브의 문제점에 대해 오랜 시간 이야기를 나누면서 과분한 도움을 주었다. 특히 올리버는 이 책을 쓰는 기간에는 물론이고, 나아가 내가 기자로 활동하는 동안에도 나의 비공식 편집자였으며 멘토이자 홍보 및 경력 관리 자문 역할을 해주었다.

안젤리카 스트로마이어는 이 책의 집필 과정에서뿐만 아니라 나의 기자 생활 및 개인 생활의 모든 측면에서 꾸준히 나를 지원해주었다. 최근 몇 년간 자신의 집필 계획만 해도 산더미처럼 쌓여 있었다는 점을 고려하면, 그녀의 지원은 훨씬 더 가치 있고 의미 있다. 2019년은 직업적으로 우리 모두에게 중대한 해인 동시에 신나는 해였다.

부친과 조부모님도 한결같은 응원을 보내주셨다. 그분들은 신문이나 잡지에 실리기 전에 갖가지 낯선 기술 발전에 관한 나의 기사를 빠짐없이 꾸준히 읽어주셨으며, 뭔 얘긴지 잘 모르겠다고 말씀하시면서도 즐겁게 읽고 뿌듯해하셨다. 이 책에 대해서도 뿌듯해하시기를 바란다. 다행히 이전보다 조금 더 쉽게 이해하실 것 같다.

# 주

## 1부 유튜브, 권력의 시작

**1**   Susan Wojcicki, YouTube CEO, speaking at VidCon 2015, accessible at https://www. tubefilter.com/2015/07/26/youtube-400-hours-content-every-minute/

**2**   analysis by John Blackledge, Cowen & Co., accessible at https://variety.com/2019/digital/ news/netflix-q4-2018-earnings-preview-price-hike-1203109621/

**3**   *People now watch 1 billion hours of YouTube per day, Techcrunch*, accessible at https://techcrunch.com/2017/02/28/people-now-watch-1-billion-hours-of-youtube-per-day/?renderMode=ie11

**4**   Ampere Analysis Top Online Video Services Barometer Q3 2017, accessible at https:// www.digitaltveurope.com/2017/10/05/ampere-study-highlights-shifting-online-video-pattern/

**5**   Alexa data, accessible at http://www.alexa.com

**6**   Jake Paul, Socialblade, accessible at https://socialblade.com/youtube/user/jakepaulproductions

**7**   *Markiplier, Jake Paul, PewDiePie And More, Forbes*, accessible at https://www.forbes. com/sites/natalierobehmed/2018/12/03/highest-paid-youtube-stars-2018-markiplier-jake-paul-pewdiepie-and-more/#3b10270f909a

**8**   Viacom International Inc v YouTube Inc, case in the United States District Court for the Southern District of New York

**9**   *Online Video Officially Goes Mainstream as YouTube.com Breaks Into the Comscore MMX Top 50, Comscore*, accessible at https://www.comscore.com/Insights/Press-Releases/2006/08/YouTube-Breaks-into-Top-50-Websites

**10**   *The History of the YouTube Most Subscribed – Visualized, Imgur*, accessible at https://imgur.com/gallery/s0DTn

**11**   Needham estimate, accessible at https://www.barrons.com/articles/alphabet-google-spin-off-youtube-51551795837

**12**   *YouTube Videos Pull In Real Money, New York Times*, accessible at https://www.nytimes.com/2008/12/11/business/media/11youtube.html?hp&mtrref=en.wikipedia.

**13**   *60% Of YouTube Views Come From A Non-English Speaking Audience, AdWeek*, accessible at https://www.adweek.com/digital/youtube-views-non-english-speaking-audience/

**14**   March 2017 ComRes survey for Como Meningitis, accessible at https://www.comresglobal.com/wp-content/uploads/2017/05/CoMO-Communicating-with-Adolescents-in-Europe-about-Vaccines-Survey-Data-Tables.pdf

**15**   2018/19 European Social Video Trends Report, Tubular Insights, accessible at https://view.pointdrive.linkedin.com/presentations/14c8fe15-0bb4-4db0-99b4-85afd892e7a7?auth=1b28e892-7c02-4409-9c64-34b02452bbd6

**16**   YouTube for Press, accessible at https://www.youtube.com/intl/en-GB/yt/about/press/

**17**   Kondzilla, SocialBlade, accessible at https://socialblade.com/youtube/c/kondzilla

**18**   whinderssonnunes, YouTube, accessible at https://www.youtube.com/user/whinderssonnunes

**19**   *3 Indian content creators cross 10M subscriber mark on YouTube, Economic Times*, accessible at https://tech.economictimes.indiatimes.com/news/internet/3-indian-content-creators-cross-10m-subscriber-mark-on-youtube/66980461

**20**  *T-Series now has 90 million subscribers: T-Series*, YouTube, accessible at https://www.youtube.com/user/tseries/

**21**  data provided by Tubular Insights for this book

**22**  *Putin tries to build an internyet*, The Economist, accessible at https://www.economist.com/europe/2019/03/09/russians-are-shunning-state-controlled-tv-for-youtube

**23**  analysis of Paladin data on the number of YouTubers per country

**24**  Alexa data

**25**  *Google's secret China project 'effectively ended' after internal confrontation, The Intercept*, accessible at https://theintercept.com/2018/12/17/google-china-censored-search-engine-2/

# 2부 유튜브의 작동 원리

**26**  *Deep Neural Networks for YouTube Recommendations*, Paul Covington, Jay Adams and Emre Sargin, accessible at https://ai.google/research/pubs/pub45530

**27**  *How YouTube perfected the feed, The Verge*, accessible at https://www.theverge.com/2017/8/30/16222850/youtube-google-brain-algorithm-video-recommendation-personalized-feed

**28**  *Children can find inappropriate videos on YouTube in just 10 clicks, New Scientist*, accessible at https://www.newscientist.com/article/2196040-children-can-find-inappropriate-videos-on-youtube-in-just-10-clicks/

**29**  *YouTube hires moderators to root out inappropriate videos, Financial Times*, accessible at https://www.ft.com/content/080d1dd4-d92c-11e7-a039-c64b1c09b482

**30**  statement by Nicklas Berild Lundblad, Google vice president of public policy for Europe, to UK parliamentary committee

**31**  *To Curb Terrorist Propaganda Online, Look to YouTube. No, Really., Wired, accessible* at https://www.wired.com/story/to-curb-terrorist-propaganda-online-look-to-youtube-no-really/

**32**  *Technology &Terrorism, October 2018*, SITE Group

**33**  YouTube Community Guidelines enforcement, accessible at https://transparencyreport. google.com/youtube-policy/removals?hl=en

**34**  *Consumer responses to covert advertising in social media, Marketing Intelligence & Planning*, accessible at https://www.emeraldinsight.com/doi/abs/10.1108/MIP-11-2016-0212?journalCode=mip&

**35**  *How YouTube influencers are rewriting the marketing rulebook, Think with Google*, accessible at https://www.thinkwithgoogle.com/advertising-channels/video/youtube-influencer-marketing-rulebook/?utm_medium=email-d&utm_source=content-alert-A-&utm_team=twg-us&utm_campaign=20171011-twg-us-video-alert-OT-OT-OT&utm_content=cta

**36**  John Green tweeted in June 2017 that 'We're making around 10% of our YouTube revenue from [YouTube] Red [since renamed YouTube Premium] now. Which is around 2% of our [total] content revenue. Big creators are pretty diversified'. Accessible at: https://twitter.com/hankgreen/status/876465975096422400

**37**  *YouTube, YouTubers and You - VPRO documentary– 2017, VPRO*, YouTube, accessible at https://www.youtube.com/watch?v=--VqhKD3WxI

**38**  *Branded Content: Growth for Marketers and Media Companies*, Boston Consulting Group, accessible at https://www.bcg.com/en-gb/publications/2015/media-entertainment-branded-content-growth-for-marketers-and-media-companies.aspx

**39**  *How much do PRs spend on influencer marketing?*, PR Week, accessible at https://www.prweek.com/article/1443619/prs-spend-influencer-marketing?utm_content=buffercdfbf&utm_medium=social&utm_source=twitter.com&utm_campaign=buffer

**40**  *Are Social Media Stars a New Type of Endorser?*, Jan Frederik Grave, accessible at https://www.dropbox.com/s/gt1795faxief7dt/10.11453097286.3097322.pdf?dl=0

**41**  *Adults' Media Use and Attitudes Report 2018*, Ofcom, accessible at https://www.ofcom.org.uk/__data/assets/pdf_file/0011/113222/Adults-Media-Use-and-Attitudes-Report-2018.pdf

**42**  *Adweek*, accessible at http://www.adweek.com/digital/infographic-50-of-gen-z-cant-live-without-youtube-and-other-stats-that-will-make-you-feel-old/

**43** *FTC Settles Complaint Against 'Let's Play' YouTube Stars, Sends Warning Letters To Other Influencers And Demands Responses*, Tubefilter, accessible at https://www.tubefilter. com/2017/09/07/ftc-influencers-youtube-syndicate-tmartn-csgo-lotto-warning-letter/

**44** *Why YouTube stars are more influential than traditional celebrities, Think with Google*, accessible at https://www.thinkwithgoogle.com/consumer-insights/youtube-stars-influence/

**45** *Product placement on YouTube: An explorative study on YouTube creators' experiences with advertisers*, Claudia Gerhards, Convergence, accessible at https://www.dropbox. com/s/3cd7gsv0oyw2q4g/10.1177 1354856517736977.pdf?dl=0

**46** *Idols of Promotion: The Triumph of Self-Branding in the Social Media Age*, Brooke Erin Duffy and Jefferson Pooley, accessible at https://www.dropbox.com/ home/Book/Social%20Media%20%26%20Society%20conference%20papers?previ ew=10.1145%403097286.3097339.pdf

## 3부 새로운 스타 계급의 탄생

**47** *Introducing the Standard Terminology in Influencer Marketing (STIM), MediaKix*, accessible at http://mediakix.com/influencer-tiers/?utm_campaign=Weekly%20Blog%20 Newsletter&utm_source=hs_email&utm_medium=email&utm_content=68907355&_ hsenc=p2ANqtz-8_

**48** *YouTube channels, uploads and views: A statistical analysis of the past 10 years*, Matthias Baertl, Offenburg University

**49** *Introducing the Standard Terminology in Influencer Marketing (STIM), MediaKix*, accessible at http://mediakix.com/influencer-tiers/?utm_campaign=Weekly%20Blog%20 Newsletter&utm_source=hs_email&utm_medium=email&utm_content=68907355&_ hsenc=p2ANqtz-8_xnG14mgBHd3lCTOwGn33kkxugR4SHO9nbL4WSWgXFc1sGL618HhU xoEhJUSj9_wMwGujqL4sZprQgnq4Zesx_JM9gw&_hsmi=68907355#gs.24w1ak

**50** *KSI vs Logan Paul: YouTube fight shows the danger of pirated, free streams to future of vloggers, The Independent*, accessible at https://www.independent.co.uk/life-style/ gadgets-and-tech/features/ksi-logan-paul-fight-youtube-video-watch-live-free-streampiracy-channel-a8510296.html

**51**  *Highest-Paid YouTube Stars 2018: Markiplier, Jake Paul, PewDiePie And More, Forbes*, accessible at https://www.forbes.com/sites/natalierobehmed/2018/12/03/highest-paid-youtube-stars-2018-markiplier-jake-paul-pewdiepie-and-more/#38966d24909a

**52**  Top 5,000 YouTube channels, SocialBlade, accessible at https://socialblade.com/youtube/top/5000/

**53**  *Highest-Paid YouTube Stars 2018: Markiplier, Jake Paul, PewDiePie And More, Forbes*, accessible at https://www.forbes.com/sites/natalierobehmed/2018/12/03/highest-paid-youtube-stars-2018-markiplier-jake-paul-pewdiepie-and-more/#38966d24909a

**54**  *YouTube channels, uploads and views: A statistical analysis of the past 10 years*, Matthias Baertl, Offenburg University

**55**  *Highest-Paid YouTube Stars 2018: Markiplier, Jake Paul, PewDiePie And More, Forbes*, accessible at https://www.forbes.com/sites/natalierobehmed/2018/12/03/highest-paid-youtube-stars-2018-markiplier-jake-paul-pewdiepie-and-more/#38966d24909a

**56**  YouTube data, Think with Google

**57**  *How Huda Kattan Built A Billion-Dollar Cosmetics Brand With 26 Million Followers, Forbes*, accessible at https://www.forbes.com/sites/chloesorvino/2018/07/11/huda-kattan-huda-beauty-billion-influencer/#11e836156120

**58**  *Highest-Paid YouTube Stars 2018: Markiplier, Jake Paul, PewDiePie And More, Forbes*, accessible at https://www.forbes.com/sites/natalierobehmed/2018/12/03/highest-paid-youtube-stars-2018-markiplier-jake-paul-pewdiepie-and-more/#38966d24909a

**59**  *CKN Toys*, YouTube, accessible at https://www.youtube.com/channel/UCfaZw8XH_zmAVkBst_MPD6w/

**60**  *Survey: YouTube Stars More Popular Than Mainstream Celebs Among U.S. Teens, Variety*, accessible at https://variety.com/2014/digital/news/survey-youtube-stars-more-popularthan-mainstream-celebs-among-u-s-teens-1201275245/

**61**  Think with Google data, accessible at https://www.thinkwithgoogle.com/data/shop-with-me-youtube-mobile/

**62**  YouTube data supplied by press office

## 4부 화면 뒤에서 무슨 일이 벌어지는가

**63** *Forget being a nurse or doctor, three quarters of today's children would rather be YouTubers and vloggers, Daily Mail*, accessible at https://www.dailymail.co.uk/news/article-4532266/75-cent-children-want-YouTubers-vloggers.html

**64** *Japan's YouTuber Academy Teaches Kids How To Be Better YouTubers, Kotaku*, accessible at https://kotaku.com/japans-youtuberacademy-teaches-kids-how-to-be-better-y-1798421158?utm_medium=email&utm_source=flipboard

## 5부 유튜브의 그늘

**65 Interview with Jay Swingler**

**66** *Tyler Oakley on How He Became a Social-Media Star: 'It's Not in My Interest to Change Who I Am'*, Time, accessible at http://time.com/4074927/tyler-oakley-binge/

**67** *Audience design in monologues: How vloggers involve their viewers, Journal of Pragmatics*, accessible at https://doi.org/10.1016/j.pragma.2014.02.008

**68** *Observations on Intimacy at a Distance, Psychiatry*, accessible at https://www.tandfonline.com/doi/abs/10.1080/00332747.1956.11023049

**69** *Forming digital self and parasocial relationships on YouTube, Journal of Consumer Culture*, accessible at https://journals.sagepub.com/doi/abs/10.1177/1469540514521081?journalCode=joca

**70** *YouTube celebrities and parasocial interaction: Using feedback channels in mediatized relationships, Convergence*, accessible at https://journals.sagepub.com/doi/abs/10.1177/1354856517736976

**71** *Trending now on YouTube: Halloween, morning and nighttime routines, and holiday travel planning*, Think with Google, accessible at https://www.thinkwithgoogle.com/advertising-channels/video/october-youtube-trends/

**72**  *Chasing Their Star, on YouTube, New York Times*, accessible at https://www.nytimes.com/2014/02/02/business/chasing-their-star-on-youtube.html

**73**  Michelle Phan, YouTube, accessible at https://www.youtube.com/michellephan

**74**  Tubular Insights data provided exclusively for this book

# 6부 통제와의 전쟁

**75**  *Zoella and publishers confirm that Girl Online was ghostwritten, The Telegraph*, accessible at https://www.telegraph.co.uk/books/girl-online/zoella-girl-online-ghostwritten-zoe-sugg/

**76**  *Zoella under pressure to reveal whether Girl Online was ghostwritten, The Telegraph*, accessible at https://www.telegraph.co.uk/news/celebritynews/11278379/Zoella-under-pressure-to-reveal-whether-Girl-Online-was-ghostwritten.html

**77**  *Alfie Deyes: Prince Pointless hits the spot for YouTube kids, The Sunday Times*, accessible at https://www.thetimes.co.uk/article/alfie-deyes-prince-pointless-hits-the-spot-for-youtubekids-f27kqxvmsk2

**78**  *Blink to publish another Pointless Book from Deyes, The Bookseller*, accessible at https://www.thebookseller.com/news/blink-publish-vlogger-alfie-deyes-pointless-book-3-485081

**79**  *YouTube stars the Sidemen are frontrunners in race for Christmas books No 1, The Guardian*, accessible at https://www.theguardian.com/books/2016/oct/26/youtube-stars-the-sidemen-are-frontrunners-in-race-for-books-christmas-no-1

# 7부 유튜브의 미래

**80**  *How YouTube's 2018 PR stunt became even more hated than Justin Bieber, The Telegraph*, accessible at https://www.telegraph.co.uk/tv/2018/12/11/youtubes-2018-pr-stunt-became-even-hated-justin-bieber/

**81**  *Little Baby Bum*, SocialBlade, accessible at https://socialblade.com/youtube/user/littlebabybum

**82**  Childwise reports, 2017 and 2019

**83**  Interview with Derek Holder

**84**  estimate based on YouTube having around 10 billion videos on the platform as of late March 2019. The figure comes from extrapolation of YouTube's growth as tracked in *YouTube channels, uploads and views: A statistical analysis of the past 10 years*, Matthias Baertl, Offenburg University

**85**  *YouTube TV Expands to 95 New Markets, Now Has 98% U.S. Coverage, Streaming Media*, accessible at https://www.streamingmedia.com/Articles/News/Online-Video-News/YouTube-TV-Expands-to-95-New-Markets-Now-Has-98-U.S.-Coverage-129546.aspx

**86**  *Testing YouTube TV*, Barclays Capital

**87**  *Facebook Launches New Program to Fund Original Facebook Watch Shows, Social Media Today*, accessible at https://www.socialmediatoday.com/news/facebook-launches-newprogram-to-fund-original-facebook-watch-shows/550332/

**88**  *Facebook Watch is finally growing as payouts get spread thin, TechCrunch*, accessible at https://techcrunch.com/2018/12/13/facebook-watch-is-finally-growing-as-payouts-get-spread-thin/?renderMode=ie11

**89**  *Instagram Stories is now more popular than the app it was designed to kill, The Verge*, accessible at https://www.theverge.com/2017/4/13/15279266/instagram-stories-facebook-200-million-users-snapchat-clone

**90**  Twitch Tracker, accessible at https://twitchtracker.com/statistics/viewers

**91**  *Pitch deck: How TikTok is selling ads in Europe, Digiday*, accessible at https://digiday.com/marketing/pitch-deck-what-tiktok-is-offering-european-advertisers/

**92**  *TikTok Surpasses One Billion Installs on the App Store and Google Play*, SensorTower, accessible at https://sensortower.com/blog/tiktok-downloads-one-billion

**93**  *TikTok Surpasses One Billion Installs on the App Store and Google Play*, SensorTower, accessible at https://sensortower.com/blog/tiktok-downloads-one-billion

# 유튜버들

온라인 '관종'은 어떻게 TV를 뒤흔들고 새로운 스타 계급이 되었나

초판 1쇄 발행 2020년 7월 15일

**지은이** 크리스 스토클-워커
**옮긴이** 엄창호
**펴낸이** 성의현
**펴낸곳** 미래의창

**편집** 김성옥 · 조은서
**디자인** 공미향
**마케팅** 연상희 · 황현욱 · 김지훈 · 이보경

**등록** 제10-1962호(2000년 5월 3일)
**주소** 서울시 마포구 잔다리로 62-1 미래의창빌딩(서교동 376-15, 5층)
**전화** 02-338-5175 **팩스** 02-338-5140
ISBN 978-89-5989-666-0 03320

이 도서의 국립중앙도서관 출판예정도서목록(CIP)은 서지정보유통지원시스템 홈페이지(http://seoji.nl.go.kr)와
국가자료공동목록시스템(http://www.nl.go.kr/kolisnet)에서 이용하실 수 있습니다.(CIP제어번호: CIP2020026273)

미래의창은 여러분의 소중한 원고를 기다리고 있습니다. 원고 투고는 미래의창 블로그와 이메일을
이용해주세요. 책을 통해 여러분의 소중한 생각을 많은 사람들과 나누시기 바랍니다.
블로그 miraebookjoa.blog.me 이메일 mbookjoa@naver.com